독재-민주라는 대립으로는 1970년대를
현재적 맥락에서 그 시대를 어떻게 볼 것인가?

1970년대의 일상을 구성했던 구체적인 장면과 이야기에 초점을 맞추어 본다. 어떤 일이 벌어질
까? 이 책은 박정희부터 이름 없는 장삼이사에 이르기까지 다양한 사람들의 말과 삶을 통해 유
신시대에 대한 기존 해석이 그동안 조명하지 않았거나 소홀히 다뤘던 부분에 주목한다. 문화와
문학, 그리고 역사와 정치학의 사유로 1970년대를 입체적으로 재조명해본다.

- -

 권보드래 │ 서울의 공기가 답답하여 옷을 홀라당 벗고 종로거리를 달리는 스트리커,
1970년대 아시아의 지도자들 사이에서의 박정희의 포지션, 개발과 투기 열풍 등으로 한
국 사회의 지배적인 욕망이 그 시대로부터 자라나 오늘에 이른 사정을 이야기한다.

 김성환 │ 1970년대 사람들은 외부에서 들어온 문화를 주체적이고 능동적으로 수용했다.
1970년대 한국 전위예술과 '선데이서울'로 대표되는 성인문화와 텔레비전문화, 그리고
마약에 대한 흥미로운 서술을 통해 독재권력과 대중의 생생한 욕망을 보여준다.

 김원 │ '잘살아보세' 구호 속에 모든 것이 종속되어야 했던 권위주의 시대. 그리고 전태일
열사 분신 이후 '열사 정치'가 시작되고 문화재 발굴을 통해 '한국적인 것'의 발명이 진행
된 역사를 말한다.

 천정환 │ 1970년대 한국인들은 압축성장이라는 미증유의 경험을 하면서 삶의 태도와 문
화가 바뀌었다. 오늘의 한국 사회를 만드는 데 정말 중요했던 것은 박정희의 통치가 아니
라 이 시기에 축적된 대중의 문화적 힘이었음을 강조한다.

 황병주 │ 유신 시대는 정치적으로는 최악의 파시즘 체제였으나 경제적으로는 신자유주의
적 정책으로 전환하는 출발점이기도 했다. 1970년대의 긴급조치와 신자유주의의 사상적
아버지인 하이에크의 한국 방문 등을 다룬다.

1970
박정희 모더니즘

박정희 모더니즘

유신에서 선데이서울까지

권보드래 · 김성환 · 김원 · 천정환 · 황병주 지음

천년의상상

들어가며

팔자가 사나운지 고운지, 다섯 명의 저자들은 모두 한국에서 태어나 한국에서만 40년 넘게 살았다. 앞으로도 죽 그럴 듯하다. 고작 1년 정도 외국에 나갔다 온 적이 있기도 하지만, 인생에 별다른 영향을 주진 못했다. 우리가 태어났을 때 대통령은 박정희였다. 지금 마흔이 훌쩍 넘었는데 우리는 그 따님이 통치하는 나라에서 살고 있다.

또 이렇게 책의 서문을 대통령에 대한 이야기로 시작한다. 대통령중심제 나라에서 산다는 것에 이제는 깊은 피로감이 드는데 말이다. 우리는 실질적으로 왕이나 큰 차이가 없는 그들이 총에 맞아 죽거나 자살하거나 감옥에 가는 광경을 보았다. 또 그들이 건전한 상식을 지닌 시민으로서는 이해하기 힘든 해괴망측한 언동을 하는 걸 일상적으로 보며 살아간다. 대통령의 한마디 한마디와 '통치 스타일' 따위들, 그리고 그 가족까지 신경을 피곤하게 한다.

박정희 시대가 남긴 기억과 상처 그리고 유산의 양은 물론 다른 어느 시대가 남긴 것과도 비교할 수 없이 크고 깊다. 그 기간은 무려 18년이었다. 거꾸로 헤아려 이명박, 노무현, 김대중 시대 각 5년씩 15년에다 김영삼 시대의 일부까지 합쳐야 되는 참으로 길고 긴 기간이다. 1960~1970년대의 '시간의 속도'는 어땠을까? 변화가 빠른 대한민국의 시공간에서 18년이면 거의 겁(劫) 아닌가? 유신 시대만 해도 무려 7년에 이른다. 북녘의 김씨들이 더 질기긴 하지만, 조선의 이씨 왕 중에 18년 이상 통치한 경우는 얼마나 될까? 공이든 과든 박정희가 남긴 게 많을 수밖에 없다.

이런 이야기를 하는 이유는 우선 한국식 대통령제의 특징이나 권력의 '통치성' 그리고 박정희 시대의 유산과 오늘날 우리 삶의 관계가 무엇인지 보는 데 박근혜 정권만큼 적나라하고 적당한 소재는 없기 때문이다. 그런데 벌써 '레임덕'이 운위되고 있다. 2015년 2월 25일에는 청와대와 신촌로터리 부근에서, 26일과 27일에는 강남대로·명동에서 수천의 시민들이 정권을 비판하며 삐라를 뿌리고 '구속 이명박, 퇴진 박근혜' 구호를 외치는 시위가 있었다. 언론은 제대로 보도하지 않았지만 부산·대구·광주에서도, 미국과 호주 교민들이 많이 모여 사는 뉴욕·워싱턴DC·시애틀·시드니 등지에서도 반정부시위가 있었다.

실업과 민생고도 심각해져 다들 마음속에선 벌써 대민란이 일어난 듯하다. 사실 '박근혜 퇴진' 구호도 진작에 나왔다. 국정원·국방부의 선거 개입 문제가 불거진 이래로 천주교 교단을 위시한 양심 있는 사람들이 퇴진 구호를 외쳤다. 집권 과정에 작지 않은 하자가 있었으니 일리가 있는데, 이즈막까지는 대중적 구호가 되기 힘들었다. 대중은 냉정하게 관망하고 있었다고 생각한다. 그러나 이 정권이 출발점에서 보여준 하자가 더 크고 피부에 와닿는 다른 이유, 즉 사회경제적 한계나 실책과 결부되자 민심의 이반이 심각해졌다. 세월호 사건도 그랬지만 결정적인 촉발제는 소위 '창조경제'와 대중을 기만하는 데 동원된 '경제민주화' 문제이다. 지금이 1979년인지, 아니면 민란으로 가득했던 19세기 초·중엽인지……. 우리는 역사를 온통 휘감고 있는 박정희 시대 18년의 유산과 후과가 머지않아 자연스럽게 내파·종식되리라는 기대를 갖고 책을 낸다.

　　이 책은 '1970 박정희부터 선데이서울까지'라는 제목으로 『경향신문』에 2013년 8월 2일부터 2014년 1월 30일까지 매주 토요일에 연재됐던 글들을 각 편마다 수정·가필하여 모은 것이다. 1970년대의 정치·사회·문화사를 새로운 각도에서 이해하고, 박정희의 유산이 여전히 흘러넘치는 이 땅의 오늘을 헤쳐나갈 지혜의 일단을 함께 도모한다는 취지였다. 연재 6개월 동안 재밌고 흥분되는 순간들도 여러 번 있었다. 독자들은 원고지 20매가 넘는 꽤 긴 글을 읽고 고마운 격려를 보내줬다. 때로는 '좌우'로부터 동시에 많은 비판과 '악플'을 받기도 했다. 그만큼 박정희는 뜨거운 상징인가 보다. 언제나 악플은 '무플'보다는 고마운 것이다.

저자들은 집필 시작 단계에서부터 신문사 근처 호프집에 모여 1970년대를 토론하고, 쓴 글을 돌려 읽으며 스물일곱 번 연재 횟수를 채워나갔다. 특히 『경향신문』의 조운찬·한윤정·김종목 세 분의 도움이 컸다. 이 자리를 빌려 새삼 감사의 뜻을 전한다. 오랜 시간을 들여 멋있는 책으로 묶어준 '천년의 상상'의 선완규 대표와 출판노동자들께도 위로와 감사의 인사를 전한다.

2015년 새봄

권보드래·김성환·김원·천정환·황병주 올림

차례

1부

유신의 모더니즘

"엊그제 당선된 8대 대통령 취임식 날 나는

대한 국민의 일원으로서 대통령 각하에게 진심으로

앞날의 국민총화에 무궁한 지도력과

우리 민족의 숙원인 평화통일을 기원하였다.

박 대통령 각하에게 축복이 있기를 빕니다."

1

박정희 시대를 사유할
다른 시선이 필요하다

'유신의 모더니즘', 그 주체는 정권이 아니라 민중

새로운 인문학과 역사학적 시야와 개념으로 유신 시대의 삶과 문화정
치를 재조명하고, 그래서 새 시대를 맞는 데 콩알만큼의 성찰이라도
보태고 싶다는 마음을 모아 시작한다. 유신의 통치성과 '박정희 국가'
는 그동안 (유사)파시즘이나 전체주의의 개념으로 설명되기도 했고,
때로는 만주국이나 일제강점 말기의 총동원체제에 비교되기도 한다.

그러나 그 모두는 일리를 가진 것인 동시에 뭔가 불충분해 보인다. '박정희 국가'를 '외부에서' 결정지은 동아시아 냉전질서나 북한과의 관계 또는 경제성장 및 근대화와 불가분의 관계에 있던 대중이나 '현대성'의 문제까지는 담아내지 못하기 때문이다. 유신의 정치사와 문화사는 무엇보다 그 시대를 살아낸 평범하고 가난한 사람들의 입장에서, 그리고 '단절적 연속'의 견지에서 입체적으로 재조명될 필요가 있다. 우리는 유신 시대의 '본질'이었지만 살펴지지 않은 이면, 즉 문화정치와 성정치 그리고 유신 시대 사람들의 삶과 앎을 새로이 살펴보고자 한다.

먼저 중점을 두고 말할 것은 그 시대의 근대화와 근대 경험에 대해서다. 매년 10퍼센트 가까이 GDP가 팍팍 커지고 어디엔가 쑥쑥 공업단지가 생겨나고 도시는 사람들과 건물로 빽빽해진다. 정부는 민생의 아주 작은 구석까지 통제하며 초등학생까지 새마을운동 같은 국가적 사업에 동원한다. 그래서 가능해진 '압축성장'은 대체 어떤 의미를 갖는 것일까? 1960~1970년대의 근대화는 한반도에 살았던 사람들이 이전까지 단 한 번도 경험하지 못한 사회변화와 속도전을 겪게 했다. 그 강력한 변화와 속력 앞에서 카를 마르크스가 말한 것처럼 "모든 낡은 것은 공기처럼 흩어지고 녹아"났다. 많은 한국인이 그때서야 처음 국가와 재벌의 위력을 제대로 실감하고, 처음 공장에서 일하고 도시에서 살며, '자본주의자'가 돼갔다.

경제성장과 근대화를 무조건 '좋은 것'이라고 할 수 있을까? 절대빈곤과 봉건 시대의 낡은 것들에 비해서는 물론 좋겠지만, 다른 한

1976년의 압구정동. 주변의 변화와 상관없이 묵묵히 밭을 일구는 농부와 고층 아파트의 유혹이 대비된다. 1970년대 강남 개발은 새로운 계급과 욕망을 낳았다. 1976년부터 3년간 강남 지역 땅값은 7~8배 올랐다.

편 1960~1970년대의 성장과 근대화는 그 자체로서 거대한 파괴와 또 다른 야만을 야기했다. 뭔가가 그렇게 빨리 축적되고 성장했다면, 그만큼 뭔가가 동시에 파괴되고 허물어졌다는 뜻이겠다. 유신 시대, 인간을 지탱하던 가치와 공동체는 위험에 빠졌다. 가족은 해체됐고 농촌은 무너졌다. 자살자도 대폭 늘어났고 범죄율도 높아졌다.

그러니 대충 봐도 '근대화'란 하나가 아니다. 박정희식 근대화가 진정 우리가 원한 것이었나? 그리고 박정희의 머릿속에 있던 '근대화'란 과연 무엇이었나? 박정희 자신은 메이지유신과 일본 군국주의자들을 모방할 수밖에 없었던 문화적 지체와 개인적 교양 수준을 가졌던 것으로 보인다. 그러나 박정희를 '성공한 근대화 혁명가'로 만들고 보조한 것은 미국과 일본이 만들어준 국제적 환경과 박정희 주변의 또 다른 근대주의자들이었다. 그리고 그들은 일제강점기 이래의 '식민지 근대'가 키웠거나 1945년 이후 미국의 힘에 의해 급성장한 두뇌들이었다. 또한 결정적으로 근대화 추진 '세력'에는 피눈물 나는 희생을 감내하면서도 산업화·도시화가 자기에게나 공동체에 이익이 된다고 굳게 믿은 민초들이 포함되어 있었다.

유신의 모더니즘을 보는 세 가지 관점

애초 저자들이 생각한 책의 제목은 '유신의 모더니즘'이었다. 고대 중국인이 만들고 19세기 일본인이 다시 쓴 것을 수입한 단어인

'유신(維新)'은 후발성과 국가주의, '동원된 근대화'와 반민주의 상징 어이다. 박근혜 대통령이 유행시킨 말대로 뭔가 가장 "비정상"인 게 있었다면 그게 바로 '유신'이다. 1972년 10월에 발포된 그것은 애초부터 총체적 억압과 불법적 통치, 인권말살의 기호였다. 그런데 그런 쓰레기 같은 비정상체제나 암흑시대에도 모더니즘이 있는가? 있다.

그것이 박정희 시대와 모더니즘의 비밀이라 생각한다. 이 책을 통해 유신을 생각하는 방법과 관련하여 우리는 세 가지 기본 관점을 제안하고 싶다.

첫째, 박정희 정권이 추진한 근대화·산업화는 단지 한국이라는 일국 수준에서 성취된 것도 아니고 실제로 그렇게 될 수 있는 것도 아니었다. 이를테면 박정희의 근대화·산업화는 미국의 적극적 중재(간섭)로 일본과 국교를 '정상화'하고 식민통치 36년의 고통과 수탈을 단돈 3억 달러에 '퉁치고' 일본 자본을 끌어들임으로써, 그리고 미국의 용병으로 수천 생령(生靈)의 목숨을 베트남의 전장에 갖다 바침으로써 비로소 시동이 걸릴 수 있었다. 즉 근대화·산업화란 애초 세계 분업체제에의 편입과 '서구화'였으며, 이는 동아시아 반공전선 구축을 위한 교두보의 건설을 의미하기도 했다. 새마을운동조차 미국의 동아시아 농촌 전략의 하나로 보아야 한다는 연구도 있다.[1]

안보와 '국제시장'뿐 아니라 문화 면에서도 그랬다. '후기 식민국가'의 두령이었던 박정희는 필요에 따라 민족주의자 코스프레를 하곤 했다. 특히 유신 이후 미국과의 관계가 껄끄러워지고 68혁명 전후 '우드스탁'이나 비틀스로 상징되는 급진적 청년문화와 세계적인 문화

조류가 마치 섬 같던 한국에도 일부 유입되자 주체성과 민족주의를 강조하고 검열체제를 '풀가동'한 것이다. 하지만 다 막지는 못했다. 한국 청년들도 히피처럼 머리를 기르고 청바지를 입고 존 레넌과 레드 제플린을 들었다. 하길종은 미국에서 영화를 배워 와서 청년영화 〈바보들의 행진〉을 만들었고 신중현은 한국 록을 꽃피웠다. 이문구가 〈우리 동네〉에서 묘사했던 것처럼 잔존하던 전통사회가 붕괴되고 일상적 삶의 양식은 근저로부터 서구화되기 시작했는데 이는 세계적으로 펼쳐진 '근대화' 과정과 등가를 지닌 것이기도 하다.

둘째, '산업화 대 민주화'라는 이분법과 박정희 '리더십론'을 넘어서야 한다. '우리가 그래도 이만큼 살게 된 건 그분 덕택'이라는 노예논리에 빠져 있는 이들이 아직도 적지 않다. 그러나 사실 1960년대에도 1970년대에도 박정희식 쿠데타와 통치 정책이 이 나라에 꼭 필요하지는 않았다. 일본, 타이완, 북한, 싱가포르, 홍콩, 인도네시아, 필리핀 같은 아시아 나라들의 경제성장과 정치적 상황을 생각해보자. 카리스마적 지도자와 '발전' 사이에 어떤 상관성을 찾을 수 있는가? 경제성장은 복잡한 국내외 상황의 중층결정의 산물이다. 근래 각광받는 피케티(Thomas Piketty) 같은 경제학자도 교육받은 인적 인프라를 상당히 중요한 성장의 요인으로 간주한다. 우리 역사를 봐도 독재자의 리더십보다는 차라리 이편이 훨씬 객관적인 상관성이 크지 않을까? 오히려 박정희 정권 초기(1961~1963)와 말년(1978~1979)의 경제 정책과 경기는 재앙에 가까운 것이었다는 평가도 있다. 오죽하면 전두환이 박정희가 망친 한국경제를 자기가 구했다는 식으로 말하고 다녔을까.[2]

1971년 가을의 명동
풍경. 당시 명동거리
에는 요즘 시대를 뺨
칠 만큼 멋을 낸 젊
은이들이 많았다. 미
니스커트와 장발은
단속 대상이었다.

박정희의 경제 리더십을 칭송하는 이들이 왜 전두환의 '지도력'과 경제발전 기여에 대해서는 언급하지 않는지 모르겠다.

그런데 박정희를 경제발전의 신처럼 떠받드는 것보다 더 큰 문제는 '경제는 참 잘했는데 독재가 문제'라는 식의 인식이다.[3] 박정희의 '공과' 운운하는 사변과 비논리는 결국 지배 이데올로기며, 반민주주의를 위한 은밀한 변호론으로 사용된다. 삶이란 무엇인가? 박정희의 '공과' 운운하는 논리 중에서 '빵(경제)과 장미(인간존엄)'의 변증법을, 나아가 성장과 민주주의의 문제를 진지하게 통합적으로 말하는 경우는 거의 없다고 보인다. 물론 어떤 경제성장인가를 생각하는 인식소도 없다. 박정희는 강력한 포퓰리즘적·민족주의적 아우라에도 불구하고 실상 '강자만 살아남는', 소유의 자유와 권리가 다른 어떤 것에도 앞서는 체제를 심었다. 박정희가 기초한 것은 무한경쟁의 정글과 재벌 중심의 경제체제이다. '민주주의'가 화두였던 1980년대부터 1990년대 중반까지 박정희와 그 일가는 실제로 한국 정치에 별 영향력이 없었다. 1990년대 후반 이후의 신자유주의가, 또는 한국 민주주의의 한계가 박정희를 무덤에서 불러냈다. 그리고 그즈음 박정희의 딸이 정계에 데뷔했다.

셋째, 박정희 체제의 시작과 종말 그리고 성장과 민주주의는 대중의 참여와 동원에 의해 결정됐다. 유신체제가 지극히 비정상적인 것이었음에도 불구하고 그때가 오직 '한 사람을 위한 시대'는 아니었다.[4] 그 전체주의 뺨치는 철권통치가 8년 만에 끝장이 난 것은 그나마 대중의 결정에 의해서였다. 대중은 언제나처럼 근대화와 경제성장 그리고 복지에는 '동의'해주었는데, 박정희는 그런 정책과 몇 가지 성공에 대한 동의를 자신에 대한 지지로 오해하고 영구집권으로 횡령하려 했다. 박정희 치하 18년 동안의 총선과 대선에서 단 한 번이라도 노골적인 관권·금권·군권 개입 없이 공정하게 선거가 치러진 적이 있었는가?

알다시피 유신체제는 내부로부터 붕괴했다. 정권을 위해 대규모 비밀경찰과 고문·검열체제를 운영하던 중앙정보부장 스스로 자신의 보스에게 총을 쏴버림으로써 유신이 끝났다는 것이 유신체제에 대한 총괄적 평가 아닌가. 그러나 혹자들이 말하듯 김재규는 '의사'도 '혁명가'도 아니었다. 김재규는 문학적으로나 정치학적으로 흥미롭고 놀라운 일을 실행했으나 그가 불완전한 자신의 '의(義)'와 '혁명'을 사유한 것은 총을 쏘기 전이 아니라 보안사 감옥에 가고 난 뒤였다. 그리고 결정적으로 그는 '혁명'에 대해서 고교생보다도 못한 유치한 사유를 갖고 있었다.[5] 김재규를 '의사'로 만든 것은 결국 전두환과 계엄령하의 군사법원이다. 물론 김재규의 '의거'조차 부산·마산 민중의 저항이 없었다면 불가능했겠으나, 오히려 아쉬운 것은 그가 그렇게 어설프게 유신을 종결시키는 바람에 민중이 스스로의 힘으로 독재체제를 물리칠 역사적 기회를 잃고 또 다른 '유신 본당'이 권력을 탈취하게 됐다는 점, 그리하여 '민주화'가 막대한 희생을 치르고 7년 또는 그보다 더 뒤로 연기됐다는 점이다.

통치성에는 자기통치자로서 대중도 연루된다. 권력과 엘리트와는 다른 방법으로 대중 또한 근대화에 깊숙이 참여하고 자신의 경험과 인식의 지평을 변화시켰다. 해방 이후부터 지금껏 성장해온 한국 민주주의와 대중의 힘을 생각하면 어쩌면 박정희나 그 독재 같은 것은 한낱 에피소드에 불과한지도 모른다. 1970년대의 대중은 '성장'뿐만 아니라 자기계몽에도 어느 때보다 열성적이었다.

따라서 유신 시대 대중문화와 문화적 모더니즘은 결코 부차적이거나 이차적인 것이 아니었다. 1970년대의 대중문화는 더 다변화되고 폭이 훨씬 두터워졌다. 그것은 탄압과 검열도 거스르지 못한 '대세'였다. TV와 라디오가 국민들의 가정으로 보급되면서 일상의 문화는 물론 미디어와 인간의 관계 자체를 바꾸어나갔다. 사회 전체가 보유한 근대적 앎과 교양의 양과 폭도 달라졌다. 개발과 경제발전의 결과가 축적됐을 뿐 아니라 20세기가 개막된 이후 축적돼온 앎을 향한 대중의 열망이 가장 광범위하게 발휘되고 실현되기 시작했기 때문이다. 가장 가난하고 소외된 여공들이 다닌 산업체 특별학급부터 탄압에 신음하던 대학까지, 한국 지성사는 새로워지고 있었다. 본격예술이나 서구적이고 전위적인 문화도 함께 유신의 검열체제를 뚫고 성장했다.

▌유신의 연속 그리고 불연속

이런 견지에서 박정희 시대와 오늘날의 연속·불연속을 변증법적으로 이해하여 미래를 위한 교훈을 마련할 필요가 있다.

박근혜 정권은 자주 '유신독재'에 비유된다. 물론 일부 정치권과 박근혜 대통령의 머릿속에 고장 난 시계가 들어 있고 바로 그것이야말로 가장 '유신'스러운 것인지 모른다. 10년 전쯤인 2004년이나 2005년을 돌이켜보면 좀 놀랍다는 생각도 든다. 한국 사회는 그때보다 하나도 좋아지지 않아 이런 것을 '퇴보'라고 불러도 할 말이 없을 것 같다. 민주정권의 실패와 이명박의 등장이 민주주의에 대한 대한민국 사람들의 신념과 감각을 얼마나 많이 망쳐놓았는지. 우리는 이제 한껏 무뎌져 검찰과 공권력의 공공연한 불의나 국정원의 국정개입과 여론조작 따위를 아무렇지 않게 받아들인다.

그럼에도 오늘날 한국 정치의 퇴행과 유신을 동일시할 수는 없다. 아무리 나빠도 공작과 폭력이 정치의 방법론 자체이던 유신 시절에 직접 비교될 정도는 아니다. 2013년 4월 헌법재판소와 대법원이 유신 시절에 선포된 9개의 긴급조치 모두를 위헌·무효로 판결했다. 또한 긴급조치 9호 위반 재심 사건에서 피고인들에게 무죄를 선고했다. 법은 '긴급조치'를 통해 이뤄진 박정희의 통치 행위가 모두 '법 바깥'에서 이뤄진 위헌 행위라는 것을 다시 판단했다. 박정희의 정치는 '법보다 주먹'이라는 명제에 충실하여 지금으로서는 이해할 수 없는(?) 폭력으로 이뤄졌었다. 그 폭력을 정당화하기 위한 동의와 이데올로기의 기제도 다양했다. 그것이 단순히 '반공'만은 아니었기에 깊이 우리의 습속을 좌우하고 오늘의 정치체제를 만들어냈을 것이다.

그럼에도 우리 사회는 분명 뒤로 물러설 수 없는 불가역적인 '발전'을 했다. 그 핵심은 개인의 자유와 욕망의 강도가 커지고 폭력과 인권에 대한 감수성이 자라났다는 데 있을 것이다. 그 자체로 충분하지 못하다 해도 민주주의는 생활양식이자 일상인의 상식으로 자리 잡

고가도로와 복원 공사를 거치면서 지금은 기억 속에서 사라져버린 판자촌이 다닥다닥 연결되어 있던 옛 청계천.

왔다. 고도로 발전한 한국의 자본주의와 디지털화·세계화된 문화가 그 토대가 되는 것도 사실이다. 따라서 막연히 유신 때와 지금이 비슷하다고 말하지 말고 뭐가 다른지를 잘 파악해야 더 나은 인식과 '실천'이 가능할 듯하다. 언제나 민주주의 전선이 있겠으나 '독재-민주'라는 이분법으로는 1970년대를 온전히 이해할 수도 없고 또 오늘의 모순을 제대로 파악할 수도 없다.

법과 정의 또는 절차적 민주주의에 초점을 두는 '독재-민주'의 이분법을 넘어서서 우리 삶을 근저에서 기율하는 문제에 1970년대와 오늘 사이의 '연속면'이 있다. 바로 경제와 자본주의의 문제다. 이는 곧 '실질적' 민주주의의 문제이기도 하다.

1970년대를 돌아보자면, 그때 이미 치명적인 경제적 불평등과 한국 자본주의의 '고질'이 확연히 모습을 드러냈다. 강남 개발과 부동산 투기 열풍, 관치금융 등을 통해 알 수 있듯 '토건'과 재벌 중심의 경제가 대표적 예다. 박정희 정권은 무소불위의 권력을 휘둘러 은행과 금융을 통제했는데, 이는 다른 한편으로는 한국의 정·재계에 걸친 새로운 자본가 지배블록을 탄생시킨 힘이었다. 혹자들은 박정희가 무소불위의 권력을 휘둘렀으면서도 '부패'하지 않았다는 점을 칭송하는데, 과연 그럴까? 깊고 광범위한 특권과 구조적 유착과 부패가 파종되어 정치권력에 적절히 결탁한 재벌은 죽순처럼 쑥쑥 잘 자라났다. 박정희식 개발독재는 본질적으로 부자와 특권층 중심 경제의 수호자였던 것이다. 다시 말해 개발독재의 국가자본주의적 기획은 심층에서는 자유주의나 자본주의와 대립하지 않았다. 중산층과 개발독재의 관계도 이중적이다. 정권은 중산층 육성을 핵심적 과제요 성과라고 주장했지만, 중산층의 자유주의적 욕망은 정권의 기획을 뛰어넘는 것이기도 했다.

▋ '재유신'을 넘어

우리는 유신의 아이들이었다. 영화 〈말죽거리 잔혹사〉가 잘 보여준 것처럼 군대와 유사한 유신의 학교에서 유신의 선생들이 휘두르는 주먹과 말도 안 되게 유치한 우상화와 체제선전 속에서 자랐다. 대통령 하면 꿈에서도 박정희, 남자 어린이들은 너도나도 장래희망이 대통령 아니면 군인, 여자 어린이들의 꿈은 모두 '현모양처'였던 그런 시절이다.

그럼에도 우리는 민주주의자로 성장했다. 그 시대의 제단에 전태일과 김상진의 피가 뿌려졌었지만, 어린 우리는 그들을 잘 알지는 못했다. 중대한 사건들은 유신의 검열관들이 감춰두고 마음에 안 들면 '빨갱이' 딱지를 붙였기 때문이다. 그러나 유신 서울의 공기가 너무 답답해서 옷을 홀랑 다 벗고 종로 거리를 내달린 스트리커(나체질주자)나, "거짓말이야, 거짓말이야"라든가, "왜 불러? 왜 불러?" 같은 안타깝고도 왠지 도전적으로 들리는 노랫말이나, 미스터리로 감춰진 모호한 사건들로부터, 우리는 어딘가에서 저항이 꿈틀대고 박정희 체제가 겉보기와 달리 매우 불안하다는 것을 느낄 수 있었다. 그리고 결국 1979년 10월, 부산·마산의 항쟁과 궁정동의 총소리가 들렸을 때 여전히 어렸지만

베이비붐 세대가 고교시절을 보낸 1970년대 남자고등학교의 교련 수업 풍경.

우리는 결국 올 것이 왔다는 것을 알았고, 18년 독재와 늙은 왕이 사라진 자리에 거대한 새 꽃이 필 거라는 것쯤은 예감할 수 있었다. 박정희 시대는 그런 비극으로 일단 막을 내렸다. 하지만 그 시대의 모더니즘과 산업화는 절대 돌이킬 수 없는 집단적 경험이자 새로운 길의 출발이었다. 그래서 오늘날의 우리에게도 긴긴 성찰의 대상이다.

우리는 지금도 괴로워하는 민주주의자이다. 한국의 민주주의자들은 괴로워한다. 가진 돈이나 먹은 나이 따위에 함몰되지 않고 동료 시민들과 함께 고통받는 사람들의 입장에서 고민하고 싶어한다. 또한 그런 고민이 역사를 보는 시각이어야 한다고 믿는다.

이제 우리도 나이를 꽤 먹었다. 그런데 저 군복 입은 '어버이'들, 또 조로해버린 수구 보수와 기득권을 누리는 486·586들, 그들이 우리를 청년으로 있게 하는 것이다. 우리는 여전히 이상을 포기하지 못한다. 박정희나 그의 딸, 또 그를 따르는 배부른 사람들보다, 또 그 짝패인 소위 '백두혈통' 김씨 식솔과 그 수하들보다 훨씬 더 나은 민주공화국의 국민, 또는 정의와 선에 강한 한반도 주민이 되기를 꿈꾼다.

2

유신,
자본과의 공모 혹은 대결

유신체제와 자유주의 그리고 욕망이라는 이름의 '경쟁열차'

유신체제 붕괴를 1년 남짓 남긴 1978년 9월 9일 오후, 김포공항에는 귀빈을 넘어 '진객(珍客)'으로 불린 팔순의 노경제학자 한 명이 홍콩으로부터 막 날아왔다. 그의 이름은 프리드리히 아우구스트 폰 하이에크 (F. A. von Hayek). 주지하듯이 그는 밀턴 프리드먼(Milton Friedman)과 함께 20세기 신자유주의의 최고봉을 이루는 헌신적인 자유지상주의

자로, 1974년 노벨경제학상을 받음으로써 2차 대전 이후 20여 년간
지속된 케인지안 시대의 종결을 알리며 1980년대 신자유주의의 만개
를 선도한 인물이다. 최고의 자유주의 이데올로그가 최악의 반자유주
의적 유신국가를 방문한 까닭은 무엇일까.

경제개발이 불러온 사회적·문화적 자유주의

어느덧 시대의 총아가 된 자유주의를 키워드로 1970년대를 검
색해보면 무엇이 나올까. 먼저 정치 영역에서는 자유주의와 반자유주
의가 짝을 이루어 나타난다. 1970년대의 정치와 운동을 민주 대 반민

주 구도로 이해하는 것이 지배적이지만, 그 내용은 사실 자유주의 대 반자유주의의 성격이 짙었다. 1975년 인혁당 사건** 관련자들의 전격 처형에서 보듯 상궤(常軌)를 벗어난 체제의 살벌함은 수많은 지식인을 민주화운동으로 몰아갔는데 그들이 붙잡은 핵심 가치는 곧 자유주의였다. 사상·양심·언론·출판의 자유와 함께 인권이 저항운동의 마르지 않는 이념적 저수지 역할을 했다. 요컨대 자유주의라 쓰고 민주주의라 읽은 셈이다.

사회·문화 영역에서도 자유주의는 상당량의 검색 결과를 보여줄 터였다. 이른바 '통블생(통기타·블루진·생맥주)'과 장발로 대표되는 청년층이 향유한 대중문화 흐름은 서구 자유주의와 긴밀히 연관되는 것이었고, 문단의 자유주의를 상징했던 『문학과 지성』이 1970년 창간됐다. 유신체제는 이런 흐름을 "서구의 노라리풍"이라며 노골적으로 경멸했으며, "빠다에 버무린 깍두기"라는 민족주의적 비아냥거림도 있었다. 개인에 눈뜨고 개인의 자유를 열망하는 자유로운 영혼들이 유신의 한복판에서 대거 출현한 셈인데, 실상 이를 가능케 한 것은 체제가 명운을 걸고 추진한 경제개발이었다. 산업화에 따른 도시화와 서구화 그리고 대중사회화가 그 요건이었음을 생각하면 자유주의는 유신의

■ 인민혁명당 사건(人民革命黨 事件) 또는 인혁당 사건은 중앙정보부의 조작으로 유신 반대 성향이 있는 인물들(도예종 등 41명의 혁신계 인사와 언론인·교수·학생)이 기소되어 대법원에서 사형선고를 받은 지 불과 18시간 만에 사형이 집행된 사건이다. 한국방송 《미디어 비평》의 '오늘의 역사'는 인혁당 사건이 유신독재에 반대하는 민주화운동을 탄압하기 위해 박정희가 중앙정보부에 조작을 지시한 것으로 밝혀졌다고 보도했다.

사생아인 것이다.

그런데 시장의 자유주의는 어떠했을까? '경제유신'으로 불리는 1972년의 8·3조치**는 국가가 금융시장에 자의적으로 개입한 최악의 반자유주의적 정책임이 분명했다. 중화학공업화는 박정희가 총사령관이 돼 추진한 군사작전을 방불케 했으며 자유주의와는 거리가 있는 것이었다. 즉 중화학공업화 정책은 시장의 자유 대신 국가의 '자유'에 기초했다. 모든 자유주의를 노골적으로 경멸해 마지않던 박정희였으니 아마도 일제 전시 총동원체제의 통제와 질서에 영향을 받았거나 만주국의 계획적 공업화에서 영감을 얻었을 수도 있겠다. 자주국방을 내세우던 유신체제로서는 군수산업 발전이 목전의 과제이기도 했다.

후발 자본주의 국가로서 한국의 선택은 불가피한 것이기도 했다. 소비재 생산 부문만으로 '국민경제'를 구축하기가 곤란했고 그러므로 생산재 생산 부문, 즉 중공업 확대는 피할 수 없는 과제였다. 이 과제를 시장의 자유로운 경쟁에 맡기면 사실상 백년하청일 수 있었다. 한국은 이미 세계시장과 긴밀히 연동되었고 세계적 규모의 산업 연관 구조상 생산재 부문 확대는 비교우위를 확보하기 곤란했다. 다시 말해 해외자본의 입장에서 한국의 중화학공업은 매력적인 투자처가 되기 어려웠다. 세계은행과 서구자본이 포항제철 건설을 반대한 이유도 그

■ 박정희 정권은 1972년 8월 3일에 이른바 '경제의 안정과 성장에 관한 대통령의 긴급명령 15호'를 발표했다. 정부는 사채에 허덕이는 기업들을 구제하기 위해 헌법 73조에 의한 대통령의 긴급명령권을 발동하는 것이라고 밝혔다. 이 조치는 한마디로 기업들이 끌어 쓴 사채의 상환을 동결하는 것이었다. 민간투자와 고용증가 둔화 현상에 따른 경기부진을 타개하려는 의도였다고 한다.

것이 세계시장에서 충분한 이윤을 남길 수 있는 사업이라 보지 않았기 때문이었다.

이는 국내자본이라고 해도 다르지 않았다. 영혼 없는 자본의 속성상, 그리고 이윤을 위해서라면 지옥이라도 마다하지 않을 자본이 돈 벌 가망이 없는 사업에 투자한다는 것은 상식에 어긋나는 일이었다. 결국 생산재 생산 부문 확대를 위한 투자는 자본과 시장의 자유가 아닌 국가의 자유의지에 달려 있었던 셈이다. 물론 유신체제가 자본을 공짜로 동원하지는 않았고 또 그럴 수도 없었다. '유신국가'는 중화학공업화를 위해 자본에 각종 특혜와 막대한 지원을 제공해주지 않을 수 없었다. 그 덕분에 사업은 망해도 이윤은 남길 수 있는 기묘하기 짝이 없는 반시장적 특수 조건이 자본에 제공된 셈이었다. 자본의 입장에서 자유보다 더 중요한 것이 이윤이지 않겠는가. 이윤을 남기지 못하는 자유보다 이윤이 남는 통제경제가 자본 증식에 유리하다는 것은 전시경제부흥의 역사가 증명한다.

자본의 흑묘백묘론은 자본 증식에 도움이 되기만 한다면 박정희든 하이에크든 양쪽 모두와 합종연횡할 수 있다는 의미다. 자본의 입장에서 국가는 특혜를 줄 수 있는 주체이자 통제와 간섭의 주체이기도 하다. 국가의 양가적 역할은 사안과 정세에 따라 유동적일 텐데 자본의 덩치가 커지면서 사태의 양상이 크게 바뀐다. 1970년대 초반까지 자본은 국가에 대해 수동적으로 반응하는 정도였으나 후반이 되면 능동적 행위자의 모습이 강화된다. 국가 입장에서도 개별 자본을 요리할 수는 있지만 모든 자본을 통제할 수는 없게 된다. 이른바 '규모의 경제 논리'가 작동하면서 권력이 시장으로 넘어가는 것이다. 중화학공업화가 바로 자본의 덩치를 키우는 핵심 계기였다.

사태가 이러했기에 유신체제와 박정희가 하이에크의 방한을 반겼을 가능성은 별로 없다. 8박 9일의 짧지 않은 체류 기간 중 그가 만난 정부 고위 관료는 최각규 상공부 장관 정도였고 환영 만찬장에도 정부 측 인사는 거의 없었다. 오히려 『매일경제』와 『동아일보』가 하이에크 방한에 깊은 관심을 표명했다. 『동아일보』는 특파원을 동원해 홍콩에서부터 하이에크를 취재했는가 하면 조순, 김입삼 등과의 대담까지 마련하는 등 정성껏 대우했다.[1]

『동아일보』의 관심은 두 가지 이유가 있었을 것으로 보인다. 하나는 동아일보사 자체가 삼양사로 대표되는 호남자본의 대표주자인 김성수 집안 계열사였기에 자본의 이해관계를 충실히 대변한다는 점이다. 또 하나는 1970년대 보수 야당의 민주화운동과의 관련성이다. 언론자유운동에 나선 기자들의 해직에서 나타나듯 동아일보사 사측이 권력과 타협 내지 야합을 했다는 점은 분명하다. 그럼에도 당시까지 『동아일보』가 야당지였다는 데 이의를 달 사람은 별로 없을 것이다.

1978년 1월 1일자 『동아일보』의 「신년사」를 보자. 『동아일보』는 당시를 전환기로 규정하고 "근대적 가치관과 행동양식의 정립" 필요성을 기본과제로 제시했다. 구체적 내용은 "합리성과 경제성과 과학성"이라고 설명하면서 "관료 주도형에서 민간 주도형으로, 노동 집약형에서 자본 및 지식기술 주도형으로, 행정지도 체제에서 자유시장 원리로의 이행"임을 분명히 했다. 이를 다시 "국민의 창의와 경쟁과 자발성과 자유의 원칙"으로 요약했다.[2] 『동아일보』의 경제 관련 논조는 사실상 근대화와 자유주의로 요약 가능하다. 민간 주도와 자유시장 원리의 강조는 김대중 정권의 '시장경제와 민주주의의 조화로운 발전' 슬로건과 일맥상통한다.

전경련은 왜 하이에크를 초청했을까?

그런데 하이에크를 초청한 주체는 동아일보사도 아니었고 유신체제는 더더욱 아니었다. 그를 초청한 것은 다름 아닌 전국경제인연합회(전경련)였다. 전경련의 초청 이유는 무엇일까? 그가 1974년 노벨경제학상을 수상한 세계적 석학이었기 때문일 것이다. 노벨상으로 상징되는 서구의 지식체계에 대한 한국 사회 및 엘리트 지식인들의 오랜 콤플렉스를 생각한다면 그리 이상한 일도 아니다. 그러나 전경련이 이런 이유만으로 그를 초청할 정도로 한가했을 리 없다.

하이에크의 이론은 자유, 경쟁, 시장이라는 키워드로 요약된다. 그의 기본 입장은 특정 개인이 모든 지식을 축적할 수는 없지만, 분산된 지식도 시장의 자유경쟁을 통해서 최선의 결과를 도출할 수 있다는 것이었다. 다시 말해 최악의 시장이 최고의 계획보다 낫다는 것이다. 따라서 국가는 '개인적 자유를 보증하기 위하여 만들어진 기관'에 불과하다. 그의 목표는 '국가의 감시 아래 있는 시장 대신 시장의 감시 아래 있는 국가'였다. 그는 또 경제적 자유의 중요성을 매우 강조했는

1978년 남덕우 부총리 주재로 열린 경제장관회의에서는 수입개방을 무기로 통화 및 물가 안정을 이루 겠다고 결의했다. 남덕우 부총리(태극기 앞자리) 왼쪽으로 김용환 재무부 장관, 최각규 상공부 장관, 신 형식 건설부 장관, 오른쪽으로 장덕진 농수산부 장관, 장예준 동력자원부 장관, 신현확 보건사회부 장 관이 앉아 있다.

데, 개인적 자유와 정치적 자유 또한 경제적 자유를 통해 비로소 가능 하다고 주장했다.[3] 하이에크가 방한 도중 중앙은행의 발권기능 폐지와 민간은행의 자유경쟁을 주장해 대담자를 당황시킨 상황은 이런 배경 에서 나온 것이었다.[4]

하이에크의 방한은 확실히 (신)자유주의의 좋은 계기였다. 『동아 일보』는 "자유의 고귀함을 깨닫게 되고 민간 창의가 경제발전의 원동력 이 된다는 것을 알게 된다면 하이에크의 내한은 이 이상 값진 것이 없 을 것"이라고 했는가 하면, 당시 문화방송과 『경향신문』에서 공동 발행 하던 『정경연구』는 공공연하게 친정부적이었음에도 불구하고 1978년 9월호에 "자유사회인 한 경제발전의 주인공이 민간기업이지 정부의 계획당국이 아니라는 점은 너무 당연한 이치"라는 주장을 실었다.

하이에크 방한 무렵인 1970년대 중·후반의 자본은 확실히 국가권력의 입만 바라보던 왕년의 그들이 아니었다. 1973년부터 1978년까지 국내총생산에서 46대 재벌이 차지하는 비중은 9.8퍼센트에서 17.1퍼센트로 높아졌다.[5] 커진 덩치만큼이나 목소리도 커졌다. 당시 전경련 회장으로서 하이에크 초청의 주역이었던 정주영은 1978년 12월 28일 국무총리 초청 간담회에서 정부의 전환기적 결단을 촉구하며 민간이 담당할 수 있는 부문은 민간에 넘겨 자율성을 부여하고 시장원리에 따라 운영토록 해야 한다고 강조했다. 1979년 1월 17일에는 경제4단체장과 경영자협회장이 신현확 부총리를 초청해 '관·민 합동 간담회'를 개최해 시장경제 원리에 입각한 가격 정책, 금융기관의 자율적 운영, 자율적 임금 결정 등을 요구했다.

재벌은 무소불위의 유신체제를 향해서도 거리낌 없이 자신들의 주장을 관철했는가 하면 사회를 실질적으로 움직이는 핵심 동력이 되어갔다. 1977년 의료보험 전격 실시가 가능했던 것도 전경련으로 대표되는 재벌들의 동의 덕분이었다. 재벌 그룹 문화재단들이 집중적으로 설립되는가 하면 각종 스포츠단체장을 재벌 회장이 장악한 것도 1970년대부터였다. 요컨대 자본의 사회적 형식으로서 기업은 시장을 넘어 사회 전체로 스며들었고 국가로 역류했다.

하이에크 방한 직후인 1978년 12월 유신의 마지막 개각이 이루어졌는데, 9년간 경제 정책을 주도했던 남덕우 대신 신현확이 경제부총리로 기용된 것이 핵심이었다. 이 개각은 일차적으로는 경제안정화

를 위함이었지만 더욱 주목되는 것은 (신)자유주의적 경제 정책으로의
전환이었다. 신현확 경제팀이 1979년 4월에 발표한 '경제안정화 종합
시책'의 핵심 지향은 시장기능 강화와 민간 자율성 확대였다. 유신 말
기의 핵심 경제 관료였던 강경식은 안정화 시책을 한마디로 "관 주도
에서 시장경제로 가는 것"이라고 정리하면서 "성장에서 안정으로, 보
호에서 개방으로, 경쟁 촉진으로"라는 내용의 전환을 강조했다. 그에
따르면 이는 "정부 정책의 철학을 180도 바꾼" 것이었다. 한국개발연
구원(KDI) 원장 김만제가 핵심 역할을 한 것으로 알려진 이 계획은 미
국 시카고학파의 영향력이 유신국가를 집어삼켰음을 보여준다. 뒤이
어 1980년에는 1966년 이래의 과제였던 '독점 규제 및 공정거래에 관
한 법률'이 제정되어 이듬해 공포됐다. 그리하여 하이에크가 강조한
자유경쟁이 흘러넘칠 공정한 시장에의 꿈이 영글어갔다.

▌ 자본, 사회를 움직이는 새로운 권력

이러한 전환이 하루아침에 이루어진 것은 아니었다. 8·3조치
얼마 전인 1971년 2월 국무총리에 임명된 백두진의 첫 기자회견은 민
간 주도형 경제체제로의 전환을 강조하는 것이었다. 재벌들도 앞다투
어 비슷한 주장을 반복했다. 이 기조는 8·3조치와 유신 선포, 중화학공
업화를 거치면서 잠시 유예되었지만 결국 10년도 안 되어 화려하게 부
활했다.

그런데 (신)자유주의로의 전환이 자본의 궁극적 목적이었을까. 자본이란 움직이는 화폐이고 끊임없이 확대재생산되어야 하는 영겁회귀의 운동이다. 즉 자본은 잉여가치 추출의 최적화된 조건을 창출하기 위해 이용 가능한 모든 것을 동원한다. 8·3조치의 반자유주의와 하이에크의 자유주의는 자본 입장에서 전혀 모순되지 않는다. 자본 증식을 위한 최적화된 조건이 역사적으로 변형되었을 뿐이다. 정주영에게 박정희와 하이에크는 자본 증식을 위한 하나의 도구, 잉여가치 창출에 투입되어야 할 산노동에 불과했는지도 모른다.

무한 증식하는 자본운동의 궁극적 목적은 사회 자체를 자기 모습대로 복제하는 것이다. 이는 곧 사회체제 내부에 기업의 형식을 파급시키는 것이자 그러한 기업 형식으로 모든 주체를 복제하는 것이었다. 마치 존재하는 모든 것을 자기 모습대로 복제해내는 암세포처럼 자본의 위력이 1970년대를 압도해감에 따라 바야흐로 호모 이코노미쿠스가 새로운 주체 형식으로 등장했다.

그렇게 복제된 1970년대는 욕망과 경쟁이라는 키워드로 압축할 수 있다. 1977년 아파트에 입주하려면 178대 1이라는 상상도 못할 경쟁률을 뚫어야 했고, 1978년 국회 직원 단 5명 모집에 2000명 이상이 지원해 400대 1의 경쟁률을 기록할 정도로 한국의 시장은 이미 충분히 가혹해져 있었다. 이 욕망이라는 이름의 경쟁열차는 이미 오래전에 출발역을 떠나온 것이었다. 사회진화론, 문명개화, 계몽, 실력 양성, 근대화, 선진화 등 한국의 근현대사 속에서 명멸했던 다양한 담론이 모두 동일한 종착역을 향하고 있었다.

그 종착역에서 만날 수 있는 사람 중에 김승제가 있다. 1962년부터 오랫동안 수원문화원장을 지낸 자수성가형 사업가 김승제는 1970년 1월 27일자 『경기연합일보』에 '신춘 유감'이란 글을 투고했다. "1970년대를 가리켜 어느 외국 학자는 '경쟁의 시대'라고 부르고 인류 역사상 가장 치열한 국제적 생존경쟁이 예상된다고 전망했다. …… 우리가 생존하는 동안에는 누구도 이 치열한 경쟁의 권외에 설 수는 없는 것이다. 잘살고 못사는 것도 경쟁의 결과요, 지배와 피지배의 요인도 또한 경쟁의 소산인 것이다."

　　그렇기에 김승제는 "경쟁에서는 어떻게 해서든지 이겨야만 하는 것"이라고 단언했다. 하이에크가 정교한 논리로 설파한 신자유주의의 그것과 그리 다르지 않은 경쟁 논리가 1970년대 벽두에 지방 문화원 원장의 뇌리를 장악하고 있었다. 그 논리는 그가 1973년 5월 9일 서울의 마천루 어느 곳에서 허공으로 몸을 날리기 전까지 멈추지 않았다. 투신 이유는 사업 실패로 알려졌다. 절친이던 선경 창업자 최종건의 도움조차 뿌리친 그의 선택은 당시의 사업 실패가 단지 경제적 성공과 실패의 문제가 아니라 인간의 삶 전체와 연루되는 상황이었음을 암시한다. 기업 형식으로 재구성된 호모 이코노미쿠스에게는 기업이 생존할 수 없다면 그 형식도 불가능한 것이었다. 이미 사탄의 맷돌은 돌아가고 있었고 그것은 누구도 어쩔 수 없는 일이었는지 모른다. 유신체제조차 이 맷돌을 피해 갈 수 없었던 게 아닐까.

　　사업 실패가 자살로 연결되는 경우가 드물지 않게 된 시대인 1970년대에 우리는 또 하나의 참혹한 죽음을 알고 있다. 1970년 "우리는 기계가 아니다"라고 외친 전태일의 처절한 분신은 김승제와는 또 다른 차원의 자살이었다. 전자가 실패한 인간-자본의 종말이었다면 후자는 자본의 인간 파괴에 맞선 저항이었다.

이로부터 인간적인 것에 대한 시대의 감각이 구성되기 시작했을 것이다. 인간적인 것의 이데올로기적 표현은 휴머니즘이 대표적이었다. 휴머니즘은 해방 이후 반공주의의 일환으로 본격 등장했는데, 1950년대를 거치면서 현대사회의 인간소외에 대한 비판으로 확장되었다. 거의 모든 좌파 이데올로기가 봉쇄된 조건하에서 휴머니즘은 저항 담론의 역할까지 떠맡게 되었다. 이것이 1980년대의 인간해방으로까지 이어진다.

여기에 자유주의가 중요한 역할을 했음은 부정할 수 없을 것이다. 자유롭고 평등한 개인의 가치에 주목한 정치적·문화적 자유주의에 의해 인간적인 것 또한 특정한 의미를 획득하게 되었다. 자유주의가 주조한 인간의 형상은 매우 다양한 모습으로 변주되었다. 그것은 신의 형상이기도 했고 소심한 소시민이자 창백한 지식인이기도 했다. 자유주의가 만들어낸 개인이 저항적 주체로 등장하게 된 것은 유신체제의 공이 크다. 유신의 반자유주의야말로 자유주의를 위한 가장 비옥한 토양이었던 셈이다.

시장의 자유주의는 정치적·문화적 자유주의와 피할 수 없는 길항 관계를 맺고 있다. 1인 1표의 정치적 자유주의와 1주 1표의 시장 자유주의 사이에 김승제와 전태일의 삶과 죽음이 놓여 있다. 이는 마치 두 개의 바퀴가 삐거덕거리며 위태롭게 밀고 가는 수레처럼 보인다. 두 사람이 굴리고자 했던 바퀴는 어느 것이었을까. 전태일이 못다 굴린 바퀴도 과연 둘 중 하나였을까. 분명한 것은 수레에 탄 승객 중에 하이에크가 있었다는 점이다. 수레는 두 사람의 죽음을 뒤로하고 하이에크를 태워 '자유의 여행'을 시작했다. 물론 여기서 고삐를 틀어쥔 존재인 마부라는 인간적 형상을 잊어서는 안 될 것이다. 마부에게 수레는 소유와 경영의 통일체일 것이기 때문이다.

3

"너, 참 텔레비전이로구나"

바보상자에 갇힌 대중

한수산의 『부초』는 서커스단을 소재로 한 소설이다. 일제 시대 만주 벌판을 주름잡던 서커스는 몇 세대를 지나는 동안 여러 차례 도전받았다. 유랑극단과의 흥행 대결에서는 간신히 살아남았다지만, 광목천과 영사기를 들고 시골바닥을 전전하는 활동사진패들과의 경쟁은 힘에 부쳤다. 그렇게 간신히 버텨온 말광대, 즉 곡마단도 1970년대에 다다

르자 더는 별 재간이 없었다. 곡예나 신파극 같은 과거 세대의 볼거리
는 물론, 1960년대를 풍미한 영화마저 텔레비전 앞에서 무력해졌다.
『부초』의 일월곡예단 총무는 텔레비전의 위세를 원망하며 장탄식을
내뱉는다.

> "헌데, 저 텔레비전 있지, 그거한테야 당해낼 재간이 있어야지. 숨통
> 을 막아도 아주 명치끝을 채인 거라구. 장소를 구해놓고 가서 둘러보
> 다가도 텔레비전 안테나만 보면 다리에 힘이 빠진다니까."[1]

라디오와 마찬가지로 텔레비전은 사회 전체의 변화를 이끈 혁
신적인 전파 미디어였다. 한국 사회가 산업화로 이행하는 동안 일상
풍경을 바꾼 변화의 중심에 텔레비전이 있었다. 텔레비전이 안방을 차
지하면서 이전에 즐기던 것들은 감상적 기억의 대상이 되었다. 과거
한 부분을 차지하던 유흥거리가 텔레비전에 맞게 번안되어 그 속으로
들어가지 않는 한 텔레비전 영상의 그림자 뒤로 모두 사라질 운명에
처한 것이다.

텔레비전은 산업화라는 변화의 중심에서 우리 삶을 새롭게 조
직하고 관계를 구축한 핵심적 매개이다. 1960년대 이후 도시가 팽창
하고 가족구조가 변화할 때, 새 가족공간의 주인은 텔레비전이었다.
그 일례를 아파트의 리빙룸 혹은 거실에서 찾아볼 수 있다. 재래의 한
옥이 아파트식 공간으로 일률적으로 재편되었을 때 사람들이 가장 낯
설어한 공간이 거실이다. 각 방의 구심점으로 설계된 거실에 당혹감을

1970년대에 텔레비전은 정권의 선전수단이자 '하향 평준화'된 대중의 오락거리였다. 특히 여자와 아이들이 안방이나 거실의 텔레비전 앞으로 모여들었다.

감추기 어려웠다. 수평적 관계를 전제로 하는 거실에서의 가족모임은 거실의 빈 벽면만큼이나 낯설었다. 이 당혹스러운 공간을 채워준 것은 복제 명화나 민예품 같은 키치적 문화소비재였다. 중산층의 복고적 취향은 민예품 가격을 턱없이 끌어올리기도 했다. 이보다 좀 더 여유 있는 집에서는 피아노나 응접세트가 자랑스럽게 거실에 자리 잡았다. 그러나 얼마 지나지 않아 문명의 신기(神機), 텔레비전이 거실의 빈자리를 주인처럼 꿰찬다.[2] 근대 가족은 거실에서 어색하게 마주 보는 대신 서로 한방향을 향하여 텔레비전을 본다. 근대 가족은 텔레비전 앞에 모여 밥을 먹고 각자의 방에서 잠들 때까지 텔레비전과 함께하며 한가족임을 실감한다. 텔레비전이 근대화된 한국 가족을 결속시키는 가족 매체가 된 것이다.[3]

바보상자: 바보를 요구하는 상자

곡마단이나 신파극 혹은 영화가 개별적 유흥 경험을 제공했다면, 텔레비전은 한공간에서 동일한 콘텐츠를 제공함으로써 가족을 하나로 묶는다. 특히 드라마가 비장의 무기였다. 텔레비전은 이전 세대의 다양한 대중문화 소비를 드라마라는 장르 하나로 갈무리하면서 안방극장의 세계를 펼쳤다. 각각의 다양한 계층적 선택을 무화하는 텔레비전의 놀라운 획일성에는 늘 '바보상자'라는 오명이 따라다녔다. 1961년 말, 개국식 날짜까지 박아 넣은 공보부 장관의 명령에 따라 전격적으로 개국한 텔레비전 방송은 명실공히 '혁명 정부의 크리스마스 선물'이었다.[4] 텔레비전은 군사정권의 선전장치이면서 대중에는 감성적 차원의 보상을 선사하는 수단이었다. 그러나 본격적 보급에 앞서 텔레비전에 대한 경계와 두려움이 먼저 퍼져갔다.

과연 텔레비전 문명은 세계를 삼키고 말 것인가? 인간이 과학문명의 노예가 되어서는 안 될 것이며, 또 그렇게는 되지 않으리라는 희망을 가지고 살고 있다. 그러나 텔레비전 내지 영상 미디어가 오늘날 우리들의 생활에 큰 영향을 주고 있으며 그로 말미암아 인간의 사고형태에도 변혁을 가져오고 있다는 사실을 부인할 수 없다.[5]

    가구당 텔레비전 보급률이 채 10퍼센트도 되지 않던 1970년에 인용문의 필자는 텔레비전을, 인간정신을 집어삼키는 괴물로 이해하고 그에 대한 두려움을 드러낸다. 어째서 그 폐해를 경험하기도 전에 텔레비전 비판론이 나왔을까. 1960년대 개국 초기부터 바보상자라는 말이 통용되던 상황이고 보면 텔레비전 경계론은 학술과 저널리즘의 수입품일 가능성이 크다. 그때까지 텔레비전과 관련한 작은 사건들이 없지는 않았지만[■] 그보다는 '신기 효과'가 더 컸다. 아폴로 11호의 달 착륙 중계를 보기 위해 남산에 설치된 TV 스크린 앞에 수만 명이 운집했을 만큼 텔레비전의 대중적 효과는 대단했다. 그럼에도 방송 초기부터 덧씌워진 바보상자라는 공식화된 오명에서 벗어나지 못했다. 텔레비전을 보면 바보가 된다는 부정론은 경험해보기도 전에 지레 겁먹은 것이거나, 앞서 언급했듯 수입된 담론을 철석같이 믿은 탓이다.

    텔레비전은 왜 처음부터 바보상자가 되었을까? 누가 텔레비전 때문에 바보가 되었단 말인가? 당시 기사와 논문을 들여다봐도 분명한 답을 찾기 어렵다. 기껏해야 텔레비전 도둑이 늘었다거나 텔레비전

■   1970년에 프로레슬링을 흉내 내다 중학생이 질식사한 사건(1970. 4. 7)이 있었지만, 이러한 모방 사건은 1970년대 후반에 주로 발생했다. 어린이들의 정서장애, 학업부진 등의 논란도 간혹 등장했지만 책을 읽지 않는다는 경험적 반응을 제외하고는 부정성에 대한 뚜렷한 혐의를 1960년대 말까지는 찾기 어렵다.

1970년 TBC에서 방송된 일일극 〈아씨〉 마지막회의 장면들. 한국적 여인상을 제시해 당시 최고의 시청률을 기록했다. 김희준, 김동훈, 여운계, 사미자, 김세윤, 선우용녀, 김용림, 노주현 등이 출연했다.

없이는 식모 구하기도 어렵다는 사소한 얘깃거리가 남아 있을 뿐이다. 텔레비전에 나온 내용을 흉내 내다 목숨을 잃은 사고가 있었지만 흔한 일은 아니었다. 대신 텔레비전 부정론은 누구를 바보로 만들지에 대한 의지를 담고 있었다. 텔레비전을 보면 바보가 된다는 경고는 주시청자층인 여성-주부와 어린이를 향해 있는데, 이는 여성과 어린이가 텔레비전의 소비 대상이라는 사실을 말한다.

초창기 텔레비전이 여성과 어린이를 바보로 만들며 '안방극장'

으로 정착할 수 있었던 데는 드라마의 성공이 결정적 역할을 했다. 〈개구리남편〉(MBC, 1969), 〈아씨〉(TBC, 1970), 〈여로〉(KBS, 1972) 등 초창기 드라마 히트작들은 텔레비전을 선망하게 만든 핵심 요인이었다. 여성들의 원망(願望)을 업고 값비싼 텔레비전이 가정으로 당당히 들어온 것이다. 드라마 방영 시간이 되면 가사를 팽개칠 만큼 텔레비전은 여성의 일상을 바꾸는 위력을 발휘했다. 안방극장이라는 말이 텔레비전 앞에 넋 놓은 여성의 이미지로 구체화될 수 있었던 것은 드라마 덕분이었다. 텔레비전이 만든 또 하나의 바보는 어린이였다. 어린이들은 텔레비전으로 인해 학업부진, 정서장애와 함께 안전사고에도 노출되었다. 간간이 보도되는 사고로 인해 텔레비전이 어린이들에게 가장 심각한 유해환경이라는 인식이 생겨났다.

가부장의 권위 아래서도 채널 선택권을 쟁취한 여성과 어린이는 텔레비전의 폐해도 고스란히 떠안았다. 여성들은 불륜과 선정성이 판치는 안방극장에 정신이 팔렸고 드라마가 과시한 사치풍조에 물들었다.▪ 아이들은 어른의 세계에 무방비로 노출되어 버릇없는 꼬맹이가 되어버렸다. 아이들은 계모가 아닌 이상 어머니에게 존칭어를 쓰지 않을 만큼 버릇이 나빠졌고[6] 바지보다 미니스커트가 더 예뻐 보인다

▪ 1970년대 텔레비전 부정론의 핵심인 사치, 불륜, 퇴폐 등은 주로 드라마에서 발견된다. 그리고 주시청자인 여성이 그 부정성을 고스란히 떠안는다. 『주부생활』(1976. 11. 141쪽), 『서울평론』(1973. 6. 17쪽), 『월간방송』(1972. 1. 27쪽) 등에 실린 만평은 텔레비전의 부정성이 미치는 대상을 여성으로 한정함으로써 여성이 어린이와 마찬가지로 취약한 대상임을 은연중 강조하고 있다. 텔레비전으로 순수성을 잃은 어린이를 가리키는 '테돌이', '테순이'는 여성으로 옮겨와 '어른(여성) 테돌이, 테순이'를 만들기도 했다.

거나 어린이 프로그램은 어른들이 시키는 대로만 하는 모범생이 나와서 재미가 없다는 내용의 일기를 쓸 만큼 되바라졌다.[7] 이 모든 것이 텔레비전 탓이었다. 그리하여 지각 있는 남성들은 고매한 활자매체를 통해 텔레비전의 문제를 질정하기 위한 수사로 예의 바보상자론을 들고 나왔다.

텔레비전 부정론을 뜯어보면 그 속에 내포된 구별과 배제의 구조를 확인할 수 있다. 성인-남성의 시선에서 타자화된 여성과 어린이는 텔레비전의 위험에 취약하기에 성인-남성으로부터 보호받고 계몽되어야 할 대상으로 규정된다. 달리 말해 '여자나 애들'은 텔레비전으로 인해 일단 바보가 되어야만 지배적 질서 내에서 훈육의 대상이 될수 있었다. 바보상자라는 경고는 이를 통해 지배적 권력이 바보를 만들겠다는 의지의 다른 표현이라 해도 무방할 것이다. 텔레비전이 저속할수록 누구를 계도해야 할지도 분명해진다. 이는 텔레비전의 시선이 주체와 대상을 구분하는 권력관계를 만들어냈음을 뜻한다. 남성-가부장이 무관심의 포즈로 여성과 어린이에게 채널 선택권을 넘겨주었지만, 결과적으로 여성과 어린이는 바보가 됨으로써 남성이 제대로 가르쳐야만 하는 대상이 된 것이다.

이 같은 권력관계는 도시와 시골을 구분하는 경계에서도 재현된다. 텔레비전이 동심을 납치한 것처럼 농촌의 미덕도 텔레비전으로 인해 타락했다는 진단이 나온 것이다. 정부는 '새마을TV'[■]를 만들어 시골 마을에 선사하려 했고 시골 사람들은 정부의 선물을 기꺼이 받았다. 시골에도 바야흐로 텔레비전 문명을 꽃피울 때가 왔다. 이제 시골

사람들 입에서도 '새마을운동'이니 '건설 수출 증산' 같은 'TV 슬로건'
이 거침없이 흘러나오게 된 것이다.[8] 그러나 부작용도 그만큼 컸다. 텔
레비전은 전통사회의 문화를 급격히 소멸시켰다. 텔레비전을 보는 사
이 어느덧 '마실문화'가 사라졌으며, 민요 대신 텔레비전에 나오는 대
중가요가 사람들의 입에 붙었다. 무엇보다 결정적인 악영향은 시골 사
람들이 도시를 동경하게 되면서 농촌을 열등하다고 느끼게 만들었다
는 점이다. 도시의 화려한 삶을 보여주는 텔레비전은 시골 사람들에게
'너희는 못산다', '너희는 가난하다'는 말을 되풀이했던 것이다.[9] 시골
사람들은 텔레비전의 부름을 좇아 일등국민이 되기 위해 도시로 향했
다. 국민들에게 씌워진 'TV문화의 망령'이란 망령이라기보다 계몽의
대상이 누구인지를 확인시키는 증언 같은 것이었다. 신기한 볼거리를
제공하는 동시에 이로써 국민을 호명하는 텔레비전의 이중적 능력은
통치기술의 기원이었다.

　　이 같은 지배와 배제 혹은 타자화의 논리 속에서 권력의 텔레비
전 통제가 진행될 수 있었다. 텔레비전은 대상으로서의 여성과 어린이
를 전제함으로써만 존재할 수 있는 전파 미디어였다. 방송 초기부터
시청자는 당시 언론의 표현대로 혁명 정부가 마련한 크리스마스 선물
의 일방적 수혜자이자 교양 있는 공민으로 규정된 채 텔레비전을 맞이

■　1970년대 각종 세금 인상으로 텔레비전 가격이 오르자 정부는 농어민 소득 수준에 맞는 값싼
새마을TV 개발 및 보급 계획을 세운다. 정부가 직접 기술 개발에 나서 시중가의 절반가량에 살 수
있는 보급형 텔레비전을 양산하려는 것이었다[『매일경제』(1974. 1. 21)]. 하지만 이후 새마을TV는
국가의 주도로 보급되지는 않았고 가전회사의 저가형 모델로 명맥을 이어나가다 유야무야되었다.

했다.[10] 텔레비전이 전국적으로 보급되면서는 본격적 검열이 시청자와 텔레비전 사이를 가로막았다. 1974년 발족한 새마을방송협의회를 필두로 보도심의위원회, 심의실장회의, 반공방송협의회 등의 검열기구가 텔레비전을 촘촘히 둘러쌌다. 검열기구의 눈에는 텔레비전 시청자가 새마을과 유신의 정신 그리고 총력안보의 반공정신을 주입해야 할 훈육의 대상으로 보였을 것이다. 그 효과일까. 시청자들 모두가 권력이 원한 훌륭한 국민은 되지 못했으나, 그렇다고 특별히 말썽을 일으킨 적도 없는 착한 국민이 되어 있었다. 그럼에도 "너, 참 텔레비전이로구나" 하는 말이 유행어가 될 정도로 '텔레비전＝바보'라는 등식이 여전히 통용되었다.

　　텔레비전 이전과 이후의 한국 사회는 확연히 다른 모습을 보인다. 한국 사회를 전혀 다른 관습과 체제 속으로 옮겨놓는 마법을 부린 것 같기도 하다. 그러나 조금만 들여다보면 텔레비전은 한 사회가 어떻게 조정되고 통제되는지를 보여주는 권력의 청사진에 더 가깝다는 사실을 알 수 있다. 텔레비전 앞에서는 여러 가지가 구획된다. 지각 없는 여성과 어린이는 물론, 텔레비전보급운동의 대상이던 농촌 사회가 바보상자 쪽으로 기울면서 권력관계도 함께 전파를 탔다.

통제와 대중성 사이에서

텔레비전이 남성과 여성-아동, 도시와 시골의 관계를 권력화했다 하더라도 대중의 열망이 그러한 통제 속에 전부 융해된 것은 아니다. 텔레비전이 여성과 어린이를 바보로 만드는 사이, 어른도 아이도 아닌 이들, 즉 청소년 일부는 라디오로 관심을 돌렸다. 텔레비전에 비하면 라디오는 편성 통제에서 비껴나 비교적 자유와 여유가 있었다. 이때 형성된 대표적인 유형 중 하나가 심야 라디오 방송이다. 텔레비전 방송이 끝날 즈음 시작되는 〈영시의 다이얼〉, 〈밤을 잊은 그대에게〉, 〈별이 빛나는 밤에〉, 〈꿈과 음악 사이에〉 등 심야 라디오 방송은 어른과 아이, 통제와 훈육의 경계에 서 있던 청소년들에게 작은 해방구를 열어주었다. 그들의 규격화되지 않은 열망은 이른바 '리퀘스트'를 통해 현실화되었다. 편지와 엽서, 전화로 신청곡과 사연을 보내고 이를 소개하는 방식은 지금까지도 가장 효과적인 라디오 방송 포맷으로 유지되고 있다. 제한적이나마 청소년 청취자와 디제이의 양방향 소통이 심야 라디오에서 실천되자 각 방송국은 경쟁적으로 리퀘스트 형식을 강화한다. 청소년들은 이에 열광했고, 리퀘스트를 통해 곧 저질 혐의를 뒤집어쓰게 될 가요와 팝송이 소개되었다. 심야 라디오는 청소년들의 발화가 집결할 수 있는 열린 공간이었다.

그러나 1970년대에는 생각이 자유롭게 모여드는 곳이면 어김없이 통제가 들이닥쳤다. 심야 라디오도 예외일 수 없었다. 비교적 자유롭던 라디오 편성권마저 결국 1971년 이후에는 정부 쪽으로 넘어갔다. 정부가 맨 먼저 손을 댄 것이 리퀘스트였다. 정부는 말초신경을 자극한다는 혐의를 씌워 심야방송 전화 리퀘스트를 통제대상 일순위에 올렸다.[11] 리퀘스트에 쏟는 그 정성을 '안보가치관 확립'으로 옮겨야 했다. 이런 조치만으로 부족했는지, 청소년을 선동하는 연예인 DJ도 퇴출시켰다. 결정적으로 팝송이 금지되었으니, 1971년 12월 국가비상 사태 선포 직후의 일이며 유신헌법이 발효되기 1년 전의 일이다.

　어제까지 듣던 청년문화의 정수(精髓)가 사라졌을 때 점잖다 못해 고리타분한 아나운서가 전하는 클래식, 건전가요, 세미클래식을 누가 반길 것인가. 청취자가 외면한 라디오 통제는 무의미했다. 심야 라디오는 채 1년도 지나지 않아 제자리로 돌아왔다. 여기에는 청취자 의 불만이 직간접적으로 큰 영향을 미쳤을 것이다. 그러나 더 직접적 인 동력은 민간 방송사의 요구였다. 민간 상업방송사는 권력의 통제를 막아낼 여력이 어느 정도는 있었던 것 같다. 혹은 권력이 라디오를 텔 레비전만큼 중요하게 생각하지 않아서일지도 모르겠다. 어찌 되었든 라디오 편성 통제는 1년도 지나지 않아 완화되었고, 심야 방송 리퀘스 트와 팝송도 부활했다. 이 상황은 텔레비전에서도 마찬가지였다. 긴급 조치 이후 정부는 이른바 '정책시간대' 편성 지침을 하달하는 것은 물 론 광고 물량까지 통제했다. 황금시간대인 8시 30분에는 저질·선정 드라마가 퇴출되고 '국난 극복', '민족정기'를 보여주는 국책 드라마가 등장한다. 최무선의 일대기를 다룬 〈예성강〉을 첫 작품으로 각종 사극 이 연이어 방영되었고 〈실화극장〉이나 〈꽃피는 팔도강산〉 같은 새마 을 드라마가 황금시간대를 장악했다. 그러나 역사 교과서를 그대로 옮 겨놓은 듯한 정책 드라마의 완성도는 기존의 다른 드라마와 비교해 한 참 밑도는 수준인지라 대중의 호응이 거의 없었다.[12]

　그 와중에도 통속극은 꾸준히 제작되었고 대중적 인기도 여전했다. 권력의 통제도 대중매체 본연의 속성을 완전히 제어하지는 못했다. 정부의 보호 아래 신문사를 겸영하는 특혜를 누리던 언론 방송사는 이미 대기업에 버금가는 위상을 지니고 있었다. 정수장학회가 대주주로 있던 MBC는 경향신문을, 삼성 재벌의 TBC는 중앙일보를 소유하게 되면서 언론-자본의 요구를 정부로서도 완전히 틀어막을 수는 없었던 것이다. 방송사는 정부의 정책을 충실히 따르면서도 대중의 요구에 부응하는 드라마도 포기하지 않았다. 대중 통속극이 9시 뉴스가 끝나는 심야시간대로 옮겨 갔는데도 인기는 식지 않았다. 외려 황금시간대가 달라졌을 뿐이다. 이런 사정은 광고료가 증명한다. 통속극이 옮겨 간 심야시간대의 광고료가 정책시간대의 광고료보다 비싸진 것이다.[13] 방송사의 주력 드라마가 10시 이후에 편성된 데는 이 같은 곡절이 있었다.

물론 방송에 대한 검열과 통제는 1970년대 내내 지속되었다. 1975년 〈아빠〉, 〈안녕〉에 이어 1977년 〈청춘의 덫〉이 정부 편성 지침에 따라 중도 폐지되는 사태가 벌어졌다. 정부의 요구는 각양각색이었다. 미혼모가 복수를 감행하는 부도덕성을 퇴출시키는 한편, 등장인물의 말투까지 맘에 들지 않으면 시비를 걸었다. "바쁘다 바빠", "죽갔네" 등이 유행어가 되자 이마저 심의 대상이 되었다. 그럼에도 드라마는 자본과 대중에게 가장 매력적인 선택이었다. 정부가 저질·퇴폐의 원흉으로 지목한 드라마 특유의 정념, 예를 들어 지금까지도 사라지지 않은 배신과 복수를 동반한 애정의 극한적 파토스는 1970년대 드라마의 핵심적 축으로서 굳건히 자리 잡았다. 방송자본이 만들어낸 대중문

여성 노동자들이 텔레비전 제조 공장의 조립 라인에서 일하는 모습.

화 콘텐츠와 그에 호응한 대중의 번듯한 열망은 숨바꼭질하듯 부침을
거듭하며 권력과 모호한 관계를 유지했다.

권력과 대중의 열망의 관계가 끊긴 것은 1970년대 후반이다.
1978년 심야 라디오 방송에서 다시금 리퀘스트가 전면 금지되었고,
AM 라디오에서 팝송이 완전히 퇴출되는 초강수를 맞았다. 한층 강화
된 통제에 따라 텔레비전에서는 음악과 코미디 등 대중오락 프로그램
이 고사 직전까지 몰렸다. 유신정권 말기에 이르러 방송자본과 대중의
대응력이 눈에 띄게 약화되자 권력과 대중의 길항이 만들어낸 방송사

(史)의 기묘한 드라마는 슬슬 파국을 맞이했다. 그렇게 1970년대도 함께 저물어갔다.

　　20세기 후반 텔레비전이라는 '신기'는 재빠르게 권력의 자장 속으로 빨려 들어갔다. 권력의 정당성을 민족과 국민의 이름으로 승인받고자 했던 신흥국에서는 그 파장의 속도가 더욱 빨랐고 1970년대 한국도 예외는 아니었다. 정부가 선사한 텔레비전은 언제나 착한 국민을 호출했으며 텔레비전에 매혹된 이들은 그에 호응함으로써 스스로 대중이 되었다. 텔레비전이 대중동원력을 확보하는 매체가 되려면 우선 자본화한 대중성에 그 근거를 두어야만 했다. 결국 1970년대 대중성을 이끈 또 다른 견인차는 재벌 수준의 방송자본이었다. 이들이 만들어낸 대중이 과연 근대적 국민, 유신의 아들딸로 자라기만 했을까? 언제나 그렇듯 대중은 완전히 바보가 되지도 않았고 권력이 원하는 대로만 살아가지도 않았다. '절대 따라하지 마세요'라는 방송 경고문은 권력을 일상에서 반복한 다 큰 어른들에게 더 잘 어울린다. 대중은 퇴폐와 불건전의 혐의 속에서 사소하지만 항상 다른 것을 열망할 준비가 되어 있었다. 그런 의미에서 "텔레비전은 바보상자"라는 비판론은 진지한 염려가 아니라 통제에 대한 권력 스스로의 신경증이었을지 모른다.

4

권력의 시선,
스크린을 지배하다

영화, 검열과의 공존

1970년대 영화는 곧잘 '저질영화'로 평가된다. 동시에 1970년대는 영화가 위기를 맞은 시대였다. 이는 텔레비전이라는 새로운 매체의 확산, 대중오락 성향의 다양화 때문이기도 했지만, 퇴폐·문란 등 '반사회적·반민족적' 문화콘텐츠에 대한 검열과 금지가 일상화한 탓도 있었다. 검열이란 현실에 대한 대중의 이미지와 상상의 경계를 구획하는, 즉 대중이 진실이라고 믿고 싶어하는 현실의 내용과 범위를 조정하는 행위다.[1] 그러나 과연 이 시기 영화가 진짜 '저질'이었는지는 다시 생각해보아야 한다. 여러 논란에도 불구하고 매년 멜로 장르가 영화 흥행의 수위를 차지했다는 점에서 그렇다. 특히 1974년 〈별들의 고향〉(46만 명), 1975년 〈영자의 전성시대〉(39만 명), 1976년 〈여자들만 사는 거리〉(8만 7000명), 1977년 〈겨울여자〉(58만 명), 1978년 〈내가 버린 여자〉(37만 명), 1978년 〈속 별들의 고향〉(30만 명) 등 재개봉관을 즐겨 찾던 도시 하층민들의 공감대를 얻은 호스티스 멜로는 거의 매해 흥행 성공을 거두었다.

'유신'은 교련 검열, 원고 검열, 기사 검열, 대학 강의 검열 등 모든 것이 검열에 둘러싸인 시기였다. 특히 대중과 감성을 나누는 매체인 영화에 대한 검열이 매우 심했다. 당시에는 영화 제작에 대해 제작 신고 시 각본 심사, 제작 단계에서 시나리오 검열, 완성 필름 실사 검열 등 세 단계에 걸친 검열이 존재했다. 1971년 12월 6일 국가비상사태 선포■ 이후에는 해외영화제 출품 영화까지 검열해 검열관이 곧 '영

■ 대통령 박정희는 1971년 12월 6일 국가비상사태를 선포했다. 중국의 유엔 가입을 계기로 급변하는 국제정세와 남침 준비에 광분하는 북한의 행동을 주시한 결과, 한국의 안보가 위태로운 시점에 처했다는 것이 이유였다. 국가비상사태 선포란 외적의 침략이나 내란, 대규모 천재지변으로 국가의 치안질서가 큰 위협을 받아 통상적 방법으로는 공공의 안녕질서 유지가 불가능한 상황일 때 대통령이 선포하는 통치 행위를 말한다. 1963년 12월 17일자로 발효된 제3공화국 헌법은 제75조 1항에서 "대통령은 전시·사변 또는 이에 준하는 국가비상사태에 있어 병력으로써 군사상의 필요 또는 공공의 안녕질서를 유지할 필요가 있을 때는 법률이 정하는 바에 의하여 계엄을 선포할 수 있다"라고 규정해놓았다. 그러나 대통령에 의한 국가비상사태 선포의 법적 근거는 마련되어 있지 않은 상태였다.

1970년대의 흥행 영화들인 〈별들의 고향〉, 〈영자의 전성시대〉, 〈겨울여자〉의 포스터.

화제 프로그래머'란 비아냥거림이 나올 정도였다. 1973년에는 유신영화법으로 불리는 영화법 제4차 개정이 이뤄졌다. 골자는 영화진흥공사 신설과 검열 강화였다. 1975년에는 한국문화예술위원회의 시나리오 심의가 문공부(문화공보부)에 사전 보고되도록 하는 '문공부의 새로운 정화 지침'이 발표되어 검열이 더욱 강화됐다. 1976년에는 공연윤리위원회가 만들어져 행정기관이 검열에서 실질적 영향력을 행사하게됐다. 검열 기준이 강화되면서 영화 시나리오 반려 비율도 1970년 3.7퍼센트, 1971년 25퍼센트, 1972년 58퍼센트, 1975년에는 80퍼센트로크게 증가했다. 검열로부터 자유로운 영화가 부재했다고 해도 과언이아닌 것이다.

검열, 상상력을 제한하다

유신 시기 정부가 장려했던 것은 '국책영화'였다. 정부는 영화가 정책 홍보에 효과적이라 판단해 영화진흥공사로 하여금 문예·반공·계몽 부문에서 국책영화를 제작하도록 했다. 국립영화제작소에서도 경제발전, 민족중흥 의지, 호국선현의 업적을 담은 문화영화를 만들었다. 18개에 달하는 우수영화 선정 방침은, (1)10월 유신을 구현하는 내용 (2)민족주체성을 확립하고 애국애족의 국민성을 고무하는 내용 (3)의욕과 신의에 찬 진취적 국민정신을 배양할 수 있는 내용 (4)새마을운동에 적극 참여케 하는 내용 (5)협동단결을 강조하고 슬기롭고 의지에 찬 인간상록수를 소재로 한 내용 (6)농어민에게 꿈과 신념을 주고 향토문화 발전에 기여할 수 있는 내용 (7)성실·근면·검소한 생활자세를 가진 인간상을 그린 내용 (8)조국 근대화를 위해 헌신하는 산업전사를 소재로 한 내용 (9)국난 극복의 역사적 사실을 주제로 한 내용 (10)국난 극복의 길은 국민총화에 있음을 보여주는 내용 (11)민족 수난을 거울삼아 국민의 각성을 촉구하는 내용 (12)수출 증대를 소재로 하는 내용 (13)국가와 민족을 위해 헌신하는 공무원상을 부각하는 내용 (14)미풍양속과 국민정서 순화에 기여할 수 있는 내용 (15)건전한 국민오락을 통해 생활의 명랑화를 기할 수 있는 내용 (16)문화재 애호 정신을 함양하는 내용 (17)고유문화 및 민족예술 선양에 기여할 수 있는 내용 (18)창작에 의한 순수 예술물로서 예술성을 높인 내용 등이었다.[2]

또 1973년 제4차 영화법 개정을 통해 수입영화쿼터제가 만들어져 한국 영화 3편당 외화수입권 1편을 배정했다. 영화 제작사들은 흥행이 보장되는 외국 영화 수입을 위해 한국 영화 3편을 의무적으로 제작했고 이는 한국 영화의 질적 하락을 가져왔다. 이 밖에 문공부 사전 승인으로 민족사관, 정부시책, 반공 등을 소재로 한 영화를 장려하는 한편 대종상 수상 같은 인센티브를 통해 정부 목적에 맞는 영화 제작을 독려했다. 영화진흥공사 주도로 유신이념 생활화와 새마을정신 함양을 고무하는 영화를 대종상 수상작으로 선정했고 1976년부터는 민간 영화사에도 국책영화 제작을 의무화했다.

이처럼 정부는 한국 영화가 나아가야 할 방향으로 민족사관 정립과 민족문화의 자주성 구현을 내세웠다. 정부의 지침·검열·지원 방향은 근대화와 서구 문화 확산에 따른 퇴폐, 비도덕, 빈곤 등 어두운 현실이 아닌 명랑한 미래를 표현하는 것이었다. 이러한 정책 방향을 반영한 결과, 대종상은 정부 시책에 따른 계몽주의 프로젝트 평가의 장으로 전락했고, 영화사가 알아서 '대종상용 영화'를 만들 정도였다. 임권택의 〈상록수〉(1978)에서 드러나듯이, 원작과 달리 최용신은 근대적 여성상이 아니라 수동적인 인물로 묘사되었고, 이는 당대 지배담론이 지향하는 한국적 인간형인 가정의 수호자이자 위기의 남성을 구원하는 존재로서의 여성을 강조했다. 즉 식민지 경험이라는 외상으로 남성성이 결핍됐던 국가를 남성 가부장을 중심으로 정상화하려는 의도를 영화를 통해 관철한 것이다.[3] 1966년부터 1979년까지 대종상 최우수작품상을 받은 작품들은 오른쪽 표와 같다.

대종상 최우수작품상 목록(1966~1979)

연도	작품명	제작사	감독	장르
1966	갯마을	대양양화	김수용	문예
1967	귀로	세기상사	이만희	통속
1968	대원군	신양필림	신상옥	역사
1969	대종상영화제가 개최되지 않음			
1970				
1971	수상작 없음			
1972	의사 안중근	연방영화	주동진	시대
1973	홍의장군	합동영화	이두용	시대
1974	토지	우성사	김수용	문예
1975	불꽃	남아진흥	유현목	반공
1976	어머니	합동영화	임원식	계몽
1977	난중일기	한진흥업	장일호	시대
1978	경찰관	합동영화	이두용	통속
1979	깃발 없는 기수	화천공사	임권택	반공

이 시기 대표적인 국책영화로서 민족의 수난을 영상화한 작품은 〈세조대왕〉(1970), 〈성웅 이순신〉(1971), 〈난중일기〉(1977), 〈세종대왕〉(1978), 〈율곡과 신사임당〉(1978), 〈호국 팔만대장경〉(1978) 등이다. 이들 영화에서 남성 지도자들은 국가를 수호하고 민족을 이끄는, 냉전 시기 헐리우드 영화 〈람보〉에 등장하는 '하드 버디' 영웅과 같았다. 이들 영화는 한결같이 민족수난기에 남성 영웅들이 백성과 혼연일체가 되어 민족을 수호한다는 서사를 기둥 삼은 것으로, 유신체제의 총화 이데올로기를 은유하려는 정치적 목적이 노골화되어 있었다.

정부는 영화의 콘텐츠와 서사만이 아니라 영화 관람 과정에도 개입했다. 1962년 영화법 11조에 의거해 문화영화 상영을 강제했고, 1967년에는 몇 개 개봉관에서만 시범적으로 실시되던 애국가 영화가 1971년부터는 모든 극장에서 상영되었다. '애국가-뉴스영화-문화영화-본영화'란 조합으로 이루어진 이 과정은 영화 관람이라는 대중의 문화적 실천에 국가의 의도가 개입된 사례다.[4]

검열은 영화에 대한 탄압이었나?

1960년대에 이미 인민군을 인간적으로 묘사했다는 이유로 반공법상 문제가 된 〈7인의 여포로〉로 곤욕을 치렀던 이만희는 1974년 국책영화 〈들국화는 피었는데〉를 영화진흥위원회 설립 기념작으로 제작했다. 이 영화는 관객 20만 명을 동원한 임권택의 〈증언〉(1973)과 더

'새마을영화' 〈아내들의 행진〉 포스터와 이 영화를 상영하는 극장 앞에 모인 인파.

불어 1억 원이 넘는 예산을 국방부에서 지원받았다. 그러나 잔인한 공
산당의 폭력에 맞선 반공 이데올로기가 이 영화를 지배하길 원했던 정
부와 달리, 이만희는 반공이 아닌 반전(反戰)에 초점을 맞춰 전쟁으로
희생된 국민의 상처와 허무를 드러내고자 했다. 결국 이만희는 편집권
을 포기했고 이후 그의 연출 활동은 개점휴업 상태가 되고 말았다.[5]
〈서편제〉로 널리 알려진 임권택 감독 역시 유신 시기에는 정부가 요구
하는 범위 안에서 영화를 만들 수밖에 없었다. 새마을영화 〈아내들의
행진〉(1974)의 마지막 장면에는 전후 맥락 없이 무장공비가 등장했는

데, 이는 당시 문공부 장관 윤주영의 압력에 의한 것이었다.[6]

검열에 동조한 영화도 공존했다. 문제작 〈오발탄〉(1961)을 감독한 유현목은 유신 시기 반공 문예영화 제작에 동참해 우수영화 보상 정책의 수혜를 받았다. 한때 〈오발탄〉이 상영금지가 되고 〈춘몽〉(1965)은 외설시비로 기소되는 등 자신이 검열의 희생자였음에도 이후 그는 북한을 절대악으로 상정하고 이에 대항하는 개인적 고뇌를 그린 영화 〈카인의 후예〉(황순원 원작), 〈불꽃〉(선우휘 원작) 등을 만들었다. 이는 검열의 강요에 의한 것이 아닌 그의 자발적 선택이었다. 이 점은 그가 1990년대에 박정희를 찬양하는 영화 〈조국의 등불〉(1990), 〈사랑의 등불〉(1990) 등을 제작한 것으로 미루어 좀 더 분명해진다. 〈조국의 등불〉 편집을 마치면서 유현목은 "역사의 거인인 고 박정희 대통령의 치적의 단편들을 영상에 담은 그간의 기록영화를 단축 재편집하는 책임편집자로서의 저는 커다란 영광"이라고 말하기도 했다. 유신 시기 들어서 유현목 같은 중견 감독조차 검열이 허용하는 범위 안에서 안전한 영화를 만들며 검열과 예술의 공존을 추구했던 것이다.[7]

검열과 거리 두기

1970년대의 검열이 국가의 과도한 그리고 허술한 간섭이라는 특징을 보인다면, 이에 대해 하길종은 영화에 검열의 흔적을 새겨두는 전략으로 자신의 의도를 드러냈다. 하길종은 〈바보들의 행진〉(1975)에서 시위 장면이 검열로 삭제되자 실제 영화에서는 강의실에서 바로 연고전 응원 연습으로 바뀌도록 장면 구성을 하고, 시위에 함께 나갈 것을 종용하던 병태가 강의실에서 칠판을 지우다가 이상국가를 사쿠라로 고쳐 쓰는 장면 등으로 검열의 흔적을 남겼다. 검열의 흔적으로 하길종은 관객들에게 '삭제된 무엇'에 대한 상상력을 자극하고자 했던 것이다.[8]

　　한편 이만희 영화 가운데 개봉관에 걸리지도 못했던 〈태양을 닮은 소녀〉(1975)에 등장하는 주인공 인숙이나 〈삼포 가는 길〉(1975)의 주인공 백화는 몸은 성인이지만 채 성숙하지 못한 페르소나로 등장했다. 이장호의 〈별들의 고향〉(1974)에서 "난 그런 거 몰라요. 아무것도 몰라요"로 상징되는 경아와 같은 주인공 역시 1970년대 중반 스크린에서 어렵지 않게 발견할 수 있다. 이들은 성판매 여성으로 전락했으나 타락하지 않은 자, 어른이 되기 전의 순수를 지닌 존재로 묘사되었다. 이들이 어른이 되지 못하고 비극적인 죽음을 맞게 되는 영화의 결말은 성장을 불가능하게 하는 유신이라는 시대에 대한 거부를 우회적으로 표현한 것으로 볼 수 있다. 즉 유신이 근대화와 민족중흥이라는 명랑한 미래를 강요했다면, 이들은 그런 미래를 품은 성인으로 살아가길 거부한 존재로 재현된 것이다.[9]

　　1970년대에 가장 대중적으로 인기가 있었던 호스티스 영화가 가족에서 일탈한 여성 주인공을 묘사한 것도 가족제도의 모순에 대한 비판이었다. 동시에 이는 여성의 비극과 고통을 드러냄으로써 여성 관객의 감정이입을 가능하게 했다. 단적인 예로 〈영자의 전성시대〉에서

염복순이 분한 영자의 백치 같은 외모와 이에 수반되는 성적 코드는 하층민 여성을 시각적으로 형상화했다. 또한 신사임당으로 상징되는 한국적 여성과는 거리가 먼 〈바보들의 행진〉에 등장하는 주인공 영자는 엉덩이에 착 달라붙는 청바지에 너덜너덜한 블라우스를 입고 생머리를 늘어뜨려 가운데로 가르마를 탄 모습에 늘 운동화를 신고 다니는데 뒤축은 눌러 신고 다닌다. 생머리는 인위적 꾸밈으로부터의 해방과 자유를 표현하고 꽉 끼는 청바지는 치마가 주는 여성성을 제거해버린 활동적인 모습이었는데, 이러한 영자의 스타일은 한국적인 것과의 '어긋남'을 무의식적으로 드러내준다.[10]

동시에 이들 영화에 등장했던 경아와 영자 등 독립적인 여성상은 순결의 상실, 비극적 최후, 가정으로의 복귀 등을 통해 지배적 가치를 강요당하는 대상으로 그려졌다. 청년문화의 영향을 받은 감독들이 만든 호스티스 멜로 영화는 휴머니즘과 자유주의라는 무기로 검열에 반대했지만 가부장제 옹호와 남성성 복원 등 주요 가치를 권력과 공유했다. 다른 식으로 표현하자면 위기에 처한 남성을 구원하는 순수한 여성이라는 남성 관객의 시각을 반영한 성적 대상화의 결과였으며, 무엇보다 가족을 강조함으로써 유신 정부가 내세우는 가부장제/민족주의에 공모하는 것이었다. 이런 현상은 이들뿐 아니라 주변부 사회 지식인들이 보여주는 전형적인 모습이었다.[11]

영화, 검열을 내면화

유신 시기 영화가 검열 때문에 대중의 외면을 받았다고 보는 것은 일면적이다. 검열에도 불구하고 적잖은 영화가 유신 시기 대중이 겪고 있던 모순적 삶을 선연히 전시해냈다. 영화 속에 그려진 근대화를 향한 눈물은 관객들 또한 울렸고 젊은이들의 자살, 우울과 비극적 결말에는 청년층이 열렬히 호응했으며 가족제도 내 여성의 고통, 산업화 과정 속 여성 노동자의 고통 등은 여성 관객을 극장으로 끌어들였다.

임권택의 〈아내들의 행진〉의 여성 주인공들은 조국 근대화의 가치를 내면화한 인물이자 고통을 극복하고 마을을 패배주의와 가난에서 구출하는 '국민'으로 묘사되었다. 그럼에도 이 영화는 10만 관객을 동원했다. 민족수난사, 민족공동체의 고통을 묘사해 눈물을 쥐어짠 영화를 통해 유신 시기의 민족중흥, 대중동원에 성공한 것이다. 새마을운동의 여성 지도자들이 그러했듯 〈아내들의 행진〉을 관람한 여성들 또한 '그렇게 실현될 수밖에 없는 존재증명'을 수락한 탓인지도 모른다. 조국 근대화를 위해 인내하라는 명령을 거부하는 주체는 아직 많지 않았다. 반면 군사 퍼레이드, 기능올림픽 수상자를 위한 카퍼레이드, 전국체전 매스게임, 경부고속도로 개통을 기리는 기념비 등 일상 영역에서도 대중에게 고통의 인내를 강요하는 기제는 많았다. 수다한 고통에도 불구하고 근대화는 반드시 이뤄져야 한다고 역설하고, 이를 위한 의지와 감수성을 고조함으로써 유신정권은 대중의 동의를 쥐어짰다.[12]

검열이 모두에게 피해나 고통으로 다가왔던 것은 아니다. 영화인이나 관객들 모두가 검열의 피해자도 아니었다. 오히려 검열을 내면화하거나 정부가 강요하는 우수영화를 만들면서 생존한 사람들이 더 많았을지도 모른다. 유신에 비판적이던 하길종조차 〈한네의 승천〉(1977) 같은 후기 작품에서는 우수영화가 강조하는 민족문화 창달과 통하는 윤회 등의 가치를 내세웠다. 서구적 감수성을 강하게 풍기던 하길종조차 민족적인 것에 대한 결핍을 느끼던 상황에서 유신 시기의 검열은 감독이 스스로 검열의 경계를 받아들이게 하는 정당성의 근거를 제공했다.[13]

　　영화가 관객들에게 쾌락을 제공하고 이를 통해 대중의 바람을 어떤 방식으로든 담아내는 것이라면, 검열의 틈바구니에서 유신 시기 영화는 어른이 되지 못한 채 죽음을 맞이한 〈별들의 고향〉의 경아처럼 성장을 거부한 주체의 세계를 품었다고 볼 수 있다. 이뿐 아니라 긴급조치 아래에서의 우울과 답답함이라는 내면을 드러냈다. 청년문화 그리고 대중문화를 소비했던 대학생, 여공, 도시 하층민은 표준화된 양식에 의도하지 않게 도전한, 다른 식으로 표현하자면 민족중흥과 발전을 위한 새로운 인간형이라는 이름으로 강요되었던 엄숙주의, 검열, 민족문화의 부흥, 퇴폐 외래문화 추방이란 가치, 규범, 도덕률로부터 해방되고자 하는 욕망을 영화라는 매체를 통해 대리만족시켰다.[14] 따라서 검열, 표현 자유의 제약만으로 유신 시기의 영화와 대중을 바라보는 것은 '절반의 이해'일 것이다.

5

기능올림픽,
패자 부활의 잔혹사

조국의 번영을 몸으로 이룩하는 산업전사들?

한국에서 올림픽의 가장 강렬한 기억은 아마 '쌍팔년도 올림픽'일 것이다. 담배부터 고속도로, 심지어 탱크에까지 88이란 이름이 붙었고 금메달을 목에 건 자랑스러운 '대한의 자식들'이 텔레비전을 화려하게 수놓았다. 올림픽을 치를 때 한국은 구질구질한 1970년대와 작별하고 싶어 안달이 났었다. 주지하듯이 올림픽은 국가 간 경쟁의 글로벌 이벤트다. 국가와 민족 단위로 편제된 국제질서는 일등부터 꼴찌까지 전 지구를 단일한 수직 계열화로 묶어냈고 올림픽은 그 질서의 상상적 재현 메커니즘이 되었다. 비슷한 것으로 월드컵이 있다. 양대 글로벌 이벤트에서 4등을 한 한국, 과연 선진국일런가.

여기 선진국을 향한 또 다른 올림픽이 있다. 정식 명칭은 국제직업훈련경기대회쯤 되겠지만 기능올림픽이라는 별칭이 더 유명한 이 대회는 단연 한국의 독무대다. 1967년부터 참가하기 시작해 1977년 최초로 종합우승을 한 이래 9연패를 달성했는가 하면 2013년까지 치러진 20개 대회에서 무려 18번의 종합우승을 차지했다. 스포츠올림픽이나 기능올림픽이나 국가별 등수를 매기지 않음에도 불구하고 유독 한국은 독자적 순위매김에 골몰한다.

국가·자본의 의기투합, '민족주의 동원'

구질구질한 1970년대는 무엇보다 기능올림픽의 시대였다. 기능올림픽은 1947년 에스파냐에서 시작되어 1953년 제1회 국제대회가 개최되었다. 아시아에서는 일본이 처음으로 1962년부터 참가했고 1967년에는 한국이, 1970년에는 타이완이 처음 참가했다. 이어 1975년에는 미국과 이란, 1980년대에는 남미로 확대되기에 이르렀다.[1] 한국의 참여는 1965년 유럽순방 중이던 김종필의 구상에서 비롯되었다. 5·16쿠데타의 구상자답게 김종필은 이런저런 아이디어가 많은 사람이었다. 중앙정보부와 공화당을 만들어내더니 자의 반 타의 반 유럽 외유길에 올랐다가 한눈에 반한 게 기능올림픽이었다. 귀국하자마자 김종필은 권력 2인자라는 조건을 십분 활용해 일사천리로 일을 진행시켰다. 1966년 1월 국제기능올림픽한국위원회를 만들어 초대 이사장에 취임하고 참관인단 파견을 거쳐 1967년부터 정식으로 참가단을 보냈다.

첫 선수단의 출국신고를 받고 박정희는 훌륭한 성적을 거둔 선수는 평생을 보장해주겠다는 약속을 했다.[2] 처녀 출전에서 세계 4위의 성적을 거두고 귀국하자 범국민적 환영행사가 개최되었다. 요란한 카퍼레이드를 거쳐 서울시민회관에서 개최된 환영대회가 국무총리 이하 9개 부처 장관이 참석한 가운데 성대하게 치러졌고 대통령에게 귀국신고를 했다. 시작과 끝은 언제나 청와대였다.

1970년대는 기능올림픽의 황금기였다. 1977년 최초로 종합우승을 했고, 1978년에는 부산 대회를 유치했다. 종합우승을 차지하자 환영행사는 말 그대로 '거국적으로 거행'되었다. 카퍼레이드, 대통령 귀국신고와 함께 국립묘지 참배가 추가되었고 지역별 환영행사도 대대적으로 치러졌다. 언론과 방송 또한 연일 1면 기사로 우승 소식을 전했고 『동아일보』는 사설로 "조국의 번영을 몸으로 실천하고 이룩하는 역군들"이라며 칭송했다. 동양TV에서는 〈절망은 없다〉라는 영화를 제작 방영하는 등 한동안 전국이 국제기능올림픽으로 떠들썩했다.[3] 화룡점정은 영애 박근혜 양을 대동한 박정희가 "미국 등 선진 공업국가들의 선수들과 일대일로 당당히 겨루어 종합우승한 것"을 치하한 것이었다.

1967년 기능올림픽에 처녀 출전하여 종합 4위의 성적을 거두고 귀국한 선수단을 접견하는 대통령 박정희.

　　이 자리에서 박정희는 '기술 천시의 직업관' 때문에 공업 발전
이 뒤처지게 되었다고 진단하면서 이제는 "기술에 대한 우리 국민들의
인식과 관념이 완전히 달라져 기술개발에 앞장서고 있음은 물론 정부
도 기술인력 양성에 전력을 경주하고 있으며 여러분의 사회적 지위가
향상되고 우대받는 시대가 오고 있다"라고 강조했다.[4]

　　기능올림픽은 국가와 자본의 합작품이었다. 초대 위원장 김종
필을 위시해 김재순, 오학진, 이낙선, 홍성철 등 1980년도까지 역대 위
원장은 김재순을 제외하고는 모두 5·16쿠데타의 주역이었다. 반면 부
위원장은 주로 재벌 총수가 맡았다. 이낙선 위원장 시절에는 럭키금성

의 구자경을 위시해 이정림, 박용학 등 재계 거물이 부위원장이었다. 실무 담당인 사무총장은 대학교수가 맡았다. '산업전사들의 기능'을 매개로 국가와 자본 그리고 지식이 삼위일체를 이룬 셈이었고 학교와 공장은 그 제도적 장치였다.

국가와 자본이 의기투합한 이유는 분명했다. 첫 번째로, 기능올림픽은 무엇보다 '민족중흥'이라는 민족주의 스펙터클의 훌륭한 무대였다. 양정모의 금메달 하나에 전국이 들썩일 정도였는데, 기능올림픽은 종합우승을 밥 먹듯이 했다. 당시까지 세계대회에서 한국이 종합우승을 차지한 경우는 기능올림픽이 유일했다. 세계체제 속에서 국가가 자신의 존재증명을 하는 데 이만한 호재가 없었다.

물론 기능올림픽은 규모와 영향력 그리고 중요도 측면에서 스포츠올림픽에 비할 바가 아니다. 굳이 비교하자면 월드컵과 박스컵(박정희 대통령컵 국제축구대회)의 차이라고나 할까. 17~22세 사이 청소년 대상의 직업교육 활성화 차원에서 시작된 대회를 몇 배로 뻥튀기하여 전 민족적 국가 이벤트로 만든 것은 박정희 체제의 민족중흥 욕망의 발현이다. 어쨌든 박정희 체제에서 기능올림픽은 주관적으로 지상 최대의 제전이어야 했고 또 그렇게 '산업전사'들을 호명했다.

두 번째 이유는 산업화 전략에 따른 기능교육 강화였다. 산업화를 위해서는 숙련 노동자가 아주 많이 필요했지만 문제는 예로부터 '숭문천공(崇文賤工)'의 관습이 매우 강했던 한국 사회에서 미래의 꿈을 노동자로 생각할 사람이 거의 없었다는 점이다. 관습도 관습이었지만 실제 현실에서 노동자들은 사회 최하층의 삶을 살았다. 계층 상승의 욕망이 비등하던 당시 상황에서 최하층 노동자로 살겠다는 생각을 품기는 힘들었다. 결정적 문제는 국가와 자본이 실질적 수준에서 노동자들의 삶을 개선하겠다는 분명한 의지를 보여주지 못했다는 점이다.

　게다가 하층 노동자로 살아가야 할 청년들은 대부분 계층 상승의 일차적 관문인 교육제도로부터 탈락된 상태였다. 상승은커녕 바닥인생으로 곤두박질칠 것이 뻔한 상황의 청소년들을 생산적 노동력으로 전환시키는 것은 산업화는 물론 사회적 안정을 위해서도 긴요한 일일 수밖에 없었다.

　사실 기능올림픽의 애초 취지는 바로 그것이었다. 에스파냐가 기능경기대회를 개최한 것도 2차 대전 후 청소년 실업 문제를 해결하고 그들을 생산적 노동력으로 전환하기 위해서였다. 이를 가장 성공적으로 수행한 국가가 독일이었다. 독일의 직업교육은 우수한 기능을 갖춘 노동력을 대량 생산하여 산업현장에 공급하였고 '마이스터'는 한국의 노동자와 비교하기 힘들 정도로 훌륭한 대우를 받고 있었다.

　한국에서도 독일의 마이스터 교육을 하고자 했는지는 모를 일이다. 그러나 한국은 독일이 아니었고 한국의 예비 노동자들은 마이스터 대신 공돌이·공순이의 운명을 감수해야 했다. 그들의 삶을 실질적으로 개선할 수 없다면 상상과 환상의 영역에서라도 그들의 삶을 긍정적인 것으로 만들 필요가 있었을 터이다. 이로부터 국가가 연출하는 거대하고 화려한 '노동 판타지' 패자 부활전이 펼쳐지게 된다.

　기능올림픽이 노동 판타지를 기초로 했다 해도 그 실제 과정은 가혹했고 처절할 정도의 고된 훈련 곧 노동을 요구했다. 산업전사들은 무엇보다 혹독한 경쟁의 산물이었다. 기능경기대회는 기능과 스포츠를 결합해 최대한의 경쟁 원리를 가동하는 방식이었다. 대회에 출전할 국가대표는 지방대회와 전국대회를 거쳐 선발되었는데, 1966년 제1회 대회에는 경인 지역 236명을 포함해 전국적으로 578명의 선수가 참여했다. 여기서 선발된 선수들이 다시 전국기능경기대회에 나가고 거기서 최종 9명을 선발했다. 입상자 시상식은 서울시민회관에서 열렸는데 정일권 총리와 김종필 공화당 의장이 참석하는 아주 중요한 행사의 하나로 상당히 파격적으로 치러졌고, 선발자들은 신문에 자기 이름이 실리는 영예를 안았다.[5] 이들이 1967년 7월 에스파냐 대회에 처음으로 출전했다.

기능경기대회 참가 인원은 날이 갈수록 늘어나 1978년에는 지방대회 참가자가 총 2768명이었고 이 중 전국대회를 거쳐 최종 국가대표로 선발된 인원이 33명이었다. 지방대회 출전 또한 학교·기업별로 선발 과정을 거쳐야 했기에 실질적으로 경쟁에 투입되는 인원은 훨씬 많았을 것이다. 국가대표가 되려면 지방대회 기준으로만 83대 1의 경쟁률을 뚫어야 했고, 실제로는 수백 대 일의 경쟁에서 이겨야 했다. 게다가 당시 신문이 일본에서는 6억의 예산을 들여 전 실업인들의 협력으로 6만 7000여 명이 참가하는 매머드 대회를 개최했다는 기사를 실어 국가 간 경쟁의식을 촉발하기도 했다.[6]

한마디로 기능올림픽에 출전하는 국가대표 선수가 된다는 것은 그리 만만한 일이 아니었다. 1977년 기계제도 분야에서 금메달을 수상한 한 참가자의 경우를 보면, 경기도 학생경진대회부터 시작해 기능올림픽까지 총 3년 8개월을 '훈련＝노동'에 매진하는 강행군의 연속이었다. 밤 9, 10시까지 이어지는 훈련은 기본이고 2개월의 합숙 과정도 치렀다. 화려한 미래가 보장될 것처럼 보였기에 국가와 자본의 주문에 따라 혼신을 다한 그들의 모습은 패자 부활전에 나서는 전사답게 긴장되었고 비장했다. 1967년 첫 출전한 대표단의 모습은 다음과 같았다.

> 특히 우리 선수의 경우 첫 출전인 만큼 아무 경험이 없는 데다가 40만 한국 기능공의 명예가 자신들의 두 어깨에 걸려 있다는 무거운 사명감, 그리고 자신을 이 대회에 참가시키기 위해 막대한 경비를 소비했다는 중압감이 모든 것을 메달 획득으로써 보답하겠다는 집념 등 일종의 강박관념에 짓눌린 형편이어서 임원들이 아무리 안심시켜도 소용이 없고 처참할이만큼[sic] 긴장하고 있어서 그러지 않아도 제일 작은 체구가 더욱더 위축되어 작아 보이는 느낌이었다.[7]

40만 명의 기능공은 물론, 나아가 3000만 명의 대표라는 국가주의적 중압감이 막대한 비용이라는 자본의 중압감에 더해져 왜소한 체구의 아이들을 찍어 누른 듯 보인다. 국무총리와 대통령까지 나서서 국가대표라는 어마어마한 표찰을 달아주었으니 어린 청소년들로서는 중압감을 넘어 두려움까지 느꼈을 법하다. 그러나 처참할 정도의 이 위축과 긴장의 상당 부분은 가난 때문이었다. 가혹한 경쟁으로 내몰린 이들의 삶의 중심에는 가난과 그것을 벗어나고자 하는 욕망이 있었다.

1978년 부산에서 개최된 제24회 국제기능올림픽대회에 출전한 한국선수단의 카퍼레이드.

1994년의 조사에 따르면 메달리스트들 대부분이 극심한 빈곤으로 대
학을 포기한 채 공고로 진학하거나 공장에 취업한 젊은이들이었다. 이
유야 무엇이었든 제1차 경쟁에서 패배한 셈이었다. 빈곤이 계층 상승
의 핵심 통로인 교육 과정에서부터 저열한 위치를 강요하는 가운데 이
들은 결국 '공돌이·공순이'라는 하층민의 삶으로 퇴적되어야 할 운명

이었다. 이들을 시장경쟁 메커니즘으로 회수할 수 있다면 사회 전체가
자유경쟁에 동원될 수 있을 터였다.

계층 상승의 욕망에 불을 지핀 '달콤한 약속'

1970년대에 박정희 체제는 중화학공업화를 위해 기계공고, 시
범공고, 특성화공고 등을 집중적으로 설립해 기능인력을 대규모로 양
성하고자 했다. 이들이 기능올림픽의 주요 자원이었고 혹독한 경쟁의
주역이었다. 가정 형편상 국비 지원이 되는 공고로 진학한 어느 금메
달리스트의 회고에 따르면 "매우 어둡고 적막한 학교 건물 지하 3층
창고에서 오랜 기간 집중 훈련"을 했다고 한다. 그는 "심신이 피로한
것은 둘째 치고 자기 자신과의 싸움이 가장 힘들었다"라고 고백하며
"여기에서 이겼기 때문에 지방대회, 전국대회, 국제대회에서 일등을
할 수 있었다"라고 기억했다.[8]

이렇게 빈곤은 제1차 경쟁의 탈락자들을 만들어냈지만 그 빈
곤을 벗어나는 길도 또 다른 경쟁, 곧 패자 부활전이었다. 두 번째 기
회가 주어진 셈이었는데, 그만큼 절박했고 이를 잡기 위한 피나는 자
기계발이 요구된 것이었다. 메달리스트들 중 수상 이전에 자신의 생활
수준을 '상(上)'으로 답변한 사람은 한 명도 없었지만 1994년 조사 시
점에서는 32명 중 4명이 상층이라고 답했다. 좁긴 했지만 어쨌든 계층
상승의 경험이었다.[9]

이러한 계층 상승 욕망에 불을 지핀 것은 국가의 달콤한 약속이었다. 박정희는 첫 종합우승을 치하하는 자리에서 "비록 여러분이 상급 학교에 진학 못했다고 하더라도 노력만 하면 학문과 이론을 배울수 있도록 대학에 진학하는 길도 터놓았다"라고 강조했다. 화려한 축하 파티에서 산업전사들의 깊은 트라우마를 건드린 셈인데, 기능대학이 그 치유제가 될 수 있을는지는 본인조차 확신하지 못했을 것이다.

　　밤을 새워가며 손가락이 잘려나갈 위험 속에서 선반과 씨름하고 불꽃이 살갗에 튀는 용접을 배웠건만 그 결과는 신통치 않았다. 평생을 책임지겠다던 대통령의 약속에도 불구하고 1994년 조사에 따르면 100명의 조사 대상 메달리스트 중 십여 명이 해외이민을 떠난 상황이었고 설문에 응한 32명 중 동종 분야에서 계속 일하고 있는 사람은 불과 9명에 그쳤다.[9]

　　메달리스트들은 기능올림픽 수상에 대한 보상이 실제로는 거의 없었거나 매우 미흡했다고 토로했다. 특히 스포츠올림픽 수상자들과의 형평성 문제를 공통적으로 거론했다. 연금제도도 비교하기 힘들정도로 열악했고 직장에서의 대우도 크게 달라진 것이 없었다고 했다. 게다가 기능올림픽으로 '숭문천공'의 풍조가 바뀌었다고 선전해댔지만 어느 금메달리스트는 "기능인 천시 사상이 결코 개선되리라고 보지 않는다. 한마디로 말도 안 되는 얘기"라고 단언했다.[10] 요컨대 기능올림픽 금메달은 육체노동과 정신노동의 평등을 가져오지 못했다. 대신

■　기능올림픽 메달리스트들 중에는 해외 이민자도 꽤 있었고 대학교수가 된 경우도 있었다.

혹독한 경쟁과 훈련을 통해 굶어 죽을 자유와 계층 상승의 자유 사이로 내몰렸을 뿐이다.

이 자유로운 개인은 민족중흥을 내세운 대대적인 민족주의 동원 전략에도 불구하고 "처음부터 어디까지나 나 자신을 위해 땀 흘린다고 생각"하는 주체이기도 했다.[11] 국가의 대대적 동원 속에 '국가대표'가 되었지만 어디까지나 자기 자신을 위한 고독한 경쟁임을 분명히 인식하고 있는 이 메달리스트야말로 자유주의가 기대하던 개인의 모습에 가까웠다. 이들은 국가주의적 집단주체로 호명된 국가대표이자 경쟁의 쓴맛을 본 개인이기도 했다. 패배의 열패감을 "기술 하나만 잘 배워두면 밥은 굶지 않는다"라는 근대적 격언으로 무마하면서 새로운 기회의 평등, 또 다른 경쟁으로 나아갔던 것이다.

이 전사의 후예들은 오늘날에도 여전히 국가대표이자 삼성과 현대 선수단의 일원이 되어 기능올림픽에 참가한다. '배워서 남 주나'라는 삶의 교훈은 살인적 취업난 속에 '배워서 기업 주는' 것으로 바뀌어야 할 상황이 되었다. 스스로를 시장의 고독한 개인으로 구성해낸 이 전사의 후예들은 과연 패자 부활전에서 승리할 수 있을까.

1970년 11월 19일, 한 언론은 종합 2위를 달성한 기능올림픽 한국 대표단 소식을 전하면서 평화시장 재단사 전태일의 분신을 함께 다루었다.[12] 기능올림픽 입상자들이야말로 "말 없는 애국자고 민족의 앞날을 생산적인 면으로 이끌어나갈 선구자"임을 강조하면서, 변변히 배우지도 못한 이들 "소년 직공"들의 "천상"과 대비되는, 청년 재단사 전태일의 "지옥" 같은 분신을 함께 기억해야 함을 강조했던 것이다. 천상과 지옥으로 표현된 기능올림픽 메달리스트와 전태일, 이들은 모두 노동자였다.

설령 뜻이 있었다 해도 전태일은 아마 기능올림픽에 출전할 수 없었을 것이다. 평화시장의 영세 사업장 형편상 학교와 기업 중심으로 운용되던 기능경기대회에 출전하기란 정말 천상의 일이었을 테니까 말이다. 전태일에게는 패자 부활전조차 불가능했다는 이야기다. 점점 더 적은 승자를 위해 점점 더 많은 패자가 필요해지는 세상, 전태일이 먼저 경험한 그런 세상의 규칙이야말로 패자 부활전이 치러지는 게임의 법칙일지 모른다.

기능올림픽 메달리스트들은 확실히 노동계의 엘리트였다. 그들은 자신의 노력과 능력으로 지옥에서 천상으로 올라서고자 했고, 역설적으로 더는 노동자로 살지 않게 된다는 것이 그들이 누린 성공의 징표였다. 그러나 이제 세상은 패자 부활전을 통한 작은 성공조차 장담하기 힘들 정도로 변해가고 있다. 요즘에도 기능올림픽은 개최되고 있지만 더는 화려한 카퍼레이드가 없을 뿐 아니라, 청와대가 불러주는 일은 상상조차 하기 어렵다. 하나가 아니라 두세 가지 기술을 배워도 밥 굶지 않을 자신이 별로 없는 세상이다. 결국 오늘날의 세상은 메달리스트의 천상의 꿈 대신 전태일의 절망과 분노, 지옥을 닮아가고 있는 것은 아닐까.

2부

박정희, 일그러진 영웅

누구보다 박정희 자신이 근대의 놀라운 성공 사례였다.

그는 빈농의 아들로 태어나 지존의 자리에 오른 입지전의 전형이었다.

그의 성공적 근대 체험은 수많은 대중을 근대화로 이끌어낼 만큼

강렬한 유혹이었다.

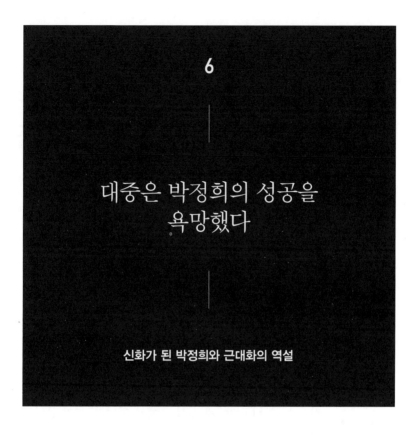

6

대중은 박정희의 성공을 욕망했다

신화가 된 박정희와 근대화의 역설

한때 거의 모든 사내아이의 꿈이 대통령으로 수렴되던 시절이 있었다. 조선시대였으면 역적의 씨로 취급되어 삼족의 멸문지화를 면키 어려웠을 일이다. 이 꿈을 꾸게 했던 인물이 박정희였음은 주지의 사실일 것이다. 빈농의 아들로 태어나 '지존'의 자리에 오른 박정희는 세상 모든 빈농의 자식들에게 불가능한 꿈을 심어놓았다. 철이 든다는 것이 곧 그 꿈을 깨는 것으로 가늠되던 시절이었다. 이제 더는 아이들의 꿈이 대통령으로 수렴되지 않는 세상이 되었음에도 여전히 박정희는 또 다른 꿈속의 신화처럼 여겨진다.

　박정희는 정치권이나 학계의 논쟁 대상에 그치지 않는다. 그는 무당의 몸주신이 된 몇 안 되는 역사적 인물 중 하나다. 몸주신의 자격은 크게 원한과 힘, 두 가지로 압축된다. 몸주신 중에는 남이, 최영 장군이 유명하지만 왕신(王神)으로 여겨지는 단군, 수로왕, 태조, 사도세자, 단종도 있다. 이들은 위대한 힘을 가진 영웅, 억울하게 죽어 원한에 찬 영웅으로 구분된다. 원한은 비슷한 체험을 반복한 사람들에게 강렬한 동일시를 가능케 한다. 그러나 더욱 중요한 것은 강력한 힘이다. 보통사람들이 못 가진 거대한 힘과 위력으로 원한을 해결해줄 수 있는 절대적 존재여야 하는 것이다.

　박정희는 절대권력자였지만 비극적 죽음을 맞았다는 점에서 두 요소를 모두 갖추었다. 마오쩌둥이 중국 인민의 수호신이 된 것처럼 박정희는 적잖은 한국 국민에게 신적 존재가 되었다. 그가 몰아낸 무당들마저 그를 몸주신으로 받아들였을 정도이니 말이다. 이는 일종의 방어 전략인 동시에 '미신 타파'의 총수였던 박정희를 5000년 가난을 몰아낸 영웅으로 재현한 결과다. 즉 아이러니하게도 그가 전근대적 민속신앙의 몸주신이 된 것은 근대화의 결과였다. 박정희는 이미 현대의 신화가 되어버렸으며, 그 한복판에는 경제개발이라는 지극히 근대적인 현상이 놓여 있다.

　사실 근대화는 박정희 체제 이전부터 중요한 화두였다. 그것은 개항 이래 한국 엘리트 지식인들의 오래된, 그러나 좌절된 욕망이었다. 그 좌절은 거의 모든 엘리트 지식인이 서구 근대에 대한 강렬한 콤플렉스에 시달리게 만들었다. 박정희 체제는 이 좌절된 욕망을 국가 프로젝트로 구성하고 강한 추진력으로 실물화했다는 점에서 결정적 역할을 했다. 마치 식민지 시대에 '독립'이란 말이 개인과 공동체 수준에서 크고 작은 욕망을 다 포괄했듯이, 근대화와 발전은 모든 사람에게 욕망의 소실점 같은 것이 되었다. 즉 근대화가 더는 소수 엘리트 지식인이나 특정 영역에 국한된 예외적 현상이 아닌 전 사회적 현상이 됨으로써 모든 주민집단의 삶과 의식을 뒤흔들어놓은 것이다.

박정희 신화의 핵심은 근대화, 다시 말해 경제개발이었다. 산업화는 경제적인 것을 특권화하는 과정이었다. 경제가 모든 영역을 압도하면서 가장 중요한 차원으로 상승했고, 이는 '경제적 욕망의 정치'가 작동하기 시작했음을 알리는 것이었다. 전근대 사회가 신분제적 격벽과 토지긴박(土地緊縛)을 통해 '안정'에 치중했기에 '안분지족'과 '금욕'을 강조했다면, 근대 사회는 만인 평등의 자연 상태를 가정하고 능력별 위계 서열화를 내세웠기에 욕망경쟁을 통한 사회적 유동성을 강조했다. 이는 곧 수직적 승강 운동이 새로운 원리로 등장했음을 의미하는 것이었다.

누구보다 박정희 자신이 근대의 놀라운 성공 사례였다. 그는 빈농의 아들로 태어나 지존의 자리에 오른 입지전의 전형이었다. 그의 성공적 근대 체험은 수많은 대중을 근대화로 이끌어낼 만큼 강렬한 유혹이었다. 평범하기 그지없는 조건을 달고 태어난 박정희가 신화적 인

억울한 죽음으로 원한에 찬 영웅이자 보통사람들이 넘보지 못하는 강력한 힘을 가졌던 대통령 박정희
는 대다수 한국인에게 신화적 인물로 여겨졌다.

물이 된 결정적 계기는 교육이다.

　그의 학력은 구미보통학교(1926~1932), 대구사범학교(1932~1937), 만주국의 신경군관학교(1940~1942), 일본 육군사관학교(1942~1944), 조선경비사관학교(1946) 등으로 정리된다. 이상의 교육과정을 보건대 박정희는 당대 최고 수준의 근대 교육을 이수한 셈이었다. 요샛말로 화려한 스펙을 쌓은 셈이다. 박정희는 우수한 성적과 품행을 바탕으로 보통학교 시절부터 급장이라는 권력정치를 익혀나갔다. 그의 급장 시절은 어린이라고 보기 어려운 승부근성과 권력의지로 요약된다. 같은 반 동기생의 기억에 따르면 성품이 몹시 독한 데가 있었고 그에게 맞아보지 않은 아이가 드물 정도였다. 또한 박정희는 "힘이 세고 말을 잘 들어먹지 않는 급우 한 놈을 산술 숙제를 도와 내 말이라면 무조건 굴복"하게 만들 줄 아는 학생이었다.[1]

무엇보다 급장 박정희는 급우를 수평적 벗이 아니라 수직적 통제 대상으로 생각했다. 박정희는 평생토록 수평적 관계에 대단히 취약했는데, 보통학교 급장 이래로 상하관계가 분명한 세계에만 익숙했던 것이다. 그는 친구가 많지 않았다. 곁에 있던 친구들도 그로부터 호된 경험을 하기 일쑤였다. 대구사범학교 이래의 친구인 황용주는 필화 사건으로 옥고를 치렀으며 부산 군수기지 사령관 시절 황용주와 함께 박정희의 술친구였던 이병주도 감옥행을 피할 수 없었다. 황용주는 자신이 '민족적 민주주의'의 주창자였다고 했는데, 내심 박정희를 통해 자기 신념을 펼쳐보고자 했던 것이다.[2] 사실 내용 면에서 황용주와 박정희가 크게 다른 것을 생각하지는 않았다. '민족주의에 입각한 근대화 전략' 정도가 둘 사이에 합의될 수 있는 내용일 터였다. 그러나 박정희로서는 자신을 지적 능력이 좀 처지는 친구로 여기며 가르치려 드는 황용주가 탐탁지 않았고 측근들도 지존의 친구가 장래에 권력경쟁자가 될 것을 우려했다. 박정희는 동급 친구보다 수하의 부하를 더 신뢰했다.

박정희 신화의 처음과 끝, 수직적 근대화

수직의 세계에서 살아남는다는 것은 꼭짓점에 도달할 때까지

무한대의 상승운동을 반복하는 것이었고, 박정희는 그 동력을 힘과 능력으로 파악했다. 힘과 능력의 제도적 형태가 권력이라면 그는 대단한 권력의지를 보여준 셈이다. 훗날 대통령이 되어 그의 전기를 쓰기 위해 비서관 이낙선이 군관학교에 들어간 이유를 묻자 박정희는 아주 간단히 다음과 같이 답했다. "큰 칼 차고 싶어서지."[3] 큰 칼로 상징되는 군대는 힘과 권력에서 당대 최고였다. 무시무시한 순사조차 군인 앞에서는 고분고분했는데, 박정희는 일본제국의 권력구조를 직관한 것이 아닌가 한다.

이는 대구사범학교 시절의 우울과 군관학교행이라는 결단으로 이해 가능하다. 박정희의 사범학교 시절은 꼴찌를 맴돌았던 성적, 외톨이 생활 그리고 음울·불성실·불평 등으로 기록된 조행(操行) 평가로 요약된다. 이 우울은 좌절된 욕망과 관련이 있다. 사범학교에서는 이민족 정복자 일본인과의 조우와 경쟁이 불가피했고, 박정희는 수직운동의 막다른 골목에서 식민지적 우울을 경험한 것이었다.

박정희의 선택은 신경군관학교행이었다. 군인의 길은 집안의 기둥이던 셋째 형 박상희의 반대를 무릅쓰고 감행한 박정희의 주체적 결단이었다. 이 단계에서 박정희는 이미 가족과 고향을 떠나 수직세계의 주체로 진입했다. "모든 권력은 총구로부터 나온다"라는 경구가 횡행하던 세계전쟁의 시대에 폭력의 감수성을 갈고 닦았던 소년의 길이 군인으로 연결되는 것은 드문 일이 아니었다. 군관학교에서 박정희의 성적은 사범학교 때와는 달리 최상이었고 모범적 생도가 되었다. 다시 한 번 성적을 상승운동의 핵심 동력으로 삼은 결과, 그는 최고 권위의

대구사범학교 시절의 박정희(왼쪽 사진)와 만주 신경군관학교 시절의 박정희(오른쪽 사진의 가운데).

일본육사에 편입할 수 있었다.

　수직의 질서를 통한 박정희의 근대 체험은 화려한 성공을 거두었음이 분명했다. 이것이 그를 대통령으로 만든 중요한 배경이자 근대화 프로젝트를 저돌적으로 추진하게 만든 동력이다. 그의 개인적 성공은 국가적 성공담과 결합해 양자를 아우르는 설득력 높은 서사구조를 이루었다. 개발 연대(development age)의 추억은 "나라의 융성이 나의 발전의 근본임을 깨달아"야만 했던 국민교육용으로 제격이었다.

　그러나 다른 한편으로 박정희의 놀라운 성공은 거대한 실패와 짝을 이루는 것이기도 했다. 그가 성공적으로 체험한 근대는 주로 기술의 근대 또는 군사적 근대였으며 해방의 근대와는 별로 인연이 없었다. 그를 보고 "공기 대신 애국애족을 호흡하는 것 같았다"라고 한 한 때의 술친구 이병주의 회고는 박정희의 인식론적 뼈대를 확인시킨다. 이병주에 따르면 국수주의자들이 일본을 망쳤다는 황용주의 말에 박 정희는 "천황절대주의와 국수주의가 어째서 나쁜가"라고 반문하면서 "국수주의자들의 기백이 일본 국민의 저변에 흐르고 있기에 오늘의 일 본이 가능했다"라고 반박했다고 한다.[4]

이 일화는 1950년대 말의 일로, 박정희의 인식은 이미 식민 시 기에 그 틀이 확립되었을 것이다. 해방 이후에도 군 경력으로 일관한 그에게 민주주의에 대한 전향적 태도를 기대하기는 무리였다. 2년 남 짓한 남로당 경험도 민주집중제(民主集中制)■라는 철의 규율과 조직 에 대한 무조건적 복종을 강조하는 것이었기에 민주주의와는 거리가 있을 수밖에 없었다. 그의 삶에서는 식민 시기에 체득한 일본의 파시즘 적 경향을 역전시킬 만한 구체적 계기가 거의 보이지 않았다.

결국 그가 구축한 체제는 중앙정보부를 위시한 폭력적 국가장 치와 촘촘한 관료제, 냉전체제를 조건으로 한 반공 이데올로기와 안보 담론 그리고 개발주의와 민족주의를 통한 동원체제였다. 한마디로 기 술의 근대를 집약한 것이었고 그 정점은 유신체제였다. 그리고 이 체 제를 작동시키기 위해 집권 초기부터 '교수정치'라는 비아냥거림을 들

■ 마르크스-레닌주의에서 강조되는 조직 운영원리로서, 아래로부터의 자발성과 위로부터의 지 도가 결합되는 것을 이상으로 한다. 그러나 실제 현실에서는 아래로부터의 민주주의보다 위로부 터의 중앙집권화된 지도가 더욱 강력하게 관철됨으로써 권위주의와 관료주의로 퇴행하는 경향이 강했다.

을 정도로 지식인들을 대거 동원해 말 그대로 지식과 권력의 결합을 추구했다.

여기에 포퓰리즘적 대중정치가 덧붙여졌다. 그것은 특히 집권 초기에 두드러졌다. 1963년에 출간된 『국가와 혁명과 나』에서 박정희는 "1퍼센트 내외의 저 특권 지배층"에 대하여 "증오의 탄환을 발사"하자는 과격한 주장을 펼쳤다. 이런 대중정치는 그 전까지 유례를 찾기 힘들었다. 이승만은 왕족의식이 대단했고 윤보선은 명문 귀족 출신이었다. 이에 반해 박정희는 빈농의 아들임을 강조하면서 서민으로 죽겠다고 공언했다. 밀짚모자를 쓴 그가 농민들과 논두렁에 앉아 막걸리를 마시는 모습이 신문 지면을 장식했다.

물론 이런 대중정치는 정권 후기로 가면서 후퇴했다. 특히 유신체제 성립은 대통령선거라는 대중정치 공간을 아예 없애버렸고 새마을운동이라는 대중동원과 장발 단속이라는 대중통제가 등장했다. 대중정치의 실패는 쓰디쓴 원한을 남겼다. 10·26사건은 전혀 예기치 않은 방식으로 민주주의를 호출하는 계기가 되었다. "야수의 심정으로 유신의 심장을 쏘았다"라고 한 김재규의 대의명분은 다름 아닌 자유민주주의였다.

유신체제는 박정희와 그를 맹목적으로 추종하는 집단에는 최고의 질서였던 것으로 보인다. 앞에서 보았듯 박정희는 식민 시기에 체득한 군사적 근대성에 매료된 상태였고 5·16은 메이지유신과 2·26사건*으로부터 영감을 얻었을 가능성이 매우 컸다.

박정희 외에도 파시즘에 심취한 엘리트 지식인들은 한둘이 아

고려대학교 창립 60주년(1965)을 맞아 박정희 대통령이 쓴 휘호 '조국 근대화'.

니었다. 이승만 정권의 일민주의(一民主義) 이데올로그였던 양우정과 안호상을 비롯해 이범석이 주도했던 조선민족청년단은 극우 파시즘적 이데올로기 지향을 보여주었다.[5] 안호상은 박정희 체제하에서도 승승 장구했다. 1967년에는 대통령 특사로 독일을 비롯하여 세계 곳곳을 방

■ 메이지유신(明治維新)은 1867년 대정봉환으로 막번체제가 무너지고 왕정복고가 이루어짐으로써 본격화된 일본의 근대화 과정을 말한다. 1868년에는 프로이센 헌법을 본떠 헌법을 제정하고 중앙집권화가 추진되는 등 근대적 개혁이 이루어졌다. 그러나 메이지유신은 천황제를 중심으로 한 일본군국주의의 출발점이기도 했다. 2·26사건은 1936년 2월 26일 일단의 황도파 장교들이 주도한 쿠데타이다. 쿠데타는 결국 실패로 돌아갔지만 이후 군부의 영향력이 급속도로 강화되면서 일본은 실질적인 군국주의화의 길을 걷게 되어 이듬해인 1937년 중일전쟁 발발과 함께 총력전체제로 접어들게 되었다.

문하였고 1968년 국민교육헌장 기초위원, 1969년 재건국민운동 중앙 회장 등을 역임했다. 족청계■에 속했던 류달영도 재건국민운동 본부장을 역임했다. 1950년대에 비판적 지식인이던 한태연은 5·16 이후 박정희 체제에 합류했는데, 그는 나치 이데올로그였던 칼 슈미트(Carl Schmitt)에게 깊은 관심을 갖고 있었다. 해방 이후 위세를 떨치게 된 미국식 민주주의가 오히려 새롭고 낯선 이념일 수 있는 상황이었다.

그럼에도 박정희는 유신체제와 같은 통치질서를 5·16 직후에는 구축할 수 없었다. 4·19로 확인된 민주주의의 대중적 압력도 압력이었지만 미국의 입장이 중요했던 것이다. 미국은 미국식 자유민주주의에 바탕을 두는 민정을 요구하며 압박했다. 당시 주한 미국 대사였던 새뮤얼 버거(Samuel Berger)는 박정희의 정치 개인교사 역할을 자임하면서, 정치인과 지식인 등 민간 엘리트를 동원해 안정적 민간정부를 꾸릴 것을 주문했다. 이제 막 권력을 장악해 별다른 대중적 기반이 없었던 쿠데타 세력으로서는 선택의 여지가 없었고, 그런 탓에 1960년대는 유신체제를 만들어낼 수 없었다.

■ 1946년 이범석 주도로 결성된 조선민족청년단 계열의 정치세력을 의미한다. 이들은 중국 국민당, 독일 나치즘의 영향 등으로 극우 파시즘적 경향이 매우 강했다. 양우정 등 전향 마르크스주의자들이 가담해 제3세계 급진 민족주의적 성향도 가미되었지만 기본적으로 극우 민족주의에 가까운 지향을 보여주었다. '민족지상 국가지상'이라는 족청의 슬로건은 '국가지상 민족지상'이라는 중국 국민당의 슬로건을 순서만 바꾼 것이었다. 족청계는 이범석, 안호상 등을 통해 이승만 정권과 긴밀한 관계를 맺어 원외 자유당 창당을 주도하기도 했지만, 1950년대 초반 이후 미국의 우려와 함께 이승만에게도 경계 대상이 되었고 결국 이승만에 의해 제거되는 운명을 맞았다. 정치세력으로서는 사라졌지만 족청 출신 인사들은 이후에도 한국 정치에 적지 않은 영향을 끼쳤다.

국민에게 복종을 강요한 지식과 권력의 결합

'권불십년'이라지만 박정희 체제는 집권 10년을 넘기고 나서 심각한 내외적 도전에 직면한 듯 보인다. 1960년대 말 북한의 무력 도발로 인한 안보 위기와 닉슨 독트린이 새로운 정세 변화였다. 그러나 북한의 무력 도발은 1969년부터 사그라들었고 닉슨 독트린은 오히려 미국의 압력이 약화되는 기회로 작용했다. 박정희 체제로서는 주관적 위기의식을 느꼈을 법도 하지만 더욱 중요한 것은 이를 객관적 위기로 전화하는 일이었다. 위기, 국난이라는 이름으로 예외 상태와 같은 정세를 조성해놓고 주권독재를 선포한 것이 곧 유신체제였다.

10년간 통치기술도 늘었고 경제개발을 통해 대중적 지지 기반도 닦아놓았으며 막대한 자금과 중앙정보부의 정보·공작 능력으로 정치를 요리할 수도 있게 된 상황, 게다가 닉슨 독트린으로 미국도 함부로 개입하기 힘든 정세, 박정희로서는 자신이 원하는 체제를 수립하는 데 이만큼 좋은 조건도 없었을 것이다.

다른 한편으로 전태일 분신, 광주대단지 사건 등과 같이 경제개발의 효과는 새로운 사회적 갈등과 저항을 불러오고 있었다. 특히 도시가 문제였다. 박정희는 집권 이후 단 한 번도 도시지역에서 선거를 이겨본 적이 없었다. 무난하게 당선된 1967년 선거도 서울에서는 패배했다. 이촌향도가 정점을 달리던 상황에서 '여촌야도' 투표 양태는 미래의 불안을 야기할 만한 것이었다. 실제 1971년 대선은 막대한 자금과 조직을 가동했음에도 야당 바람이 거셌다.

박정희로서는 결단을 내려야 했다. 그의 삶을 돌아보건대, 박정희는 단 한 번도 본인의 의지로는 권력을 향한 길을 포기한 적이 없었다. 그의 권력의지가 뒤틀린 경우는 일본의 패망, 숙군(肅軍) 같은 외적 계기가 작용할 때뿐이었다. 이미 쿠데타 초기부터 미국은 민정이양에 소극적인 군부 세력을 움직이느라 크게 애를 먹었었다.

문제는 박정희의 권력의지가 국가권력의 제도적 실천으로 전화되는 과정을 저지할 힘이 보이지 않았다는 점이다. 미국은 묵인했고 야당은 이합집산을 거듭하며 지리멸렬 상태였으며 학생과 재야는 유신 이후에 활성화되었다. 독일의 반나치 세력이 나치당의 행동주의를 저지할 수 없었던 것처럼 유신으로의 국가주의적 행동을 저지할 힘이 거의 보이지 않았다. 대중과 지식인의 결합이라는 저항운동의 고전은 7년 뒤 부산과 마산에서야 가능했다.

조갑제에 따르면 박정희는 '봉건과 싸우다 전사한 근대화 혁명가'였다. 앞서 보았듯이 박정희는 기술의 근대성을 개인적·국가적 차원에서 성공적으로 실천한 대표적 인물이다. 따라서 그를 근대화의 순교자라 부르는 게 그리 틀린 말은 아니다. 그러나 그가 근대화의 사도라면 그가 이끌고자 했던 어린 양들은 어떠했을까.

잘살고 싶다는 욕망을 최대한 증폭해 거대한 수직승강운동을 촉발한 경제개발은 시장의 자유가 난무하는 세상으로 연결되었다. 이는 개인주의와 자유주의의 확산으로 이어졌고, 자유주의를 극단적으로 혐오했던 박정희에게 그것은 체제를 위협하는 '서구적 타락', '현대사회의 병폐'에 다름 아니었다. 박정희는 "소아(小我)를 버리고 대아(大我)에 충실해야 한다"라고 강변했지만, 그렇게 순진한 국민적 주체는 현실에 존재하기 힘들었다. 대중은 박정희의 욕망보다 그의 성공을 욕망했다. 그것은 수많은 '박정희들'이 양산되는 과정이었는지도 모른다.

또 다른 박정희들은 박정희의 에피고넨이자 타락한 박정희이기도 할 것이다. 박정희는 기회 있을 때마다 자신이 "조국과 민족의 제단에 목숨을 바쳤다"라며 강조했다. 목숨을 볼모로 모두의 삶과 죽음을 통치하고자 한 정치적 레토릭이기도 하겠지만, 파시즘이 찬미해 마지않은 숭고한 죽음의 미학을 실천하고자 한 것이기도 할 터이다. 국가주의적 미학에 근거한 정치의 숭고화에 다름 아니었다.

박정희 시대의 적자는 이명박으로 보인다. 6·3항쟁▪의 주역이던 이명박은 박정희 체제의 총아인 현대 정주영과 함께 또 다른 신화의 주인공이 되었다. 이명박에게 숭고한 것은 자본이며, 그가 보기에 출세와 권력 또한 총구보다 자본으로부터 나오는 세상이 되었다. 고로 이명박은 타락한 박정희에 다름 아닐 것이며 그 타락의 주범 또한 역설적이게도 박정희일 것이다. 대중은 숭고한 박정희와 타락한 박정희 사이에서 자신의 욕망을 키워갈 것이다.

박정희는 우리 시대의 어떤 욕망을 먹고 자란다. 박정희 체제기에 폭발적으로 높아진 사회적 유동성의 기억은 비록 퇴행적인 것이라

▪ 6·3항쟁은 '6·3시위' 또는 '한일협상반대운동'이라고도 불린다. 1964년 6월 박정희 정권이 통과시킨 한일협상에 반대해 일으킨 운동이다. 1964년 6월 3일 박정희 정부는 당시 절정에 이른 한일 국교정상화 회담 반대 시위에 대해 계엄령을 선포해 무력으로 진압했다. 6월 3일 저녁 10시에 선포되었던 계엄은 7월 29일에야 해지되었다.

해도 많은 사람에게 여전히 삶의 희망처럼 여겨진다. 생존과 출세를 위해 개인의 능력을 키워야 한다는 것은 우리 시대의 상식이 되었다. 이 적나라한 시장자유주의는 때로 파시즘과도 공존할 수 있을 듯 보인다. 1인 1표의 주권자로서 1주 1표의 욕망을 추구하는 것이 파우스트적 파멸로 귀결되고 그로부터 새로운 파시즘이 자라날지도 모를 일이다.

자유주의는 시장의 적자생존을 법칙으로 승인하면서 자신이 적자생존의 희생자가 됨에도 불구하고 정글의 풀이 무성하기를 열망하는 경제적 초식동물을 양산했다. 풀이 자라듯 경제가 발전해야 하며 그 발전을 통해서만 자신의 먹이가 주어진다는 법칙을 숙명처럼 받아들이는 호모 이코노미쿠스야말로 우리 시대의 철든 아이들일 것이다. 물론 이 초식동물들은 육식동물이고자 한다. 박정희는 육식동물이 되고자 하는 모든 초식동물의 불가능한 꿈일지 모른다. 그 꿈이 좌절되는 지점에서 박정희는 몸주신으로, 일그러진 영웅으로 다시 등장할 것이다.

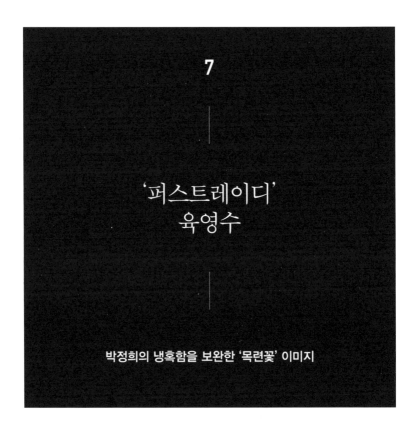

7

'퍼스트레이디' 육영수

박정희의 냉혹함을 보완한 '목련꽃' 이미지

현재 한국 대통령은 여성이다. '박근혜'라는 미혼의 자연인은 젠더로서의 '여성성'이 다가적(多價的)이라는 점을 보여준다. 이 최초의 여성 대통령이 한국 가부장 사회에 어떤 영향을 미칠지, 그리고 여성들에게 어떤 영향을 미칠지 궁금하다. 그는 지지자들에게는 성처녀(聖處女)처럼 간주되고 자기 스스로도 '국가와 결혼'했다고 했다.

이는 치명적인 자승자박이었다. 세월호 참사가 발생한 바로 그 날 4월 16일의 '사라진 일곱 시간' 탓에 여성 대통령은 순식간에 정치 포르노의 주인공이 되었다. 그리고 이 사라진 일곱 시간 때문에 '대한민국'과 국민이 치러야 하는 대가는 정말 많다. 대통령의 명예를 훼손했다며 『조선일보』 기사를 인용한 외국 신문의 한국 지국장을 고소해 외교 마찰이 일어나고 이른바 '십상시의 난'도 벌어졌다.

박근혜 후보가 지난 대선에서 51.6퍼센트의 득표율로 당선된 데는 국정원과 군의 '성실한' 공무원들의 '개인적' 여론조작 활동 외에도 50~70대 여성들의 몰표가 적지 않은 역할을 했다 한다. 그들은 못된 며느리(?)를 연상시키는 통합진보당의 이정희가 미워서, 또는 "엄마 아빠 없이 자란 근혜가 불쌍해서" 같은, 합리적인 정치적 선택의 근거로 보기 어려운 이유를 대며 거의 '조직적으로' 몰표를 던졌다 한다. 이정희 후보는 대선 후보 토론에서 '재수 없는' 말발과 총기(?) 넘치는 눈빛으로 박근혜 후보를 철저히 짓밟았지만, 그럴수록 오히려 시종 '버벅거린' 박 후보의 득표에 도움이 되고 말았다는 것이 세론이었다. 그런데 계급마저 초월한 그들의 '묻지 마 투표'에는 남성중심 사회나 젊은 세대에 대한 분노뿐 아니라 여성의 권리를 향한 열망 같은 것도 포함돼 있었을 터이다. 이들 대부분은 산업화와 민주화 과정에서 소외되고 희생한 세대다.

'영부인'의 활동도 정치임을 보여주다

박근혜가 가진 정치적 자원 중 가장 유력한 것은 물론 '박정희 신화'지만, '여성 대통령'으로서 박근혜가 가진 정치적 자원 중 결코 무시할 수 없는 것이 있으니 바로 어머니로부터 물려받은 유산과 '육영수 코드'다. 언제나 박정희야 많은 이의 증오와 저주의 대상이지만 육영수를 미워하거나 쉬 폄하하기란 어렵다.

여기서 일단 꽤 어려운 질문과 마주쳐야 한다. '영부인'의 면모나 활동 따위가 과연 해당 정권의 통치성의 일부가 될 수 있나? 그럴 수 있음을 보여준 것이 바로 육영수와 그녀가 남긴 유산 아니던가.

결론부터 말하는 셈이 되겠는데, 육영수는 박정희식 정치의 냉혹함과 촌스러움을 특유의 자애로움과 우아함(또는 그런 이미지)으로 어루만지거나 무마하는, 그리하여 박정희레짐의 국민주의를 다른 차원에서 구현하는 주체 역할을 했다. 그 이미지는 특히 신사임당 같은 봉건적·역사적 인물과 겹쳤지만(또는 그렇게 조장했지만) 육영수의 역할은 단지 '현모양처' 이상이었다. 아직 이에 대한 연구나 논의는 별로 없다.

육영수는 활동의 폭이 넓었다. 마치 아르헨티나의 에바 페론처럼 또는 영국의 다이애나비처럼, 마음 가난한 '국민'의 존경과 사랑을 받게 된 육영수는 대한민국 역사상 최초의 진정한(?) '퍼스트레이디'이자 "국모"(이런 봉건적인 용어를 인용해야 함을 용서 바란다)로서 박정희의 정치를 보족(補足)했다. 육영수의 전임자 프란체스카와 공덕귀는 매우 제한된 역할을 수행했을 뿐 '국모' 반열에 오르지는 못했다. 프란체스카는 기본적으로 파란 눈의 외국인이었고 못난 독재자 남편과 함께 비루하게 하와이로 달아나야 했다. 공덕귀 여사는 퍼스트레이디로서 역할을 수행할 여유가 없었다.

후임자들과 비교해도 퍼스트레이디로서 육영수는 독보적이다. 예컨대 전두환의 '안사람'이며 '이대 나온 여자'(중퇴)였던 이순자 여사가 어린이와 심장병 환자들을 위해 나름 애쓴 공로가 없지 않음에도 대다수 국민에게 받은 조롱과 미움을 생각해보라. 실제 한국행정학회가 조사한 자료에 따르면, 역대 퍼스트레이디에 대한 국민들의 평가는 육영수 여사만 긍정적으로 나타났다 한다.[1]

비극적 죽음으로 완성된 이미지

육영수는 1925년 충청북도 옥천의 부유한 집안에서 태어나 서울의 배화여고를 졸업한 뒤 옥천여중 교사로 근무하기도 했다. 1950년 한국전쟁으로 부산에 피란 중일 때 전처소생이 있는 육군 중령 박정희와 결혼했다. 세상 사람들의 존경과 사랑을 받게 만든 육영수의 면모는 대략 세 가지로 요약된다.

첫째, 여성·장애인·아동 등 소외된 자들과 사회적 약자를 위해 벌인 봉사 활동이다. 알려진 대로 육영수는 양지회(陽地會) 같은 단체를 통해 소외되고 가난한 여성이나 장애인을 도왔으며 고아원·양로원

1970년 한센인촌을 방문한 육영수 여사.

을 자주 방문·위문하고 복지 정책에 관여해 아동 잡지 『어깨동무』와
어린이회관·어린이대공원을 만들었으며 정신지체 아동을 위한 사회
사업도 벌였다. 육영수의 좋은 이미지와 '봉사 신화'가 만들어진 데는
한센병 환자를 도운 일이 특히 결정적 역할을 한 듯하다. 육영수는
1971년부터 본격적으로 한센병 환자 복지 사업에 나섰다. 그중 가장
크게 대중의 이목을 끈 일은 이해 12월 18일 한센 시인으로 유명한 한
하운이 수행하는 가운데 전남 나주의 한센인촌을 방문하고, 이어 이듬
해 9월 3일에도 전북 익산의 한센인촌을 방문한 것이다. 또한 틈틈이
한센인촌에 약품과 종돈(種豚) 등의 구호물자를 '하사'했으며, 1973년

10월 2일에는 소록도 한센병 환자 자녀들을 청와대로 불러 접견하고 다과를 베풀었다.

한센병에 대한 막연한 공포와 사회적 배제가 횡행하던 시절, 환자와 직접 접촉하며 사회적 인식을 바꾸었다는 점에서 육영수의 공로는 크다고 할 수 있다. 그리하여 1974년 육영수 사망 직후 전국에 산재한 한센병 환자들이 뜻을 모아 소록도 등에 육영수 공덕비를 세웠다. 아마 이런 사정 때문에 육영수가 소록도 한센인촌을 방문해 일일이 환자들 손을 잡아주었다는 신화도 만들어진 모양이다. 그러나 이는 사실이 아니다. 육 여사는 소록도를 방문한 적이 없다. 역대 대통령 부인 중 처음으로 소록도를 찾아간 사람은 김대중 대통령의 부인 이희호 여사로 2000년 5월의 일이다. 이 사실은 국립소록도병원사에도 뚜렷이 기록돼 있다.[2]

둘째, 육영수가 여성으로서 겪은 고난이다. 이는 특히 거칠고 독한 유신의 시대상과 박정희식 정치에서 비롯되는 바다. 정확한 사실을 확인하기는 어렵지만(주로 육영수 자신의 인터뷰에서 비롯된 것) 육영수는 재야와 일반 사회의 여론을 들어 박 대통령에게 직언과 건의를 마다하지 않는 '청와대 안의 야당'이었다 한다. 그리고 더 중요한 점은 남편 박정희의 사생활이다. 알다시피 박정희는 상당히 시끄러운 여성 편력의 주체였고 육영수 생전에도 말썽을 일으킨 것으로 알려져 있다. 그래서 '육박전'을 벌여 박정희에게 맞았다는 등 소문의 주인공으로서 육영수는 못된 가부장에게 수난당하는 여성이자 (두 번째 부인임에도) 조강지처로서의 대중적 이미지를 가질 수 있었던 것이다.

1974년 8월 19일에 열린 영부인 육영수 여사의 국민장.

셋째, 그녀의 비극적 죽음이 그녀의 이미지를 완성했다. 이런 면은 1974년 8월 15일 박정희저격사건에서 육영수가 결국 남편인 박정희 대신 희생된 격이어서 더욱 증폭됐다. 아직 젊고 우아했던 그녀가 갑자기 총탄을 맞아 서거함으로써 그 죽음은 진정 비극적이고 애처로운 것이 될 수밖에 없었다. '목련꽃'이라는 이미지도 이렇게 부여된 것일 테다. 8월 19일에 열린 국민장이야말로 유신의 역사에서 가장 기억할 만한, 아니 대한민국 현대사에서도 가장 드라마틱한 한 장면이라 하지 않을 수 없다. 무수한 대중과 특히 많은 여성이 육영수와 박정희의 가족을 위해 눈물을 흘린 이날 박정희식 파시즘적 통치와 반공개발주의는 다른 함의와 후과를 갖게 된 것이다. 물론 그 죽음은 박근혜 대통령의 (무)의식에도 깊은 상흔을 남겼을 터이다. 박근혜라는 개인이 부모의 죽음과 관련된 트라우마를 건강하게 극복했는지 새삼 궁금해진다.

▌ 박근혜 대통령에게 남긴 '상반된 후광'

육영수는 좋은 의미에서 오지랖이 상당히 넓었던 듯하다. 그녀의 손길은 전태일을 배출하고 1970~1980년대 가장 대표적인 민주노조운동의 산실이 된 청계피복노조에까지 뻗쳤다. 1973년 육영수는 청계피복 노동자들의 실태에 대해 듣고, 노동자들이 전태일의 뜻을 받들어 노동교실을 설립하자 이를 적극 챙기며 지원했다. 그러나 육영수 사후인 1977년 박정희의 공권력은 바로 이 노동교실을 마구 짓밟고 노동자들을 감옥에 처넣었다. 이 에피소드는 상징적이다. 육영수의 온정주의와 박정희의 잔인무도한 노동 정책과 통치성이 선명하게 대비되지 않는가?

미혼인 박근혜 대통령은 흥미롭게도 대통령과 퍼스트레이디를 겸하고 있는 셈이다. 부모 양쪽으로부터 후광을 다 물려받은 그녀의 통치는 잔혹하고 공포스럽던 아버지 쪽으로 기울게 될까, 아니면 자애롭고 따뜻하던 어머니 쪽으로 흐를까? 물론 어느 쪽도 바람직하지는 않다. 지금까지는 불통과 복고 이외에 박근혜 대통령이 새로 보여준 긍정적 리더십이나 '대통령 문화'가 전혀 없다. 이제 고작 2년이 지났는데도 사람들은 마치 유신 시절 몇 년을 보낸 것처럼 답답해하고 있다.

결정적 계기는 4·16 세월호 사건이었다. 이 엄청난 비극 앞에서 대통령은 진심으로 공감하고 슬퍼하며 애도하는 모습을 전혀 보여주지 못했다. 그 비극은 오히려 대통령이 육영수와 비슷하게 되거나 박정희를 능가할 대중의 지도자가 될 절호의 기회이기도 했으나, 박근혜 대통령의 '공감 능력'은 4·16 이후 전 과정에서 문제가 될 정도로 몹시 약했다. 사람들은 박 대통령이 (프란치스코 교황처럼) 유가족을 '진심으로' 만나고 눈물 흘려주기를 처음부터 바랐으나 이는 불가능한 일임이 곧 판명되었다.

오히려 그녀는 세월호 사건에 대한 대표적인 비공감자─비애도자였을 뿐 아니라 사태에 대한 '정치적'이고 실질적인 책임자였다. 4·16과 관련한 촛불시위 와중에 "대통령이 책임져라" 같은 구호가 나왔고 유가족의 청와대 앞 농성이 이어졌다. 이는 역설적으로 모든 문제를 '청와대'로 가져가서 대통령에게 계속 기회를 준 것이다. 그런데 청와대는 비공감·비애도의 타워가 될 뿐이었다.

박근혜 대통령의 비공감·비애도는 개인적 성품에 기인한 것일 가능성이 있다. 일련의 언동(소위 '사과')과 이미지 연출 과정을 보면 그렇다.[3] 반면 그녀가 세월호 사건과 유가족에 대해 보여준 냉정함과 '반공감'은 철저히 정세에 따른 것이며 동시에 계산된 것으로 볼 수도 있다. 그녀는 여론이 유가족에 대해 가장 동정적이고 대통령에 대해 비판적일 때(이를테면 4·16 직후와 프란치스코 교황 방문 시)에는 몇 가지

제스처를 취했다. 대신 그 반대일 경우에는 철저히 유가족을 '외면'하거나 사건을 대충 덮어버리고 무마하려는 우파·기득권 세력의 수장으로서 계산된 행동을 했다.

중요한 것은 실질적으로는 대통령이 세월호 참사에 대한 비공감과 비애도를 생산하는 가장 중요한 매개자라는 점이다. 이를테면 제대로 된 세월호특별법이 제정되지 못하는, 또한 단식을 조롱하며 치킨을 시켜 먹는 행위 따위의 '배후'인 것이다. 박근혜의 언행은 우파·기득권 세력의 정동(情動)과 행위의 가이드라인이 된다.

요컨대 박근혜 대통령의 어머니 육영수의 민주적이고 '목련꽃' 같은 이미지는 단지 외양으로 얻은 것만은 아니다. 전태일과 청계피복노조의 후예라 할 만한 민주노총과 비정규직 노동자 그리고 세월호 유족이 아직도 박 대통령 앞에 있다.

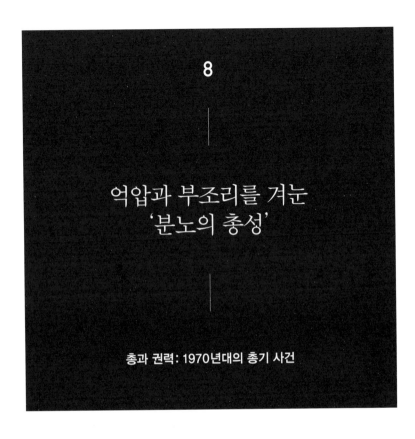

8

억압과 부조리를 겨눈
'분노의 총성'

총과 권력: 1970년대의 총기 사건

김홍신은 출세작 『인간시장』(1981)의 주인공 이름을 '권총찬'에서 '장총찬'으로 바꿔야만 했다. 성씨 한 글자만 달라졌을 뿐인데, 이름이 주는 느낌은 어딘가 묘한 상상력을 불러일으켰다. 20여 년 전 선글라스에 권총을 차고 한강을 건넌 군인들은 사라진 듯 보였지만 실제로는 그 후예들이 똑같은 권력을 휘두를 만큼 세상은 별로 변한 게 없었던 모양이다. 그들의 총 한 자루는 여전히 권력의 상징이자 권력 그 자체를 상기시키는 실체로 군림하고 있었다. 작가는 허리에 찬 권총 대신 바지춤의 묵직한 장총을 떠올리게 하는 것으로 만족할 수밖에 없었다. 총으로 권력을 장악한 이래, 이들은 총을 실질적 힘을 과시하는 도구로 진지하게 활용했다. 걸핏하면 총부리를 겨누었던 '피스톨 박', 즉 경호실장 박종규가 물러난 것이 육영수 여사를 저격한 문세광의 탄환 때문이었다고 보면, 총은 권력구조 속에서 상징적인 동시에 실질적으로 작동하는 톱니바퀴였던 셈이다.

총이 얼마나 대단했던지 군사정권 아래 절대적 힘의 상징으로서 의심받지 않았으며 함부로 공유할 수도 없는 물건이었다. 그러나 총은 뜻하지 않은 곳에서 큰일을 일으키기 일쑤였다. 1970년대의 병영국가적 규율이 지배하던 한국이었으니 총기야말로 가장 엄격하게 통제될 것으로 생각되지만 의외로 총기 사건이 드물지 않게 발생했다. 무장탈영병의 난동이야 그럴 수 있다 치더라도, 민간 영역에서 발생한 총기 사건은 군사정권의 통제력을 의심케 만든다.

1970년대를 연 총기 사건은 바로 '정인숙 살해 사건'이다. 지금까지도 수많은 의문이 제기되고 있는 이 사건은 권력형 스캔들로 불릴 만큼 큰 충격을 던졌다. 그러나 범행에 쓰인 총기도 찾지 못한 채 사건 재판은 종결되었고 언론에서도 더는 권력 차원에서 이 문제를 다룰 수 없었다. 대신 몇몇 사적인 배경을 중심으로 윤리 차원에서 시도된 평가가 있었을 뿐이다.

한 신문기사는 "총기를 소지할 수 있는 신분이 제한된 우리 사

정인숙. 젊은 시절 배우 지망생이었으나 나중에는 고급 요정의 유명 접대부가 되어 제3공화국 당시 정계 거물들을 상대했다. 국무총리 정일권의 아이를 임신했다는 설이 있었으며, 이 스캔들의 정치적 파장 탓인지 1970년 3월 17일 밤 11시경, 서울 마포구 합정동 절두산 근처 도로에서 발생한, 교통사고로 위장한 사고로 죽임을 당했다.

회에서 볼 때 이런 사건의 실마리는 수사기관이 밝힌 점들과는 다른 방향"에서 문제를 제기한다고 말했지만, 정작 기사 내용에서는 '인륜 부재와 사회도덕의 타락을 집약한 사건'이라는 점만을 강조했다.

문제는 동생을 죽였다는 이 사건의 경우, 사건 발생 원인이 깊이 생각돼야 한다. 또 이번 사건을 두고 볼 때 범죄수법의 졸렬성을 지적할 수 있다. 인숙 양을 뚫은 총탄의 방향이 이를 증명해주는데 이런 점으로 범행은 계획적이라 하더라도 범인은 정신적으로 저돌적이고 박약자로 볼 수 있다.

가도(家道)가 무너지면 가정윤리가 파괴되고 급기야는 상상할 수 없는 가정 비극을 빚게 된다. 묵은 도덕만 배척해놓고 새로운 도덕 내지는 윤리관이 형성, 확립되지 않은 사회에서는 이런 일이 일어날 수도 있다는 사실에 경각심을 가져야 한다.[1]

저명한 교수의 분석에 따르면 이 사건의 본질은 근친살해로 형제간의 열등의식, 아버지의 부실한 가정교육, 서구화로 인한 전통적 가족제도의 붕괴 등이 사건의 원인으로 지목된다. 한국 사회에서 총이 가진 특수성을 이해한다면서도 사생활의 특수성에서 원인을 찾은 데에는 총에 대한 암묵적 동의가 있었기 때문일 것이다. 권력의 상징인 총은 함부로 평가할 수 없으며 총으로 벌어진 사건은 개인의 우발적 과오로 해석할 수밖에 없다는 총의 은폐성 말이다. 정인숙 살해 사건은 "개인적 일탈"이라는 결론만 남긴 채 진범의 존재와 배후 인물과의 관계, 그리고 "소지할 수 있는 신분이 제한된" 총이 어떻게 개인의 음란과 방탕의 죗값을 치르는 데 쓰였는지에 대한 의문은 묻혀버렸다.

총의 은폐성은 1972년 '방성자 양 사건'에서도 유사하게 반복되었다. 전성기가 지난 여배우의 집에 침입한 도둑이 총격에 쓰러진 이 사건을 들여다보니, 그 속에는 공군 장성이 개입된 병역 비리와 재벌 2세의 난잡한 사생활 등 시대적 코드가 얽혀 있었다. 합참 장성이 긴급 구속되고 피의자의 아버지와 형이 소환되는 충격도 이어졌다. 그러나 "아름답게 봐달라"라는 유행어만 남긴 채 주간지의 홍밋거리로 떨어져버렸다. 이 와중에 논란의 주인공 방성자 양은 총과 관련해 의

미심장한 한마디를 남겼다.

> "총은 함부로 만질 물건이 못 되는 것이며 괴물 같은 존재로 알 뿐 아무것도 모른다."[2]

총을 쏜 동거남을 보호하기 위해 연기를 할 정도로 총의 존재는 이 사건의 핵심적 관심사였고 또 민감한 대상이었다. 총을 가진 이의 그늘에 있던 그녀의 거짓 증언은 자신의 삶을 유지하기 위한 방편이었을지 모른다. 총은 그만큼 양가적이었다. 괴물 같은 총의 위험을 감수할 수만 있다면 총으로 누릴 수 있는 혜택은 너무나 매혹적이었다. 그래서 1970년대 한국에서 총은 극도의 긴장을 불러일으켰다. 총은 위험하지만 권력과 연결됨으로써 여러 사람을 굴복시킬 수도 있었다. 권력의 상징이자 실체이기에 총은 쉽게 언급되지도 않는다. 두 사건을 통해 볼 때, 총의 맥락을 삭제한 채 윤리 문제로 분석한 학자들의 발언은 독재를 직시하고 비판하는 것이 불가능한 1970년대의 시대적 증후였다.

1970년대를 쏜 2인조 강도

권력의 상징으로서 총은 명확히 분석되기를 거부했지만 총의 매혹이 여전해서인지 1970년대 내내 총기 사건은 끊이지 않고 일상에

교도소 동기였던 이종대와 문도석이 출소 후 범죄자에 대한 사회적 편견으로 인해 생활고가 지속되자 이를 해결하고자 경기도 평택의 예비군 무기고에서 군용 M-2 카빈소총 3정을 훔쳐 범죄를 저질렀다. 당시 이들이 사용하였던 개머리판 없는 카빈소총(왼쪽 사진). 이 사건을 소재로 삼은 영화가 1982년에 제작되기도 했다(오른쪽 포스터 사진).

충격을 가했다. 과실에 의한 사고 외에, 총은 주로 범죄 도구로 쓰이며 왜곡된 힘을 과시했다. 범죄자들의 총은 은행, 금은방, 택시기사 등을 표적으로 삼았고, 인명을 앗아가는 일도 종종 발생했다. 권력의 차원에서 은폐되는 사이, 총이 가진 힘은 일상에서 범죄라는 극단적 형태로 재현된 것이다. 비교적 소규모 사건으로 이어지던 총의 힘이 일상의 한복판에서 폭발력을 발휘한 사건이 1974년 이종대와 문도석의 카빈소총 강도 사건이다. 영화에서나 볼 법한 2인조 총기강도의 2년여에 걸친 범죄행각은 경찰과의 대치 중 가족을 살해하고 스스로 목숨을 끊음으로써 파국으로 끝이 났다.

　　언론의 태도는 이전 총기 사건을 대할 때와 특별히 다르지 않았다. 당시의 신문보도는 하나같이 두 강도의 불우한 과거에서 살인강도

행각의 원인을 찾으려 했다.

> 공교롭게도 두 흉악범은 모두 가난하고 불우한 가정환경에서 구박
> 과 학대를 받으며 살았고 중학을 중퇴, 방황 속에서 소년시절을 보
> 냈다. 철이 들 만한 시기부터 범죄를 저지르기 시작한 그들은 결국
> 악의 구렁텅이에서 헤어나지 못하고 처절하게 스스로 목숨을 끊었
> 던 것이다. (중략) 이(李)가 이같이 잔인하고 대담한 범죄자가 된 것
> 은 8세 때 어머니가 죽고 계모 밑에서 갖은 구박을 당하며 자라야만
> 했던 성장환경 때문인지도 모른다. (중략) 죽음의 문턱을 넘어서면서
> 또 한 번 속죄할 길 없는 엄청난 죄악을 저지른 문도석. 목숨을 끊는
> 순간까지 굴절된 양심과 착각에 사로잡혔던 그는 35년의 생애 역시
> 굴절된 양심과 착각으로 살아온 정신적 불구자였다.[3]

끔찍한 범죄의 원인이 된 불행한 가정과 정신적 불구성에 대해
쓰면서도 기자는 사회적 맥락을 찾지 않는다. 두 강도를 둘러싼 외부
의 무엇인가가 이들을 범죄로 내몬 것이 아니라 개인의 과거가 우연히
비극적 결말로 이어진 것이다. 불우한 과거를 가진 이가 모두 살인강
도를 저지르지 않는 이상, 이들은 내면에 범죄의 씨앗을 품고 있던 악
의 화신으로 평가받아 마땅했다.

하지만 사건을 지켜본 사람들의 반응은 조금 달랐다. 총기강도
자체도 놀라웠지만 그보다 더 큰 충격을 준 것은 결말의 참혹함이었
다. 자식과 아내를 살해하고 스스로 목숨을 끊게 만든 것은 무엇이었

을까. 사람들은 이종대가 남긴 유서에서 그 무엇을 본다. 이종대의 유서에는 이렇게 씌어 있었다.

우리 네 식구를 한 묘에 묻어주세요. 태양 엄마의 마지막 소원입니다. 이 유서를 묵살하는 자는 죽어서 복수하겠습니다. 아버지를 늘 원망했습니다. 저는 무능한 아버지가 돼 이렇게 최후를 마쳤습니다. 저세상에 가서 가정을 이루렵니다. 빈부의 격차가 없는 사회는 어디일까. 태양아, 큰별아 미안하다. 여보, 당신도 용감했소. 영리한 태양, 착한 큰별아. 아빠를 용서해줘. 너희들 뒤따라간다. 황천에 가서 집 마련해서 호화스럽게 살자. 냉혹한 세상에 미련 없다.
이정수 씨 가족에겐 더욱 미안합니다. 애초에는 살해할 목적이 아니었는데 심한 반항 때문에 공범이 당황, 저질러 숨진 것입니다. 이로 인해 피해자와 죄 없는 시민에게 대단히 죄송합니다. 우리를 사랑해 준 모든 분께 정말 면목 없습니다. 최선을 다해본 우리는 후회하지 않습니다.[4]

살인강도가 남긴 유서는 뜻밖에도 너무나 인간적이었다. 아버지에 대한 원망과 가난에 대한 분노와 좌절, 그리고 자식을 쏘는 순간에도 남아 있던 부정(父情)의 비애감이 유서에 담겨 있었다. 언론에서는 깊이 있게 다루지 않았지만 이를 본 사람들의 정서적 반응과 상상은 범죄의 잔인성 너머에까지 이른다. 박완서도 이종대의 유서에 심정적으로 반응한 사람 중 하나였다.

범인이 설마 처음부터 범행으로 생계를 유지하려 들지는 않았을 것이다. 열심히 일하려 해도 일자리가 없었든지, 변변히 배운 것도 없겠다 아무리 죽도록 일해봤댔자 입에 풀칠하기도 어려웠든지 했을건 뻔한 일이다. 게다가 우리 사회엔 물욕이 부채질하는 요소가 너무나 많다. (중략) 그런데도 이번 사건에 유독 우리가 몸서리쳐지는 충격을 금할 수 없음은 처자식까지 죽인 비정성인데 여기에도 간단하게 극악무도하다고만 단정할 수 없는 우리 사회의 부조리는 있다고 본다.[5]

박완서는 살인강도에게서 정신적 불구와 악의 화신이 아니라, 살아가기 위해 부단히 노력했던 한 가장의 인간적인 얼굴을 본다. 그의 삶이 비극으로 끝난 데는 우리 사회의 부조리가 있으며, 그렇기에 그들의 극단적 선택에 대한 책임을 우리 사회가 나누어 져야 하는 것은 아닌지 묻는다.

최인호는 『지구인』에서 두 사람의 과거를 추적하면서 잔인한 범죄의 또 다른 원인을 찾았다. 이 소설에 따르면 그들의 범죄 이력에는 격정적 악마성만 존재한 것이 아니었다. 전쟁 이후 1970년대까지 온갖 고난이 두 사람을 극한으로 몰아갔고, 그에 맞서면서 그들은 점차 괴물로 변해간 것이다. 소설에서 특히 인상 깊은 부분은 이종대가 총을 대하는 순간이다. 최인호는 이종대가 총을 처음 쥔 순간 운명처럼 악의 길로 접어든 것으로 묘사했다.

순간적으로 생전 처음 권총을 쥔 그의 손바닥에 가득 찬 충일감을
종대는 쾌감처럼 느껴 받았다. 권총과의 최초의 악수였다. 이 악마와
의 악수에서 종대는 운명적인 암시를 받았다.[6]

총과 만난 순간 이종대는 총의 악마성에 감염되어버린다. 그가
악인이어서 총을 쥔 것이 아니라 총이라는 악이 그를 덮친 것이다. 타
인을 굴복시킬 수 있는 절대적인 힘—권력이 총에 있음을 알게 되면서
이종대는 희대의 악인으로 변해간다. 한 인간이 어떻게 거대한 힘의
유혹에 빠져들고 악과 조우하는지를 보여준 것이 이 소설 『지구인』의
공감대였다.[■]

하지만 『지구인』의 이종대가 무턱대고 악으로 빠져든 것은 아
니다. 이종대는 기지촌과 곡마단, 금광 막장 등의 밑바닥을 떠돌면서
도 삶에 대한 희망을 놓지 않았다. 그러나 번번이 좌절을 겪었고 그때
마다 총이 곁에 있었으며 총을 집어든 순간 더 큰 악의 구렁텅이로 빠
져 들어간다. 그가 타락하는 사이 월남전과 같은 1970년대의 시대 상
황이 배경으로 등장하면서 총이 가지는 사회적 의미와 그것에 굴복하
는 개인의 삶의 비극은 조금씩 선명해진다. 박완서가 심정적으로 공명
했던 부분도 그것일 터이다.

■ 총과 조우하는 결정적 장면은 이종대·문도석 사건을 모티브로 만든 영화 〈개그맨〉(이명세 감
독, 1988)에서도 만날 수 있다. 삼류 개그맨 이종대와 이발사 문도석은 우연히 탈영병으로부터 총을
건네받으면서 꿈을 향한 모험을 시작한다. 그러나 꿈의 계기가 된 총은 결국 파국의 원인이 된다.
희극적으로 처리된 영화의 장면은 소설 『지구인』의 강렬함과 견주어볼 만하다.

소설적 상상력을 제쳐두더라도, 이종대·문도석 사건은 한국 사회의 여러 군데를 들쑤셔놓았다. 사상 최대의 인원이 동원된 수사는 300여 건의 강도·절도 용의자를 검거하는 부수적 성과를 거두었다. 그러나 더 뜻밖의 성과는 총의 위험이 이미 한국 사회에 만연해 있다는 사실을 발견한 것이었다. 동일범 소행으로 지목된 1973년 5월의 권총 납치강도는 카빈소총 강도와는 무관한 것이었다. 게다가 수사가 진행되는 과정에서 이 같은 총기강도는 곳곳에서 발견되었다. 권력의 도구로만 보였던 총이 그 권력의 바깥에서 악의 형태로 쓰인다는 사실 역시 이 사건이 드러낸 시대적 진실 중 하나였다.

　　『지구인』에 따르면, 총은 인간의 영혼을 사로잡을 만큼 강렬한 악의 기운을 가지고 있어 거부할 수 없다고 한다. 과연 그럴까. 총이란 분명 극단적 폭력의 도구다. 그 점에서 이종대와 문도석을 옹호할 여지는 없다. 중요한 것은 총에는 악의 기운도 선한 의지도 없다는 점이다. 두 살인강도는 자신의 의지로 범죄를 저질렀지만 그 뒤에 가난이라는 교사범이 있었을지 모른다.[7] 총은 악마성을 통해 사회적 진범의 존재를 드러낸다. 이는 권력의 차원에서도 마찬가지이다. 총을 휘둘러 권력의 힘을 드러낼 때, 총은 권력의 억압적 힘을 생생하게 과시한다. 악에서든 권력에서든 총은 억압과 부조리의 증거였을 뿐이다.

'무등산 타잔' 박흥숙의 총

　살인만을 목적으로 한 극단적 경우를 제외하고도 총은 1970년대 한국 사회의 다양한 맥락 속에 놓여 있었다. 1977년 4월 20일 4명의 철거반원을 때려 죽인 '무등산 타잔' 박흥숙이 만든 총이 그러했다. 무등산 자락 무당골의 가난한 청년 박흥숙은 자신의 터전을 지키기 위해 육체를 단련하면서 총 한 자루를 만든다. 애초에 박흥숙의 총은 사람을 해하기 위한 것이 아니었다. 산짐승을 막기 위해 어설프게 만든 총은 소리만 클 뿐 위력은 없는 '호신용 딱총' 수준이었다. 그러나 그 총이 낳은 결과는 무서웠다. 박흥숙의 총은 무당골 마을을 부수던 철거반원 일곱을 제압하기에 충분했던 것이다. 무등산 타잔이니, 이소룡 뺨치는 무술고수니 하는 별명은 이후에 붙은 것일 뿐 굶주려가며 사법고시를 준비하던 박흥숙은 총 한 자루를 방패 삼아 공권력에 맞섰던 것이다.

　철거폭력에 쫓겨 무당골로 들어와 땅굴을 파고 살아가던 박흥숙은 가난에 시달리면서도 미래의 희망을 놓지 않은 모범 청년이었다. 그의 일기에는 긍정적 각오가 넘쳤다. 철거반이 집을 부쉈을 때에도 그는 "기구한 운명에 너 박 정열은 결코 쓰러지지 않으리라는 새로운 각오 아래 다시 출발해야겠다. 보금자리를 잃었으니 다시 땅굴을 파야겠다"라고 썼다.[8] "엊그제 당선된 8대 대통령 취임식 날 나는 대한 국민의 일원으로서 대통력 각하에게 진심으로 앞날의 국민총화에 무궁한 지도력과 우리 민족의 숙원인 평화통일을 기원하였다. 박 대통령

1970년대의 총기 사건은 최고의 권력형 스캔들 '정인숙 살해 사건'부터 자신의 주거지였던 움막을 불태운 철거반원 4명을 때려 죽인 '무등산 타잔 박흥숙 사건'까지 유신 시기의 저변을 반영했다. 사진은 직접 총을 만들어 철거반원을 제압했던 박흥숙이 현장검증을 하는 모습이다.

각하에게 축복이 있기를 빕니다"[9]라고 쓸 만큼 애국심도 투철했다. 그러나 자신의 모든 것을 바쳐 지은 움막에 철거반원이 불을 놓자 이 같은 희망은 일순간에 사라졌다. 그동안 견뎌온 것이 일순간에 무너지자 그는 이성을 잃고 총을 들어 극한의 분노를 표출했다. 그의 분노가 담긴 공포(空砲) 소리에 철거반원은 혼비백산했다. 도망가던 철거반원을 묶어놓고 때려 숨지게 하기까지, 박흥숙의 분노는 사라지지 않았다. 그렇게 4명의 목숨을 잃게 만들고서야 광기가 멈추었고 이틀 뒤 박흥숙은 자수한다. 그렇게 살인 사건은 끝이 났다. 그리고 철거가 취미라는 대통령의 방문을 앞두고 시행된 무등산 정화 사업도 마무리되었다.[10] 유신 개헌으로 재집권한 대통령에게 축복을 기원한 청년의 집이 사라지게끔 말이다. 그에게 총이 없었더라면 철거반원들도 그렇게 제압당하지 않고 정화 사업도 성공적으로 끝났을지 모른다. 그러나 결과적으로 총을 쥐는 순간 상황은 달라졌다. 총은 살인의 매개가 되든 생존투쟁의 수단이 되든 극단적 결과를 피할 수 없었다. 쿠데타 세력이 한강을 건넜을 때처럼, 박흥숙은 자신이 만든 사제 총에 운명을 넘겼다. 차이가 있다면 전자는 총의 힘으로 모든 사람을 굴복시켰지만, 후자는 4명의 희생자를 남기고 그 역시 총에 희생되었다는 점이다.

박흥숙에게 총은 어쩔 수 없는 선택이었다. 자신의 집이 무너지는 것을 넋 놓고 바라보지 않는 이상 저항의 수단은 분노만큼이나 강렬할 수밖에 없었다. 만약 총이 아니더라도 그의 분노를 누가 막을 수 있었을까. 총이 아닌 어떤 것이라도 그의 손에서는 총과 같은 힘을 발휘했을 것이다. 혹여 그가 제압당했다고 하더라도 그 분노가 가라앉을 수 있었을까. 좌절과 분노를 강요받은 이에게 총과 같은 극단적 선택 외에는 주어진 것이 없다는 사실이 비극의 근원이었다. 총으로 흥한 자 총으로 망한다는 진리가 박흥숙 같은 사람들에게만 적용된다는 것 또한 우리 사회의 슬픔이다.

유신정권은 배반의 총성으로 마감되었지만 그 권력의 핵심이 건재함을 확인할 때 총과 권력의 조화는 더욱 끔찍해 보인다. 무등산 타잔의 총은 참으로 허망했지만, 지금 우리에게 그 이상의 선택이 있는지, 그게 무엇인지는 아직도 분명하지 않다.

9

충성과 반역
그리고 배반

박정희의 중정부장들

1979년 10월 26일 청와대 인근 궁정동 중앙정보부 안가에서 울린 요
란한 총소리와 함께 유신체제는 종말을 맞았다. 무려 18년 5개월 이상
유지된 절대권력이 단번에 사라지는 순간이었다. 단단해 보이던 권력
이지만 붕괴는 의외로 허망했다. 물샐틈없이 구축한 권력의 철옹성은
내부반란, 그것도 최측근의 반역으로 순식간에 무너져버렸다. 총소리

의 주인공은 야수의 심정으로 유신의 심장을 쏘았다고 했다.

　　극우 논객 조갑제는 이 죽음을 '전사(戰死)'로 규정했다. 그의 어법대로 하자면 박정희는 '근대화 혁명가'라는 것이다.[1] 그리고 김재규의 어법대로 하자면 10·26은 국민혁명이다. 물론 그는 5·16쿠데타와 10월유신도 혁명으로 규정했다. 박정희 또한 자신의 행위를 즐겨 혁명으로 지칭했다. 군사혁명, 산업혁명, 정신혁명, 녹색혁명 등등. 혁명이 남발되던 상황은 결국 또 다른 혁명으로 파탄 난 셈이다. 혁명과 혁명이 격돌하는 이 사태를 어떻게 이해해야 할까. 단순하게 이해하자면 혁명은 무엇보다 현실에 대한 강한 불만에서 출발하는 것이다. 달리 말하자면 현실의 모순과 그로부터 자라나는 사회적 적대야말로 혁명의 어머니다.

　　박정희와 김재규의 불만, 그리고 둘 사이의 적대는 무엇이었을까. 여기서 5·16과 유신체제를 만든 박정희의 불만을 구구절절 이야기할 여유는 없지만, 한 가지 짚고 넘어갈 문제는 김재규도 애초 그 불만을 전적으로 공감했었다는 점이다. 김재규는 박정희의 고향 후배이자 육사 동기로 보안사령관, 건설부 장관, 중앙정보부장 등을 역임한 이력에서 드러나듯이 박정희의 총애를 한 몸에 받았다. 박정희는 김재규를 고향집 막내둥이처럼 아꼈다 하고 김재규는 법정 최후진술에서 박정희와는 친형제나 다름없는 사이였다고 진술했다. 요컨대 두 사람은 운명공동체로 묶인 '혁명 동지'였다.

　　두 사람의 관계는 김재규의 중앙정보부장 임명으로 그 정점을 찍었다. 중앙정보부가 어떤 조직이던가. 주지하듯이 1961년 5·16 직

김재규가 10·26 직후 중앙정보부 식당에서 이뤄진 현장검증에서 박정희 시해를 재현하고 있다(왼쪽).

후에 쿠데타의 핵심 김종필이 제일 먼저 만든 것이 중앙정보부였다. 이후 이 기관이 수행한 역할에 대해서는 굳이 부연 설명이 필요 없을 정도다. 한국 현대사의 중요한 길목에서 '중정', 곧 중앙정보부가 등장하지 않는 장면은 별로 없다. 중정은 각종 공안 사건과 정치 공작의 주역만이 아니었다. 대북 타격을 위한 실미도 부대와 함께, 월드컵 8강을 이룩한 북한 축구에 대항하기 위해 '양지' 축구단을 창설해 운영한 주체도 중정이었고, 서울 철거민들의 집단 이주를 추진하던 빈민 활동가들을 은밀히 지원했는가 하면, 대통령의 밤생활까지 책임졌다. 대통령부터 축구선수와 철거민까지 중정이 활동을 펼친 대상은 거의 무제한이었다.

중앙정보부, 충성과 반역을 매개로 연결된 공동체

중정의 이 모든 활동이 권력의 유지 및 재생산과 밀접히 관련되는 것임은 자명했다. 그것은 곧 중정이 대통령의 정보부로서 대통령의 의지가 직접적으로 관철되는 핵심 중 핵심이었음을 의미한다. 따라서 중정부장이란 대통령의 심복 중 심복이어야만 했다. 중정부장은 오직 한 사람, 즉 대통령의 입만 바라보는 자여야 했다. 아니 입으로 발화되지 않는 의중까지 꿰뚫어야 했다. 요컨대 중정은 모든 반역을 색출해 제거함으로써 대통령에 대한 충성 하나로 유지되어야 하는 조직이었다. 양자는 반역과 충성을 매개로 연결된 하나의 운명공동체였다. 10·26은 한마디로 이 반역과 충성의 역전이었고 김재규는 충성과 반역의 롤러코스터를 보여주었다.

그러면 절대적 충성의 대상이던 박정희가 어느 날 갑자기 반역의 대상이 된 이 역설을 어떻게 이해해야 할까. 충성과 반역은 사실상 동전의 양면이다. 극단적으로 대비되지만 극과 극은 통한다는 말처럼 서로 기묘하게 얽혀 있는 것이다. 애초 김재규가 충성을 바칠 대상은 단단하게 결합된 하나의 실체였다. 그에게 박정희와 '자유 대한'은 구별될 수 없는 것이었고 '각하'가 곧 국가였다. 각하의 안전이 국가의 안전이었고 각하의 의지가 국가와 민족의 의지였다. 김재규의 경쟁 상대였던 차지철 또한 "대통령을 지키는 것이 국가를 지키는 것이다"라는 표어를 경호실 곳곳에 붙여놓을 정도로 박정희와 국가를 일체화했다.[2] 김재규는 차지철과 운명적인 충성경쟁을 벌여야 했던 것이다. 이렇게 자신의 충성 대상을 하나의 단일한 실체로 확인할 수 있었던 김재규는 기꺼이 몸과 마음을 바쳐 충성했다.

　　문제는 충성 대상이 분열하기 시작했다는 점이다. 10·26 당일 박흥주와 박선호를 불러 거사를 지시하면서 "나라가 잘못되면 자네나 나나 죽는 거야"라고 뇌까린 김재규의 발언을 보건대 박정희는 그에게 나라를 위해 더는 존재하면 안 되는 대상이었다. 김재규는 '10·26민주국민혁명'이란 용어를 사용했는데, 유신체제를 "꽉 짜인 억압과 폭력의 조직"으로 규정짓고 부마항쟁에서 치러야 했던 것과 같은 희생을 줄이기 위해 "자유민주주의 혁명"을 할 수밖에 없었다고 주장했다. 대통령 박정희는 "자유민주주의의 회복과 자신의 희생을 숙명적 관계로 만들어놓았기 때문에" 희생시켜야 했다는 주장을 폈다.[3] 체제 수호의 첨병이었던 그이기에 이 말을 액면 그대로 믿기는 쉽지 않지만, 어쨌든 김재규가 자유민주주의를 대의명분으로 삼아 박정희를 살해한 것만은 틀림없는 사실이다. 요컨대 그는 박정희를 사랑하지 않은 것이 아니라 '자유 대한'을 더 사랑했다는 것인데, 충성의 대상이 분열한 셈이었다.

　　그렇기에 김재규는 야수가 되어야 했다. 합리적 이성이나 상식적 판단의 견지에서 김재규의 행위는 납득하기 곤란한 것임이 틀림없다. 10·26은 박정희뿐 아니라 김재규 자신조차 부정하는 행위였다. 두 사람 다 서로에게 혁명의 동지에서 혁명의 타도 대상인 된 셈이었다. 박정희뿐 아니라 자기 자신조차 제거해야 되었기에 김재규는 야수가 될 수밖에 없지 않았을까?

그러나 자연인 김재규의 야수화는 부차적 문제일 수 있다. 무엇보다 두 사람은 개인 대 개인이 아니라 대통령과 중정부장이라는 직업적 권력관계로 엮인 사이였다. 사실 이것이 중요했다. 김재규가 개인이었다면, 설사 어느 부처 장관이었다 하더라도 10·26은 일어날 수도 없고 성공할 수도 없었을 것이다. 무엇보다 김재규가 중정부장이었기에 모든 일이 가능했다. 이런 맥락에서 김재규의 야수화는 중정의 반역과 결합했던 것이다.

김재규가 야수가 되는 과정은 분명치 않다. 그의 머리와 가슴을 헤집어보지 않고서야 그 복잡미묘한 상황을 온전히 이해하기는 요령부득일 것이다. 그러나 지킬과 하이드, 충성과 반역이 뒤섞이고 전변되었을 김재규의 복잡한 내면 풍경이 홀로 성립할 수는 없다. 사람은 아버지보다 시대를 닮는다는 말이 있듯이, 그를 둘러싼 역사적 맥락이야말로 김재규의 내면 풍경과 그 급격한 변모를 밝혀줄 씨줄이 될 것이다.

김재규의 야수화와 충성의 분열 계기는 대략 세 가지로 추정된다. 먼저 권력 내부의 갈등과 분열 그리고 타락이다. 흔히 회자되는 것이 경호실장 차지철과의 갈등설이다. 이것이 사실이기는 하지만 김재규의 극적 변화를 온전히 설명하기에는 무리가 있다. 권력 내부의 갈등은 통상적인 것이고 그 때문에 최고 권력자를 살해한다면 세상에 남아날 권력이 없을 것이다. 그러나 권력 내부의 통상적 갈등이 다른 계기와 결합한다면 예기치 못한 방향으로 발전할 가능성이 큰 것도 사실이다.

갈등에 기름을 부은 것은 대통령 박정희의 퇴화된 통치술이었다. 장기간의 독재는 권력 관리라는 측면에서 타성화를 낳았고 이러한 풍조가 박정희의 노쇠화와 맞물리면서 특유의 분할통치술*이 약화되었다는 것이다. 특히 1974년 문세광 저격 사건** 이후 박정희의 판단력이나 냉혹한 권력기술이 많이 무뎌졌다는 증언이 많다. 널리 알려졌듯 애초 박정희의 통치기술은 권력 2인자를 인정하지 않으면서 부하들을 끊임없이 충성경쟁으로 내모는 것이었다. 이 기술은 최고 권력의 냉철한 판단력이 흐려진다면 견제와 균형 대신 갈등과 분열로 귀결될 가능성이 크다. 김재규는 10·26 이후 최초의 자술서에서 거사 이유를 자신의 무능과 비리 혐의에 대한 박정희의 질책과 경질 가능성, 차지철과의 갈등 등을 들었다.[4] 후일 제 스스로 가장 중요한 근거로 든 자유민주주의에 대한 언급이 없으므로 고문과 강압에 의한 답변이라고도 할 수 있지만, 박정희와의 갈등이 심상치 않았음을 암시한다.

■ 박정희는 절대적 2인자를 허용하지 않았다. 항상 두 명 이상의 경쟁 구도를 만들어 상호견제와 충성경쟁을 유도했다. 그래서 김종필과 이후락, 박종규와 김형욱, 김재규와 차지철 등은 복잡한 관계를 형성하면서 절대권력을 둘러싼 경쟁과 협력을 반복했다. 이러한 전략이 절대적 실패로 귀결된 것이 김재규와 차지철의 사례다.

■■ 1974년 광복절 기념식장에서 일어난 재일교포 문세광에 의한 박정희 암살미수 사건을 말한다. 혼란의 와중에 육영수 여사가 피살되었는데, 이 여파로 반공 캠페인이 극도로 강화되었는가 하면 한일관계는 급전직하로 악화되었다. 김대중 납치 사건으로 수세에 몰려 있던 유신체제는 이 사건을 계기로 외교적으로 일본보다 유리한 위치에 서게 되었다.

타락의 실상

여기에 최고 권력의 사생활이 도덕적 비난의 대상이 될 수 있을 정도로 타락하기 시작했다는 점이 결합되었다. 소행사, 대행사로 불린 박정희의 술자리는 잘 알려진 대로 매주 한두 번씩 열렸으며 여성들이 동원되는 것이 상례였다. 최고 권력자의 은밀한 술자리를 누구보다 지근거리에서 볼 수 있었던 김재규의 실망이 어떠했을지는 불문가지다. 채홍사(採紅使)로 불린 중정 의전과장 박선호의 법정진술은 측근들의 환멸감을 잘 보여주었다.[5] 김재규가 재판 과정에서 박선호의 술자리 관련 진술을 가로막았던 데서 드러나듯이 그것은 공개되어서는 안 되는 비도덕적인 치부였다.

최태민의 비리 관련 조사를 박정희가 기각시킨 것도 김재규의 실망감을 키웠을 것이다. 예전과 달리 박정희는 측근 비리에 대해 납득하기 힘들 정도로 관대해져 있었다. 가족사의 비극이 가족에 대한 냉정한 판단을 방해했을 것이며 이는 김재규에게 박정희 또한 어쩔 수 없는 인간임을 느끼게 했을 가능성이 높다. 절대적 지도자가 어느 날 평범한 인간의 모습으로 다가온다면 인간적 매력이 아니라 무능한 권력으로 비쳐졌을 것이다.

두 번째는 1979년의 정세 변화다. 김영삼의 의원직 제명, YH 노조 신민당사 농성과 강제진압 그리고 부마항쟁이 연쇄적으로 일어나면서 정국은 예측하기 힘든 상황이 되어갔다. 특히 부마항쟁은 김재규가 시위 군중 틈에서 직접 현장을 확인하고 대중의 체제 이반이 심

박정희는 남산에 중앙정보부를 설치했다. 중앙정보부(중정)와 안전기획부(안기부)의 총본산인 '남산'에 끌려갔다는 것은 곧 간첩 낙인이 찍힌다는 것이었고 모진 고문을 당하게 된다는 의미였다. 안테나가 솟은 곳을 중심으로 왼쪽의 수사국 건물 아래에 그 유명한 '지하실'이 있었다. 1994년 안기부가 현재의 내곡동 국정원으로 옮겼지만, 남산에는 아직 국정원의 흔적이 남은 건물들이 있다.

상찮음을 체감한 중요한 사건이었다. 더욱이 부마항쟁은 그 대응 방법을 둘러싸고 차지철과 김재규 간에 갈등을 증폭시키기도 했다. 대중 반란의 기운이 권력 외부에서 권력 내부로 틈입하게 된 것이다.

　　세 번째는 미국이었다. 주지하듯이 미국을 빼놓고 한국 현대사를 논하는 것은 거의 불가능에 가깝다. 부정적이든 긍정적이든 미국은 현대 한국에 거대한 영향을 미쳤는데, 김재규의 경우에도 마찬가지다. 특히 중정부장은 업무상 미국 CIA 한국 지부장과 밀접하게 관련될 수밖에 없는 자리였고, TV 드라마에도 많이 나왔듯이 10·26 직전에도 김재규는 CIA 지부장 로버트 브루스터(Robert Brewster)와 술자리를 같이했다고 한다. 카터 정권의 인권외교와 주한미군 철수 정책에 대한 박정희 체제의 반발로 이른바 '코리아게이트'[■] 사건이 불거지는 등 당시 한미관계는 최악이었다. 김재규는 법정에서 이를 매우 강조하며, 유신체제 지속과 한미관계 복원은 양립할 수 없다는 주장을 폈다.

여기서 문제의 핵심인 중앙정보부가 어떤 조직인지를 이해할 필요가 있다. 중정은 박정희 체제의 꼭짓점 부근에 있는 핵심 기구이자 미국과 밀접한 관련 아래 있었음을 무엇보다 주목해야 한다. 육군 특무대 인력을 골간으로 만들어진 중정은 애당초 미국 CIA를 벤치마킹해 만들어졌다. KCIA라는 명칭도 그러했지만 '음지에서 일하면서 양지를 지향한다'라는 부훈 또한 '익명에의 열정'이라는 미국 CIA의 그것을 풀어낸 것처럼 보인다. 체제 보위의 핵심 기구인 중정이었지만, 실제로는 한국 대통령의 구심력과 미국의 원심력 사이에서 흔들려야 하는 불안한 조직이기도 했다.

정보를 주무르는 기구의 특성상 한국의 현실을 가장 잘 파악한 곳이 중정이라고 할 수 있었는데, 이는 곧 한국과 미국의 특수관계에 대한 이해도 최고 수준이라는 말이 될 것이다. 중정은 정보력 차원에서 미국과 CIA에 크게 의존하고 있었지만 여타 분야에서도 미국이 한국에 얼마나 중요한 존재인지를 잘 알고 있었다. 따라서 한국의 최고 권력자가 미국과 갈등관계를 만든다면 중정은 곤혹스러워진다. 중정

[■] 박동선 사건이라고도 불린다. 카터 행정부의 인권외교와 주한미군 철수 등의 대한(對韓) 정책 변화가 추진되면서 한미관계가 악화되자 박정희 체제는 미국 정계에 대한 로비를 강화하였다. 로비스트 박동선을 통해 미국의 정치가들에게 정치자금을 제공하려던 시도가 폭로되면서 정치 외교적으로 큰 파장을 불러와 한미관계는 더욱 악화되었다.

조직원들로서는 이러한 곤혹스러운 상황에서 벗어나고 싶어했는데 그 일마저도 미국을 통해 가능했다.

김대중 납치 사건에 연루된 김기완, 박동선 사건과 관련된 김상근, 김형욱 회유 공작에 투입된 손호영 등 1970년대 들어 중정의 핵심 엘리트 요원들이 줄줄이 미국으로 망명하는 사태가 벌어졌다. 망명 사태의 정점에 김형욱이 있었고, 김대중 납치 사건으로 중정부장에서 쫓겨난 이후락도 한때 미국 망명을 고려할 정도였다. 요컨대 중정이 지향한 그 '양지'가 어쩌면 미국이었을 수 있는 것이다. 이들은 주군에 대한 봉건적 충성과 함께 현실 국제정치의 냉혹한 역학관계에 대한 이해타산을 공존시키고 있었다.

그런데 바로 그때 그들의 주군이 미국과의 관계에서는 최악의 시기를 보내고 있었다. 재판 과정에서 김재규는 10·26의 목적으로 세 가지를 꼽았다. 첫째로는 자유민주주의 회복을 들었고 둘째로 국민의 희생 방지를 들었으며, 그리고 나서 세 번째로는 미국과의 관계 회복을 꼽았다. 그가 보기에 당시 한미관계는 "건국 이래 가장 나쁜 상태"였기에 이를 회복해 "혈맹 우방으로서의 돈독한 관계를 유지"하는 일이 긴요했다는 것이다. 세 번째로 언급되었지만 실질적 중요도는 그 이상이었을 것이다. 수사 초기 김재규는 "미국 쪽에서 무슨 연락 없었느냐?"라고 두어 번 물었다고 한다.[6] 거사가 잘못될 경우 김재규가 기대할 수 있는 구원의 손길은 미국밖에 없었을 것이다.

이와 관련해 의미심장한 기록이 있다. 당시 주한 미국 대사였던 윌리엄 글라이스틴(William H. Gleysteen, Jr)은 1979년 11월 19일 미국의 10·26 관련설에 대해 전문을 보낸다. 여기서 그는 자신이 박정희 정권이 1년 이상 유지될지 모르겠다는 말을 흘리고 다녔다는 루머가 나돌고 있으나 자신은 그런 말을 한 적이 없다고 부정하면서 미국의 10·26 관련설을 부인했다. 그러나 전문 말미에서는 박정희 정부에 대한 미국의 비판이 한국인들의 오해를 불러올 수 있었으리라고 인정했다.[7] 미국이 군부 등 한국의 주요 지배 엘리트들을 상대로 포스트 박정희에 관한 언급을 흘리고 있었던 점은 많은 사람이 증언한 바이니 김재규나 한국의 대중이 괜한 오해를 한 것으로만 보기는 힘들다.

그리고 바로 이러한 맥락에서 김재규의 자유민주주의가 발화되고 있었다. 미국은 분명한 실체였지만 다른 한편 그것은 이데올로기 형태로 재현되어야만 했다. 양자의 관계는 특수했지만 동일한 영토와 주권을 공유할 수는 없었다. 즉 한국 입장에서 미국은 특수한 국가였지 보편적 세계일 수 없었다. 식민 경험을 통해 주권, 독립, 자립 같은 개념에 민감했던 한국에 미국에의 종속은 불편한 현실이었다. 모두 알고 있는 사실이라 해도 어쨌든 국가권력은 자신들의 주권성과 독립성을 강조해야만 했다. 따라서 미국은 주권을 위협하는 강대국이 아니라 특정 이데올로기로 재현될 필요가 있었다. 이데올로기로서의 미국을 상징하는 것은 자유민주주의였고, 따라서 김재규가 내뱉은 자유민주주의라는 기표는 사실상 미국이라는 기의를 지시하고 있었을 것이다.

자유민주주의와 미국이 박정희 체제와 대극적 위치로 재현되면서 김재규의 충성 대상 또한 분열될 수밖에 없었다. 김재규는 아마

김형욱이 1977년 미국 하원 국제관계소위원회에서 박정희와 유신을 비판하는 증언을 하고 있다(왼쪽). 1979년 파리에서 김형욱이 행방불명된 소식을 다룬 경향신문 보도(오른쪽).

도 극단의 선택을 강요받고 있었을 것이다. 권력 유지의 핵심인 대중적 지지와 미국의 지지가 모두 흔들리고 있음을 파악한 마당에 권력 내부의 응집력은 차지철과의 갈등으로 더는 기대할 것이 없어 보였다. 이 무렵 중요한 사건 하나가 터졌으니, 바로 김형욱의 실종이었다.

김재규 그리고 김형욱

김형욱은 김재규와 더불어 가장 유명한 중정부장 중 하나다. 1963년 7월부터 1969년 10월까지 만 6년 넘게 중정부장 자리를 지켰던 김형욱은 안기부와 국정원을 합쳐서 따져도 최장수 정보기구 수장이었다. 멧돼지, 돈가스로 불리며 남산을 공포의 상징으로 만들어 정권 유지의 일등 공신이 된 그였지만 그의 인생 말로는 비참하기 그지 없었다.

김형욱 또한 애초에는 김재규처럼 국가와 정권 그리고 박정희를 거의 동일선상에서 파악했다. 게다가 이 동일시는 자신의 운명과도 연결되는 것이었다. 김형욱 역시 자신의 행위를 혁명으로 파악했는데, 박정희의 권력이 유지되어야 이른바 혁명 과업이 완수될 수 있고 자신의 운명도 거기에 종속된다는 사고를 갖고 있었다. 이를 위해 김형욱은 1963년과 1967년의 대통령선거와 총선거 과정에서 중정의 힘을 총동원해 개입하는 등 권력 유지의 최전선을 담당했다. 박정희에 대한 그의 충성은 자타가 공인하는 것이었고, 심지어 권력 내부의 인사마저 가차 없이 제거하는 맹목과 잔인함의 근원이었다.[8]

그러던 김형욱이 박정희에게 배신감을 느끼게 된 결정적 계기는 1969년 중정부장 해임이었다. 삼선개헌을 밀어붙여 관철한 공으로 유임을 예상했지만 보기 좋게 해임된 마당에 유신체제 성립 이후에는 유신정우회(維新政友會), 약칭 '유정회' 의원 명단에서도 제외되었다. 중정부장 재임 시의 자기 행적을 누구보다 잘 아는 그였기에 도처에 적들이 우글거리는 정글 속에 알몸으로 내던져진 꼴이었다.

김재규가 미국을 구원의 천사로 여긴 것처럼 김형욱 또한 미국이 삶의 젖줄이었다. 그의 회고록을 보면 중정부장 재임 시 에드워드로 알려진 미국 CIA 지부장과 긴밀히 협력하는 장면이 곳곳에 나오는데, 퇴임 중정부장이 갈 곳 역시 미국이었다. 결국 김형욱은 미국 망명과 함께 배반의 길로 들어섰다. 박정희를 비롯한 권력 핵심부의 거듭

된 설득에도 불구하고 날선 비판과 폭로를 감행하던 김형욱은 1979년 10월 1일 프랑스 파리에서 실종되었다. 김형욱의 실종은 차지철의 작품이라는 주장도 있지만 2005년 국정원 과거사위원회는 그가 김재규의 명령에 따라 권총으로 살해되었다고 결론지었다.

선배 중정부장이자 자기보다 앞서서 박정희 비판에 나선 김형욱을 제거한 김재규의 심정은 어떠했을까. 자기 손으로 박정희조차 살해하게 될 것을 예감했을까. 김재규도 김형욱의 행적을 배반으로 보고 제거에 동의한 듯 보이는데, 그것이 박정희에게 바친 마지막 충성이라는 설명도 있다. 그렇다면 10·26은 그 마지막 충성에 대한 최후의 배반이 될 것이다. 다시 말해 김형욱의 배반은 김재규의 반역으로 연결되는 것이다.

충성과 반역이 동전의 양면이라면 반역과 배반은 뫼비우스의 띠처럼 이어져 있다. 누군가 역사는 두 번 반복된다고 했듯 박정희의 중정부장들 역시 두 번의 충성과 반역 또는 배반을 비극적으로 반복했다. 그러나 무엇보다 중요한 것은 주민집단을 향해 최고의 충성을 요구하던 유신체제 내부에서 벌어진 충성과 반역의 드라마가 대중의 반역과 연결될 수 있다는 점이었다. 10·26이 부마항쟁과 광주항쟁 사이에 나타난 것은 그저 우연은 아닐 터이다. 정보부장으로서 김재규는 유신체제를 두고 정부와 국민 간에 치열한 공방전이 벌어지리라 예고했다. 그의 말대로 광주항쟁이 유신체제의 저주처럼 나타났다. 그러나 또한 '광주'는 그 저주를 넘어서는 것이기도 했다.

김형욱도 김재규처럼 자유민주주의를 근거로 유신체제를 비판했으며 때로는 박정희의 치부를 고발하기도 했는데, 여기서 두 중정부장의 충성과 반역 그리고 배반이 자유민주주의를 중요한 명분으로 삼았음을 보게 된다. 두 사람의 극단적 행적을 보건대 그들의 이념적·정치적 진정성이 흔쾌할 수는 없을 것이다. 10·26 직전에 터진 YH노조 신민당사 농성을 강제진압하라고 윽박지른 것이 김재규였다. 불상사를 우려한 경찰의 신중한 진압론을 무시하고 김재규의 중정은 병력 투입을 사실상 명령했다.[9]

중요한 것은 한국에서 자유민주주의는 이념이자 어떤 실체의 상징이기도 하다는 점이다. 두 명의 중정부장이 그 실체를 '미국'을 소실점으로 하는 한국의 권력구조로 본 것은 분명해 보인다. 그들은 국가적·개인적 생존의 문제가 그 실체에 달렸다고 보았다. 그렇기에 확실히 이들의 자유민주주의는 박정희의 한국적 민주주의와는 사뭇 달라 보인다. 한국적 민주주의는 미국식 자유민주주의와 위험한 줄타기를 했다. 즉 한국적 민주주의는 자유민주주의를 전면 부정하지는 않았지만 그렇다고 액면 그대로 인정하는 것도 아니었다. 국가주의 또는 민족주의 같은 집단적 동질화 담론의 입김이 강하게 투영된 한국적 민주주의는 미국의 영향권을 위험하게 넘나들었다. 요컨대 한국의 민주주의는 국가주의와 민족주의 그리고 미국의 자유주의 사이에서 끊임없이 요동치는 것이기도 했다.

문제는 이러한 이념의 긴장관계가 현실에서 한미 간 갈등과 연결되면서 두 중정부장의 충성 대상이 심각한 분열증을 보였다는 점이다. 즉 한미 간 갈등이 없었던 조건하에서는 김재규도 한국적 민주주의를 인정하는 모습을 보였다. 그러나 양자가 분열하면서 이데올로기적 긴장도 고조되었고 김재규는 선택의 기로에 서게 되었다. 주지하듯이 그의 선택은 자유민주주의의 이름으로 유신의 심장을 제거하는 것이었다.

여기서 김재규의 충성 대상이 자유민주주의라는 점에 주목해야 한다. 그는 재판 과정에서 일관되게 한미동맹의 중요성을 강조하면서 유신체제가 이를 파괴하고 있다고 주장했다. 논리적으로 보아 그의 충성 대상의 우선순위가 유신체제＝한국 정부가 아니라 한미동맹에 두어졌다는 의미일 것이다. 한미동맹이 충성 대상일 수 있다는 것은 기묘한 일이다. 주권 독립국가의 정보기구 수장이 자신이 속한 국가보다 그 국가의 외부 동맹관계에 선차성을 부여한다는 것은 국가의 생명인 주권성을 심각하게 훼손하는 결과를 초래한다. 고로 김재규의 충성 대상은 현실의 국가가 아니라 자유민주주의라는 이데올로기적 형태를 취할 수밖에 없었다.

이로부터 자유민주주의는 현실의 국가권력을 심판할 수 있는 보편적 이념의 지위를 획득하는 듯 보인다. 맹자의 역성혁명처럼 보편적 준칙을 위반하는 국가권력을 파괴하는 것이 김재규의 '국민혁명'인 셈이다. 우리는 다시 한 번 한국의 자유민주주의가 무엇을 지시하고 있는가를 심각하게 질문해봐야 한다.

한국 현대사에서 민주주의의 지시 대상은 일견 자명한 것처럼 보이지만 실상 끊임없이 변화해왔다 하겠다. 이는 반공을 의미하는 것이자 반독재를 가리키기도 했는가 하면 양자를 동시에 지시하기도 했다. 또한 개인의 양심, 사상의 자유 같은 자유주의적 가치를 대변하는 용어였는가 하면 정치·경제적 평등을 강하게 추동해내는 집단주의적 정념의 기표이기도 했다. 국가권력의 정당성을 보장해주는 것이었는가 하면 저항하는 개인의 호민관이기도 했다. 요컨대 민주주의는 한국의 보편적 정치 언어가 되었다. 그렇다면 김재규가 자유민주주의를 호명한 것이 아니라 민주주의가 김재규를 호명한 것일지도 모른다. 민주주의가 압제자의 피를 먹고 자란다면 그것은 김재규의 피와 함께 박정희의 피도 먹고 자란 셈이다.

사실 이 나무는 미국으로부터 자라난 것이기도 했다. 해방과 전쟁을 거치면서 미국식 자유민주주의는 한국의 지배적 제도·가치·관습으로 관철되기 시작했다. 그러나 우리는 또 다른 민주주의의 나무를 알고 있다. 4·19와 광주의 피를 먹고 자란 이 나무야말로 김재규와 박정희 그리고 미국까지 모두가 두려워하던 반역의 나무일 것이다.

이런 맥락에서 한국의 민주주의는 저주받은 반역의 나무일는지 모른다. 그것은 애초 지배질서의 축복 속에 성장했지만, 지배집단에 저주가 될 반역의 나무로 자라나기도 했던 것이다. 이 민주주의의 배반과 반역이야말로 김재규의 반역의 나무가 자랄 수 있었던 토양이다. 결국 김재규는 민주주의를 둘러싼 충성과 반역의 드라마 속에서 자기 역할을 충실하게 수행했다. 이 드라마가 아직 끝나지 않았음은 역사가 증명해줄 것이다.

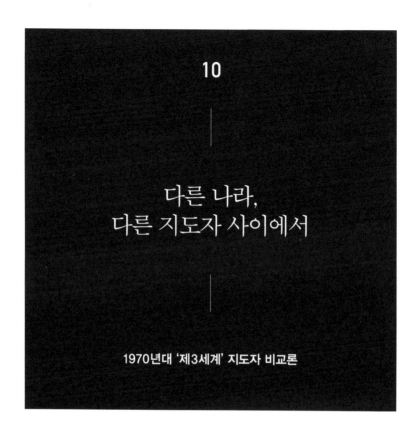

10

다른 나라,
다른 지도자 사이에서

1970년대 '제3세계' 지도자 비교론

1960년대에 일어난 쿠데타의 수효는 세계적으로 119회를 헤아린다. 1961년 한국의 5·16쿠데타는 그 숱한 사건 중 하나였다. 1970년대에 암살당한 국가원수는 11명. 1979년 10월 26일 박정희의 죽음도 그 가운데 하나다.[1] 박정희와 그 시대는 한국적인, 유일무이한 사건이지만 또한 동시대 세계사의 흐름 속에 위치해 있는 사건이기도 하다. 아마 박정희는 1960년대의 쿠데타와 1970년대의 암살이라는 기록을 동시에 보유한 지도자 중 가장 뚜렷한 족적을 남긴 인물일 것이다. 2015년, 지금 연대를 기준으로 보자면 5·16쿠데타는 세계적으로도 드물게 성공한 쿠데타였던 듯 보인다.

그러나 1961년, 당시 45세였던 소장 박정희가 '군사혁명'을 일으켰을 때라면 상황은 달랐다. 박정희에게는 여러 명의 경쟁자 혹은 롤모델이 있었다. 당시 이집트 대통령이었던 낫세르가 대표적일 테고, 인도의 네루와 파키스탄의 아유브 칸이나 인도네시아 수카르노의 영향도 있었을지 모른다. '제3세계 민족주의'의 지도자로서 이들의 이름이 한국에도 자주 전해질 무렵이었다. 타이완의 장제스-장징궈 부자라든가 싱가포르의 리콴유 등 친미·자본주의적 질서를 채용했던 지도자들로부터도 영감을 얻었으리라. 2차 대전이 끝난 후 세계는 바야흐로 신생국들로 넘쳐났다. 2차 대전 당시 51개에 불과했던 국가의 숫자가 두 배 넘게 불어나 있는 상황이었다. 1945년 이후 국가로서의 자격을 (되)찾은 신생국 지도자들은 조국의 미래를 두고 시험에 직면해 있었다.

낫세르, 네루, 수카르노: 박정희식 '혁명'의 모델

카말 압둘 낫세르에 대해서는 5·16 직후 박정희 스스로 그 지대한 영향력을 인정한 바 있다. 1963년에 출간한 『국가와 혁명과 나』

에서 박정희는 외국의 혁명 사례를 드는 가운데 특히 이집트에 주목했다. 낫세르 등 '자유 장교'들이 주도한 1952년 7월 이집트의 격변 상황은 지금도 '혁명'에 가까웠다고 인정되고 있다. 당시 이집트는 명목상 독립국가였지만 영국의 실질적 지배하에 있었다. 입헌왕정체제였으나 자주적이지도 민주적이지도 못했던 왕실과 정부는 민심에서 멀리 이반한 상태였다. 군인들의 거사는 대중적 열광을 얻었고, 왕정을 종료시켰으며, 이어 이집트의 실제적 독립을 획득하는 데로 나아갔다. '혁명' 후 몇 달이 지나 낫세르는 오랫동안 꿈꿔왔던 "자유롭고 강한 이집트"를 현실화하기 위한 과감한 정책을 추진한다. 아스완 하이댐 건설을 추진했고 영국과의 군사충돌을 무릅쓰며 수에즈 운하를 국유화해 냈으며, 1960년에는 5개년 경제개발계획을 시작했다.[2]

　박정희가 5·16쿠데타를 일으킬 무렵 이집트 대통령 낫세르에 대한 제3세계 민족주의의 기대와 찬탄은 절정에 달해 있었다. 낫세르가 출간한 70여 쪽짜리 팸플릿 『애급의 해방: 혁명의 철학』은 한국에서도 1957년에 번역된다. 1958년에는 고구려출판사의 '현대교양문고' 제1권으로 재차 간행되었으니 제법 수요가 있었던 모양이다. 번역서 서문에 쓰인 대로 당시 이집트는 "전투마다 참패하였지만 전쟁에는 유례없는 성공을 거두"는 역설적 승승장구를 기록하고 있는 참이었다. 박정희는 이 사실을 충분히 인지하면서 이런 성공의 이면에는 불가피하게도 자유의 제한이 있었다는 사실 또한 강조한다. 기성 권력을 타도한 결과로 "민중의 자유 추구"가 분출하지만 "이대로 둔다면 혁명은 완전히 유산이 된다". 낫세르는 의회를 해산하고 언론·출판·집회의

1957년 국내에서 번역 출간된 낫세르의 책 『애급의 해방』과 1958년에 다시 간행된 『혁명의 철학』. 하나의 판본으로 두 종의 책이 출간되었다.

자유를 금지함으로써 이 곤경을 벗어났다. 마치 박정희가 난국 때마다 그러했듯이.

　　박정희는 "네루, 낫세르, 수카르노를 정상으로 하여 앞날의 세계사를 치돌릴 이 중근동(中近東)의 몸부림"을 '혁명'이란 이름에 값하는 사건으로 고평했다.[3] "우리들은 자본주의도 공산주의도 아니다. 단지 우리는 우리의 사회를 형성 중에 있을 뿐이다"라고 한 낫세르의 말을 인상 깊게 인용하기도 했다. 사회주의적 정책을 과감하게 채용했다는 면에서 네루·낫세르·수카르노는 서로 닮았다. 사회주의를 천명한 네루와 수카르노는 물론이고 아랍-이슬람의 정체성을 최우선시했던 낫세르마저 '아랍 사회주의'라는 명칭을 꺼리지 않았다. 낫세르는 토지개혁을 실행했고 은행과 기간산업을 국유화했으며 소련으로부터 장기 차관을 제공받았다.

그러고 보면 박정희의 트레이드마크인 양 각인된 경제개발 5개년 계획 역시 아시아 여러 나라에서 채택됐던 정책이다. 제1·2공화국 시절에도 검토·추진된 바 있는 이 정책은 2차 대전 이후 주류로 부상한 케인스주의 경제학에 영향받은 것이지만, 또한 네루와 낫세르 등에 의해 입안된 것이었다. 인도에서는 1951년부터, 이집트에서는 1960년부터 경제개발 5개년 계획을 실행한 바 있다. 그에 앞서 5개년 계획이라면 스탈린 시기 소련에서 진작 추진됐었다. 중국은 1952년부터, 북한은 1957년부터 5개년 계획을 실천 중이었다.

잘 알려진 대로 '비동맹(non-alignment)' 원칙을 천명한 제3세계 지도자들 중 상당수는 사회주의에 우호적이었다. 미국 등 서방 국가와 공산권 중 어느 편에도 속하지 않겠다는 노선을 채택하면서도 네루와 수카르노 등은 사회주의의 미래를 신뢰했다. 네루는 스스로 공화주의자요 사회주의자임을 인정했으며, 수카르노는 "인간에 의한 인간의 착취, 국가에 의한 국가의 착취"가 사라진 세상을 꿈꾸었다. 친미·자본주의의 길을 택한 이들이라 해도 대개 공산주의·사회주의와 가까이 접촉한 전력이 있었다. 중도 노선을 표방하면서도 친미 실용주의를 선택했던 싱가포르의 리콴유는 '국가자본주의' 혹은 '시장사회주의'를 주도한다는 평가를 받았다. 영국식 '혁명 없는 사회주의(페비언 사회주의)"'를 현실화하고 있다는 논평도 많았다.

왼쪽부터 1970년대 제3세계의 대표적 지도자였던 네루, 낫세르, 수카르노.

　　타이완의 장징궈는 국민당 지도자 장제스의 아들이었음에도 1925년, 16세 때 동료 학생들과 함께 소련을 향했다. 배 위에서 소리 높여 〈인터내셔널가〉를 합창하는 희망에 찬 여정이었다고 한다. 10대다운 이상주의의 대가는 컸다. 장징궈는 시베리아로 강제이주를 당하는 등 고초를 겪으면서 10년 넘게 소련 땅에 머물러야 했다. 그사이 러시아 여인과 결혼하는가 하면 소련 공산당에 입당하기도 했다. 그는 후일 이 경험을 '멸공'을 위해 훌륭하게 활용한다. 국민당이 대륙을 포기하고 타이완으로 이주한 초기 무려 1000여 명을 공산주의자라는 혐의로 처형한 데는 장징궈의 활약이 결정적이었다고 한다.[4] 사회주의자였던 젊은 한때를 등졌을 때 신생국의 지도자는 이렇듯 가혹해지기도 한다.

■　페비언 사회주의(Fabian Socialism)는 혁명을 통한 사회 개량이 아닌, 의회주의를 통해 모든 정책을 점진적으로 실현함으로써 자본주의의 결함을 극복하려는 사상을 말한다.

이념과 방법의 편차에도 불구하고 이들 지도자는 낫세르가 그 랬듯 '강하고 자유로운' 조국을 꿈꾸었다. 그 조국이 살아갈 세계가 어떠해야 하는지에 대한 생각은 달랐다. 네루나 낫세르나 수카르노가 달라진 세계 속에서 달라진 조국을 구상했다면, 리콴유나 장징궈는 현존하는 세계질서를 바꿀 수 없는 조건으로 받아들이고 조국의 생존과 부강을 모색했다. 박정희는 후자에 가까웠다. 웃음기 없이 긴장감으로 팽팽한 그 얼굴, 15도쯤 높은 어딘가를 향하고 있는 그 시선은 결코 '비현실적인' 세계주의에 사로잡히지 않았다. 박정희가 정권의 강력한 비판자였던 함석헌과 결정적으로 갈라지게 되는 지점이 여기다. 함석헌은 열렬한 민족주의자인 동시에 한민족을 통해 세계 전체를 구제하기를 염원했다. 반면 박정희는 늘 한반도 너머로의 시선을 차단하곤 했다. 의도적 회피였을까?

　　1973년 1월 12일, 연두 기자회견 자리에서 박정희는 새마을노래 2절을 들고 "노래 한 구절에 10월 유신의 정신이 모두 포함되었다"라고 토로한 바 있다. 새마을노래, 그것은 박정희 본인이 하룻밤새 작사·작곡했다는 노래다. 4분의 2박자로 경쾌하게 진행되는 이 노래 첫머리는 다 아는 대로다. "새벽종이 울렸네/새 아침이 밝았네/너도 나도 일어나/새마을을 가꾸세." 부지런히 일어나 "초가집도 없애고/마을길도 넓히고" "소득증대 힘써서/부자마을 만"들자고 한다. 일만 해서도 안 된다. "싸우면서 일하고/일하면서 싸워야" 한다. 헌데 이렇게 총력전 벌이듯 '부자마을'이 되려는 건 무엇 때문인가? 새마을노래는 이 점에 대해서는 아무 말도 하지 않는다. 후렴구의 '살기 좋은 내 마을'이란 곧 '부자마을'인가, 아니면 다른 요건이 더 필요한가? "서로서로" 돕는다든가 "우리 힘으로 만드세"라는 구절이 기실 핵심적인 것일까? 협동과 자주, 그것은 알리바이였을까, 아니면 깊은 무의식이었을까?

교도민주주의와 기본민주주의 그리고 유신

1964년 12월, 대통령으로 당선되고 1년 후 박정희는 서독 방문길에 오르며 태국을 비롯해 인도와 이집트에 들른다. 공항에 체류하는 짧은 방문이었지만 쉽지 않은 우회로였다. 게다가 서독 비행기를 얻어 탄 길이었다. 성과는 보잘것없었던 것 같다. 태국에서는 수상의 영접을 받았지만 인도에서는 외무성 차관보가 나왔고 이집트에서는 청년부 장관의 영접이 고작이었다. 북한의 성공적인 제3세계 외교와는 사뭇 대조적이었다. 『국가와 혁명과 나』에서 혁명의 가까운 모범 사례로 터키와 이집트를 꼽았던 박정희는, 찬탄해 마지않던 낫세르를 대면하지 못했다. 1년여 전 북한의 최고인민회의 의장이 방문했을 때는 낫세르가 직접 한반도 통일 문제에 대한 성명까지 발표했었는데 말이다. 자주를 갈망했지만 박정희는 미국에의 종속을 끊지 못했고, 당연히 '비동맹'의 길, 네루며 낫세르며 수카르노 등과의 친교는 박정희로선 바라기 힘든 몫이었다.

그러나 실제로 이들의 행보는 크게 겹치기도 한다. 독재에 가까운 통치 스타일을 보였다는 점에서 그렇다. 인도의 네루는 영국식 의회민주주의 신봉자였으나, 그 밖의 제3세계 지도자들은 자의적으로 국민의 역량을 부정하는 경우가 대부분이었다. 이들은 국민 다수가 반대하고 의회에서 불찬성하더라도 그것이 지도자의 의지를 꺾을 이유가 될 순 없다고 믿었다. 박정희를 비롯해 대다수 지도자가 서구식 자유민주주의가 제3세계에는 부적절함을 역설했는데, 이 점은 그들이 국민과 의회에 굴복할 생각이 없었다는 증거에 다름 아니다. 인도네시아의 수카르노는 교도민주주의(Guided Democracy)를 제창했고 파키스탄의 아유브 칸은 기본민주주의(Basic Democracy)라는 제도를 선보였다. 수카르노는 각종 위원회로 선거 및 의회의 역할을 대신하려 했고 아유브 칸은 일부 대표들에게만 투표권을 부여했다. 유신의 통일주체국민회의▪는 이들 독특한 제3세계식 창안과 겹친다.

낫세르의 국내 통치는 1인 독재에 가까웠다. 1960~1961년 은행과 기간산업을 국유화했을 당시 재무부 장관마저 그 사실을 발표 후에야 통지받았다고 한다. 박정희 역시 청와대 비서실 중심의 통치술을 구사했다. 경제 정책이나 정치 노선 등이 공적 토론에 부쳐지는 일은 거의 없었다. 새마을운동을 본격화할 때도 세금을 신설할 때도 중요한

▪ 1972년 12월, 조국의 평화적 통일을 추진한다는 명목으로 유신헌법에 의거해 설치한 헌법기관이자 국민적 조직체로서, 국민의 직접선거로 선출된 2000명 이상 5000명 이하의 대의원으로 구성되었다. 대의원의 자격요건은 국회의원 피선거권이 있는 30세 이상의 자로서 평화통일을 위해 주권을 행사할 수 있는 인물이어야 했다. 의장은 대통령이 맡았고, 필요한 경우 운영위원 가운데 약간 명을 지명해 교대로 의장을 대리할 수 있었으며, 의장 밑에 20명 이상 50명 이하의 대의원으로 조직된 운영위원회가 있었다.

것은 '각하의 결단'이었다. 한편으로는 그 덕에 급속한 개발과 성장이 도모될 수 있었다. 경부고속도로를 건설할 당시 박정희는 서울·경기 일원의 토지를 수용하는 데 고작 1주를 주었다. 부가가치세는 관계자 대다수가 반대했는데도 박정희의 재가로 시행될 수 있었다.[5] 결과적으로 경부고속도로는 최단 기간 최저 공사비로 건설되었으며 부가가치세는 세수(稅收)의 안정된 기반이 되었다. 그러나 다른 한편 '각하의 결단'에의 과도한 의존은 국가의 구조와 국민의 희망 그리고 역량 사이의 거리를 점점 멀어지게 했다. 1971년 대통령선거에서의 민심 이반, 같은 해 8대 총선에서의 여당 패배는 대중이 더는 그 거리를 견디지 않으려 하고 있음을 잘 보여주는 증좌였다.

그러나 박정희는 대중의 열망을 받아들이지 않았다. 그는 자신의 정당성을 과신했고, '대중경제론'이나 '향토예비군 폐지' 같은 노선이 대중을 호도해 망국(亡國)을 초래할지 모른다고 근심했다. 그는 대중이 어리석을 수 있다는 사실을 잘 알았지만, 그것이 감수해야 할 조건이며 그 자신이 잘못된 쪽일 수 있다는 사실은 납득하지 못했다. 되돌아보면 5·16쿠데타 당시부터 이 점은 박정희와 그 측근을 둘러싼 일관된 기류였다. 위수령과 계엄령 등의 포고에도 불구하고 1960년대에 박정희는 민주주의의 기본 원칙을 아예 무시하진 않은 듯 보이는데 사실 그것은 '대중이 박정희를 받아들였기 때문에' 나타난 착시 현상에 가깝다. 박정희는 한 번도 의회에, 대중 앞에 굴복해본 적 없는 정치가다. 업적이 쌓이면서 이 편향은 더 심화된 듯 보인다. 유신 선언 이후에도 박정희는 두 번에 걸쳐 국민투표라는 형식을 동원했지만, 이

때의 투표는 '남침'과 '쿠데타' 위협으로, 더 가깝게는 일상화된 감금·고문·처형으로 공포 분위기가 살벌한 가운데 치러졌다. 1972년 11월 21일 유신헌법안에 대한 국민투표는 91.9퍼센트 투표율에 92.2퍼센트의 찬성률을, 1975년 유신헌법 및 대통령 신임 여부를 둘러싼 국민투표는 79.8퍼센트의 투표율에 74.4퍼센트의 찬성률을 기록한다.

　　1971년 대통령선거 및 제8대(1971), 제10대(1975) 총선에서 야당이 약진 내지 승리한 것을 생각하면 1972년과 1975년 국민투표에서 나온 결과가 '자유로운 상태에서의 자유로운 의사결정을' 반영했을 가능성은 거의 없다. 국민은 북한이 남침 준비를 다 갖추었다는 선전에 긴장하고 박정희가 낙마할 경우 군부가 나설지 모른다는 소문에 마음을 졸였다. 중앙정보부로 상징되는 강력한 국가권력은 사소한 반대마저 감금과 고문으로 대응할 태세였다. 박정희라는 강력한 통치자가 사라졌을 때 나라가 어찌되겠느냐는 질문도 두려운 것이었다. 박정희는 "모든 걸 잃겠느냐, 아니면 압제를 감수하겠느냐"라는 질문을 던진 셈이다. 투표 과정에서 받은 압력까지 겹쳐 다수가 후자를 선택했지만, 그러나 그것은 자신을 부정해야 하는 모멸의 길이었다. 자기 자신의 희망과 역량을 부정하는 한 표를 던지면서 사람들의 마음은 움츠러드는 동시에 난폭해졌다. 고속도로 건설 과정에서 죽고 다치고 부가가치세라는 부담에 힘겨워한 건 바로 그들 자신이었건만 박정희는 그들로부터 자결(self-determination)의 능력을 박탈했다. 낫세르와 수카르노와 아유브 칸이 그러했듯이.

박정희의 성공을 짐 지고

박정희라는 지도자의 출현은 세계적 현상 중 하나다. 1960~1970년대, 냉전체제가 와해되기 시작된 가운데 제3세계에서는 민족주의적 명분으로 무장한 지도자가 다수 출현했다. 실제는 매우 다양해 그 스펙트럼이 존경할 만한 세계 지도자에서 추악한 독재자까지 미친다. 박정희는 그토록 많은 이름 중 하나다. 지금껏 '박정희'라는 이름을 회자케 하는 원동력, 즉 1960~1970년대의 경이적 경제성장률도 비단 한국만의 현상은 아니다. 싱가포르는 1966년 독립 후 여러 해 동안 두 자릿수 성장을 거듭했으며, 타이완은 1965년 이후 1981년까지 연평균 9.4퍼센트의 GNP 실질성장률을 보였다. 인도네시아는 1960년대 후반 이후 정치·사회적 격변 속에서도 오래도록 7퍼센트 안팎의 경제성장률을 과시했다. 세계적으로도 1960년대는 GDP가 연평균 4.3퍼센트의 성장률을 보였던 시기다. 아시아·태평양 지역의 성장률 수치는 7.3퍼센트였다.

그러나 역시 박정희는 성공한 경우다. 인도와 이집트 등 앞서 경제개발 5개년 계획을 실시한 국가와 비교해도 한국은 현저히 뛰어난 성과를 거두었다. 인도는 매년 GNP 성장률 5~6퍼센트로 목표를 잡았지만 결과는 그 절반에도 미치지 못하기 일쑤였다. 이집트에서는 제1차 5개년이 끝나기도 전에 경제개발 계획을 포기했고 제2차 계획은 시작조차 못한 채 좌절됐다. 제1차 계획 시기에는 수백만 개의 일자리를 창출해냈고 연평균 경제성장률(GDP) 5.5퍼센트를 달성했는데도 그랬다. 2차 대전 이후 오일쇼크 이전까지는 세계 경제성장률이 유례없을 정도로 높은 시기였지만 '후진국' 또는 '개발도상국'이 그 열매를 누리기는 쉽지 않았다. 박정희는 국제경쟁력을 갖춘 거대기업을 육성하는 데 주력했고, 중화학공업 정책을 도입했으며, 1970년대 후반에는 앞서 말한 바처럼 부가가치세를 신설하고 의료보험제를 실시했다. 많은 폐해를 남겼지만 그는 성공했다. 타이완의 장징궈나 싱가포르의 리콴유와 마찬가지로.

한국과 타이완은 한때 홍콩·싱가포르와 함께 '아시아의 용'으로 꼽혔던 나라다. 기업구조나 노동환경 등에서는 적잖은 차이가 있다. 한국은 10대 기업이 GDP에서 차지하는 비중이 절대적인 반면 타이완에는 수십만의 독립기업이 있고, 한국인의 평균 노동시간은 타이완인에 비해 10~20퍼센트 더 길다. 한국은 이농 현상이 심각했던 반면 타이완의 농촌 인구는 상대적으로 안정적이었고, 한국과 달리 타이완에서는 1960~1970년대를 통해 정부의 시장개입 정도를 지속적으로 줄여나간 바 있다. 빈부격차를 나타내는 지니계수도 타이완이 낮고, 반면 주택보급률은 타이완이 훨씬 높다. 그러나 2014년 기준으로 국민 1인당 GDP는 한국과 타이완의 순위가 역전돼 있다. 1980년대까지만 해도 타이완이 한국의 1.5배에 달했으나 지금은 한국이 여러 순위가 높다.

그렇다면 GNP나 GDP는 얼마나 신뢰할 만한 기준인가? 타이완처럼 내수형 중소기업을 육성한 것보다 한국식으로 수출형 거대기업을 성장시킨 편이 장기적으로 전체의 좋은 삶에 더 보탬이 될 것인

리콴유 싱가포르 총리는 '아시아적 가치'를 내세우며 탈식민 후 근대화를 선도했던 지도자 중 한 명이었다. 1979년 10월 열린 리콴유 총리(중앙 자리의 가운데) 환영만찬장에서 대통령 박정희와 당시 퍼스트레이디 역할을 하던 박근혜 대통령이 그의 양옆에 앉아 있다.

가? 서구식 의회민주주의는 절대선인가, 아닌가? '더 나은 세계'에 대한 꿈은 불가결한 이상인가 혹은 위선적 허구인가? 박정희 시기의 개발독재는 지금껏 풀지 못한 여러 가지 질문을 남겼다. 나아가 박정희를 비롯한 1960~1970년대 '가난한', '제3세계', '개발도상국'의 지도자들은 그 평가에서 격렬한 찬반 논쟁을 불러일으키고 있다. 현재 한국에서 그러하듯 정견이 충돌하고 혐오가 들끓는—다양성을 향한 진자운동이라기엔 너무나 소모적인—상황의 한복판에 수십 년 전 지도자였던 이들이 놓여 있는 경우도 많다. 카스트로와 카다피, 호치민 같은 사회주의 국가의 지도자까지 '제3세계'라는 범주로 함께 묶는다면 상황은 더욱 복잡해질 것이다. 이들 중 극소수는 사랑받는 민족 지도

자로 살아남았다—베트남에서 '호 아저씨'가 지금껏 그러하듯. 그러나 '호 아저씨' 호치민은 1960년대 이후 사실상 정치 일선에서 물러났고, 1960~1970년대를 통해 혹은 그 이후까지 권좌에 있었던 이들을 대상으로 한다면 이러한 찬반 논쟁에서 어느 한쪽이 명백한 대세를 보이는 경우는 거의 없다고 봐도 좋다.

리콴유는 싱가포르가 독립한 후 무려 26년간 총리직에 있었지만 늘 높은 지지율을 자랑했다. 리콴유와 그 주변 사람들의 청교도적 결백성은 유명하다. 리콴유는 '아시아적 가치'를 주창했으며 "모든 구성원이 오로지 자기 자신과 가족을 위해" 일해도 유지될 수 있는 청결하고 질서 잡힌 국가를 설계했다. 그는 "정말로 국민들이 원한 것이 자유였을까"를 물은 바 있다.[6] '보모 국가(nanny state)'라는 비아냥거림을 듣는 싱가포르의 설계자다운 속내다. 리콴유를 이은 아들 리셴룽의 지도 아래서도 '자유'를 억제한 채 싱가포르가 계속 번영할 수 있을지는 남은 과제다. 그런대로 리콴유는 아직도 존경받는 원로다. 그러나 그런 지도자마저 숭배와 혐오의 양가감정을 완전히 피하진 못한 듯 보인다.

수카르노는 1968년 우익 쿠데타로 권좌에서 물러난 후 1970년에 숨졌다. 낫세르는 대통령으로 재직 중 1970년에 세상을 떠난다. 장징궈는 아버지 장제스가 죽은 후 총통으로 취임, 1988년 임기 중에 타계한다. 싱가포르의 리콴유는 권력을 이양하고 벌써 25년, 여전히 존경받는 원로로 생존해 있으나, 1960~1970년대의 지도자들 중 대부분은 세상을 떠났다. 박정희 역시 30여 년 전 수명을 다했다. 그럼에도 그들 중 상당수는 오늘날까지 지워지지 않는 그림자를 남겼다. 한창 격변을 겪고 있는 이집트의 상점에서는 아직껏 낫세르의 책이며 연설 테이프를 판매하고 있다 하고, 수카르노와 장징궈는 앞으로도 오래 계속될 숭배와 향수와 혐오 사이 복잡한 반응의 교차 속에 있다.

박정희는 누구 못지않게 착잡한 경우다. 그는 국민 대중을 배제하는 책임의 구조를 만들었으며, 역설적으로 자신을 통해 대한민국의 국부(國富)를 형성하는 데 기여했다. 박정희를 통해 우리는 호모 이코노미쿠스로 재탄생했으나 동시에 무지하고 미숙한 미성년적 주체로서의 위치를 강요받았다. 18년간 찢겼던 자아는 아직도 채 다 봉합되지 못한 형편이다. 내 안의 박정희와 결별하기는 그토록 어렵다. 박정희의 성공을 짐 진 채 그가 약속했던 '마이카 시대', '소비가 미덕이 되는 시대' 한복판에 살면서, 그러나 우리는 이 시대를 악몽처럼 경험하고 있다. 아마 박정희와 제대로 작별 인사를 나눌 수 있을 그날까지.

3부

'국민 만들기', 공포정치와 포풀리즘 사이

유신의 국민총화는 최고 권력의 명령에

전 국민이 일사불란하게 움직이는 동원체제를 요구했다.

특수·특권으로 표현되는 그 어떤 중간 단계의 교란 세력도

용납될 수 없었다.

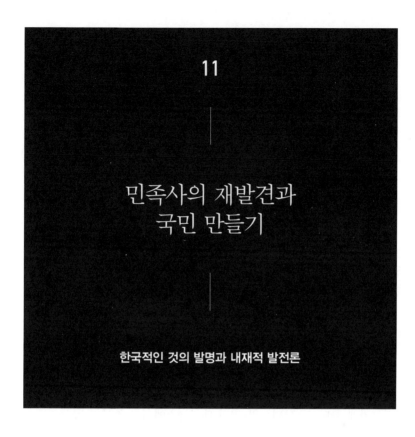

11

민족사의 재발견과
국민 만들기

한국적인 것의 발명과 내재적 발전론

경주에 있는 '통일전'은 박정희가 경주 개발을 지시해 만들어진 곳이다. '재발견된 화랑'의 대사당인 통일전은 엄청난 규모와 조경을 자랑하지만 이제는 찾는 사람이 거의 없다. 애초 한국적 인간형으로 환골탈태하려는 많은 학생이 방문했던 장소이건만 지금은 만든 취지조차알 수 없게 되어버린 것이다. 통일전은 1970년대 충무공 정신의 생활

통일전(統一殿)은 경주시 남산동에 있다. 신라가 이룩한 삼국 통일의 위업을 기리고, 한반도 통일의 염원을 밝히겠다며 1977년 건립되었다. 신라의 태종 무열왕 김춘추와 김유신 장군 그리고 문무왕의 영정이 있다.

화를 위해 이순신 탄신일에 맞춰 진행했던 '성지 참배 고교 대행군'을 떠올리게 한다. 1972년 4월 29일 대한뉴스에서는 충무공 탄신 427주년을 맞아 교련복에 소총으로 무장한 고교생들이 서울에서 문교부 장관과 서울시장에게 출발 신고를 하고 현충사까지 124킬로미터를 야영하며 행군하는 장면이 소개되었다. 국무총리 김종필까지 참여한 대규모 행사였다. 통일전과 성지 참배 고교 대행군 모두 민족중흥을 위해 국가에 충성을 다하는 국민을 길러내기 위한 기획이었다.

국사 교과서 국정화, 근현대사 역사 교과서 논란, 민족 자긍심 강조 등 유신 시기의 흔적은 또다시 등장할지도 모른다. 민주화 이후 현재까지의 역사 교육은 유신과 제5공화국 시기의 자민족중심주의와 국사 위주의 역사 서술을 수정, 보완하는 과정이었다. 물론 교과서 문제는 비단 한국에 국한된 사항은 아니었다. 1980년대 들어 신보수주의 정권이 등장하면서 '역사수정주의' 운동이 유럽에서도 시작됐다. 영국의 경우 '역사 13~16 프로젝트'라는 역사 교사 중심의 개혁이 전개되었다. 이 운동은 영국사의 비중을 줄이고 많은 사료를 넣어 학생들의 비판적 이해를 돕기 위한 시도였다. 하지만 대처 정부가 등장한 뒤 애국주의 결핍을 제기하며, 1981년부터 중등역사 교과의 국정화를 추진했다. 이를 둘러싸고 민족주의를 강조하는 보수적 입장과 사회경제사를 중심으로 하려는 진보 사학자들 사이에 많은 논쟁이 있었다. 미국에서도 1983년 교육수월성위원회 결성, 교육개혁의 필요성이 역설되면서 역사 과목을 포함하는 사회 교과에서 기존에는 상대적으로 비중이 적었던 미국사가 강조되기 시작한다. 반면 노예무역, 제국주의, 외국에서의 제국주의적 정책 등에 관한 서술은 '자학사관'이라 비판받았으며 1994년에는 미국적 가치를 강조한 역사 표준서가 만들어지기도 했다. 하지만 미국과 영국의 경우에도 정치와 체제 유지를 위한 역사 교육의 프레임이 형성되긴 했으나 역사학계 내부의 논쟁을 거쳐 협상된 내용으로 수렴되었지 국민정체성이라는 단일한 구도로 고착되진 않았다.[1] 이런 맥락에서 보았을 때도 2015년 현재 필요한 것은 민족사에 갇힌 '한국적인 것'을 강요하는 국민 만들기 교육이 아니다. 중요한 것은 공동체 내부의 차이를 적대시하지 않고 그 자체로 인정하며, 세계시민으로서 비판적 시각을 갖추도록 유도하는, 민족 간 국경을 넘나

드는 역사적 시야를 갖도록 하는 것이 아닐까?

2010년대 들어 국가정체성, 민족적 자긍심·우수성, 전통 등이 다시금 강조되는 분위기다. 한류, 한국전통, 한국문화 등이 문화상품 차원뿐 아니라 국격, 국민의식, 국민자긍심 고양 차원에서 언급되고 있다. 한류의 지속적 성장을 위해서는 전통문화의 창조적 발전 전략이 필요하다든지, 전통문화 진흥이 국가정체성과 이미지를 형성하는 핵심이라는 주장이 그것이다. 개인과 민족에 있어서 자긍심은 중요하다. 그러나 국가정체성이나 전통문화의 역할은 거기에 그치지 않는다. 교과서 논쟁이나 국사의 필수과목 지정 등을 둘러싼 논의에 등장하는, "민족의 뿌리가 어떤 것인지 파악하지 못하는 후세대가 역사를 어떻게 끌고 갈 것인가"라는 탄식을 대할 때면 특정한 역사관에 입각한 체제순응적 국민을 길러내려는 권력과 극우적 지식인들의 속내를 감지하게 된다. 이처럼 반복적으로 민족자긍심, 국가정체성 등이 소환되는 역사적 기원에는 1960년대 후반부터 본격화한 '한국적인 것의 발명'이 자리 잡고 있다.

민족중흥과 국민 만들기

1960년대 후반부터 민족중흥, 민족문화, 국난 극복사, 자기긍정적 민족사 등 '한국적인 것'이 다양하게 발명됐다. 하지만 5·16쿠데타 직후의 박정희는 한국사에 대해 매우 부정적 시각을 갖고 있었다. 그

박정희 대통령은 1968년 6월 민족주체성 확립, 새로운 민족문화 창조, 개인과 국가의 조화를 통한 민주주의 발전 등의 이념을 담은 국민교육헌장 제정을 문교부 장관 권오병에게 지시했다. 이어 같은 해 12월 5일 서울시민회관에서 열린 선포식에 참석해 393자의 헌장 전문을 직접 낭독했다. 국민교육헌장 선포식을 마친 후 시가행진을 하는 학생들.

러다가 1960년대 후반 민족주체성 회복을 모토로 '한국적인 것'을 강조하는 흐름이 점차 증가했다. 단적인 예가 근대화를 위한 정신적 바탕을 만드는 제2경제론(1967), 국민교육헌장(1968)에서 '정신이 선도하는 물질문명'의 강조였다.

　　1960년대 후반 정부와 지식인 모두가 한국적인 것에 천착했던 이유 중 하나는 위기의식 때문이었다. 한·일 국교 정상화 이후 한국이 다시 일본의 식민지가 될지도 모른다는 재식민화의 공포가 있었고, 또

한편 '안보 위기'와 더불어 근대화에 따른 소외된 도시대중의 출현으로 예컨대 1971년 경기도 광주대단지 사건 등을 빚어낸 상황이 정부에 또 다른 위기감을 안겨줬다.[2] 이에 따라 유신체제는 근대화로 인해 확산된 서구 물질문명과 대중문화에 대한 검열과 통제를 확대하는 한편, 이를 대체하는 자기긍정적 민족문화, 민족중흥을 위한 민족사의 재해석, 민족영웅의 재발명, 민족주체성을 강조하는 정신혁명을 통해 체제순응적 국민을 만들고자 했다.

국적 있는 교육의 창안과 자본주의 맹아론

정신문화에 대한 강조는 민족중흥의 핵심으로서 생산적·효율적·순종적·윤리적 주체를 만들기 위한 것이었다. 이 시기 박정희 정권은 민족문화의 재발견과 연관된 대규모 사업을 추진하면서 국적 있는 교육과 국난 극복 사관의 시각화를 통해 역사와 문화에 대한 자폐적 인식을 변화시키고자 했다.

일례로 '국적 있는 교육'을 살펴보자. 1969년 한국 사학계의 중진인 한우근, 이기백, 이우성, 김용섭은 '중고등학교 국사 교육 개선을 위한 기본 방향'을 통해 새로운 교과요목 시안으로 한국사 전체를 통해 민족주체성을 살리며, 민족사 전 과정을 내재적 발전 방향으로 파악할 것을 강조했다. 정부도 '국적 있는 교육'에 기초한 민족사관을 강조하기 시작했다. 1972년 지방장관회의에서 박정희는 그간 국적 없는 교육을 실시해 막연히 세계인을 만드는 데 치중했다고 지적하면서, 건국 이후 최대 규모인 8000명이 참석한 '총력안보를 위한 전국교육자대회'에서 국적 있는 교육을 지시했다. 제3차 교육과정에서는 교육과정의 기본 방향으로 민족주체의식 고양, 전통을 바탕으로 한 민족문화 창조, 개인의 발전과 국가융성의 조화 등을 제시해 국사의 위상이 급격히 높아졌다.[3]

비슷한 시기에 정부뿐 아니라 학계에서도 내재적 발전론, 근대 문학사, 실학 연구가 확산되며 한국의 독자적 정체성을 만들고자 했다. 먼저 역사학계는 1967년 한국경제사학회의 논의를 시작으로 같은 해 11월에 한국사연구회를 결성하고 정체성론(停滯性論), 반도론 등의 기존 식민사관을 극복하고자 했다. 이렇듯 한국사연구회가 만들어진 경위 역시 과학적 방법으로 한국사의 체계를 수립해 세계사적 보편성을 구현하기 위함이었다. 당시 국사학 대신 서양문화사를 교양역사 강좌로 채택한 것, 한국사 연구자 부족과 같은 어려운 현실을 타개하고자 서울대, 연세대, 고려대, 서강대, 성균관대 교수들이 서울대 문리대에 모여 국사 필수화, 국사학과 정원 증가 및 독자적인 한국사연구회 조직을 결의했던 것이다.[4]

현재 '내재적 발전론'이라 불리는 주장은 1960년대에 식민주의 역사학을 청산하기 위한 '학술문화운동'이자 새로운 역사학을 재건하기 위한 집단운동으로 전개된 것이다. 내재적 발전론은 조선 후기 사회 저변에 농민층이 분화함으로써 새로운 경제주체가 등장했으며 독립 수공업이 대두하는 등 자본주의의 맹아가 형성되기 시작했다는 주

장을 펼친다.[5]

내재적 발전론이 등장한 데는 북한과 일본의 영향도 있었지만 더 중요한 요인은 지식인들의 내적 문제의식이었다.[6] 한국어에 기반한 한국 역사에 대한 주체적 이해의 가능성을 열어주었던 4·19혁명이 5·16쿠데타와 유신체제 성립으로 유산됐다고 이들은 판단했다. 삼선 개헌과 유신헌법 등으로 당대 역사는 퇴행하고 있지만 '조선 후기 역사의 발견'을 통해 민족의 내재적 발전 가능성을 확인함으로써 민족에 대한 허무주의를 걷어내기를 원했던 것이다.[7] 내재적 발전론은 역사학에 국한된 움직임은 아니었다. 국문학계에도 영향을 미쳐 영·정조대를 근대문학의 태동기라고 주장하는 김현·김윤식의 『한국문학사』 (1973)가 출간됐다. 내재적 발전론의 논리에 근거해 17세기 자본주의의 맹아를 읽어낼 수 있었듯 문학사에서도 내재적 발전론에 기대 근대문학의 기원을 구성할 수 있었다.

실학의 재발견과 민족문학론

한국적인 것을 탐색하는 또 하나의 중요 매개는 실학(實學)이었다.[8] 5·16쿠데타 이후 정부가 대규모 지식인을 충원한 후 정부의 이데올로그가 된 이들은 정부 주도 근대화에 정당성을 부여하는 데 열중했다. 반면 권력을 거부하던 지식인들은 글쓰기를 통해 자아를 실현할 수밖에 없었다. 즉 이들은 '근대화 비판(비평)'을 통해 자신의 존재 의

미를 확인할 수 있었다.[9]

　실제로 전통 계승을 통해 민족의 위기를 돌파하려는 시도의 일환으로 1960년대에는 이 주제가 『한양』, 『상황』 등 잡지에서 논의되었다. 이는 당시 전통단절론에 반감을 가지고 국문학적 전통을 지닌 집단에 의해 전통적 문학 양식의 재평가, 한국 사학에서 실학의 재발견 등으로 나타났다. 특히 잡지 『한양』에서는 4·19세대이자 민족문학 논의에 깊이 개입한 구중서가 전담하여 「고전감상란」을 통해 전통문학으로부터 민족성과 민중성을 도출하려는 "서민 토대의 자생적 장르 형성력"이란 과제를 수행하고자 했다.[10] 1960년대 후반 들어서는 봉건제 모순을 비판하고 실학의 진보성에 주목했다. 조선 후기 자본주의 맹아론을 주창하면서 거기에 실학을 결합한 벽사 이우성은 「동아시아 지역과 자본주의 맹아론」[(『실시학사산고(實是學舍散薰)』, 창비, 2010)]에서 아시아 차원에서 자본주의 맹아가 자생적으로 존재했다는 내재적 역사발전 법칙이란 학문적 차원뿐 아니라 그것이 아시아 각 민족의 주체적 자각과 정신적 차원의 대응이었다면서 당시 연구를 회고한다. 역사학자 강만길도 조선 후기 자본주의 맹아론은 근대사회로 가는 역사 진행상의 변화의 싹으로서 작지만 중요하다고 주장했다.

　실학은 근대적 정신의 내재적 배태(胚胎)라는 역할을 담당했고, 이를 근거로 실학의 선진성은 낙후된 민족사라는 기존 관념을 역전시키는 매개가 되었다. 여기서 흥미로운 한 가지는 실학(자)과 민족문학론 작가다. 실학은 역사적 선진성을 지녔지만 민(民)의 문학은 아니었다. 실학자란 대부분 문장에 능했던 조선의 사대부 혹은 문사(文

士)였다. 1970년대에 이른바 '민족문학론'이 내재적 발전론과 맞닿은 지점은 실학자의 진보적 세계관과 이들 작가의 진보적 세계관이었다. 민족문학론자들은 실학에서 문사의 역할을 민족문학을 이끄는 비판적 지식인(작가)의 그것과 겹쳐놓았다.[11]

　　내재적 발전론의 논리에 근거해 17세기 자본주의 맹아를 독해할 수 있었듯이 다산 등 실학파의 사상에서 해방적 근대성의 맹아를 읽어내고자 했던 것이다. 단적인 예로는 박지원 등을 비판적 리얼리즘으로 재검토할 것을 요청하고 이 과정에서 필수불가결한 요소로 전통적 리얼리즘의 부활과 현대적 발전 모색을 제안한다.[12] 이 과정에서 실학은 단지 고전이 아닌 근대적 정신이 배태된 사상으로 여겨졌으며, 이를 근거로 지식인들은 실학이 '정체된 민족사'라는 부정적 편견을 역전시킬 매개라고 생각했다.

　　이처럼 내재적 발전론이나 근대문학의 조선 후기 기점설을 주창한 논자들은 자립적 발전을 부정하는 식민사관을 정면으로 비판하며 '보편적 역사'에 대한 강한 열망을 드러냈다. 대표적 지식인 김용섭(1931년생), 조동일(1939년생), 김지하(1941년생)는 유년과 청소년기에 전쟁과 빈곤, 전통이 부정당하는 시기를 체험했고 청년기에 4·19를 맞았다. 이들은 빼앗긴 민족적 주체성·자긍심을 지적으로 복구하고 싶었을 테고, 이것이 이들에게서 공통의 사상적 기반이 됐다. 그것은 민족사를 '정상 복원'하는 작업이었다. 그 작업은 자기 세대의 손으로 국가·민족의 학문을 구축하겠다는 강박감 속에서 진행되었을지도 모른다. 이들이 공통적으로 구성하고자 했던 한국적인 것의 핵심에는

'정지된 시간'인 17~19세기의 전통 속에서 민족적·평민적 요소를 추출해 세계사적 진보에 조응하도록 역사를 새롭게 만들어야 한다는 과제가 놓여 있었다.

　흥미로운 점은 정부와 지식사회의 '한국적인 것' 발명이 1960년대 후반에서 1970년대 초반 사이에 동시에 일어났다는 사실이다. 정부는 국민교육헌장, 국정 국사 교과서 채택과 국적 있는 교육 그리고 유신체제로의 전환을 '민족적 위기'라는 근거로 정당화했다. 내재적 발전론이 제기된 근거 역시 4·19가 부정되는 민족적 위기를 과거 역사를 통해 극복하겠다는 생각이었다. 이들 모두 정체된 민족의 역사를 정상화하기 위해 민족중흥과 내재적 발전 그리고 이를 담당할 주체를 발견하려 했던 것이다. 표면적으로는 다를지라도 양자 모두 '민족국가 발전'을 위한 담론을 공유했다는 사실이 유신 시기 이후 현재에 이르기까지 많은 논란을 낳고 있다.

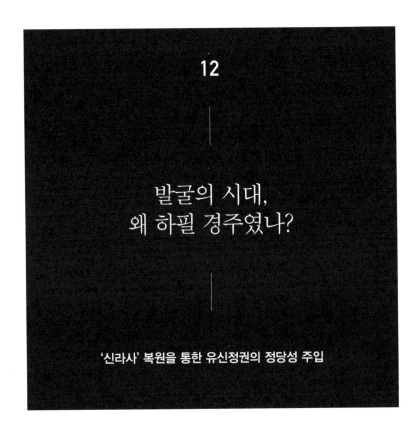

12

발굴의 시대,
왜 하필 경주였나?

'신라사' 복원을 통한 유신정권의 정당성 주입

문화재 보존에 대한 정부나 대통령의 관심은 유신 전후의 시점으로 거슬러 올라간다. 문화재 발굴·보존·개발에 대한 정부의 지속적 개입은 정권 붕괴 직전까지 이어졌다. 박정희 대통령은 10·26이 일어나기 이틀 전인 1979년 10월 24일 경주 보문단지를 찾았는데, 이것이 그만 마지막 방문이 되고 말았다. 이때 그는 건물 색조까지 하나하나 살피며 여러 사항을 지적했다. 또한 10월 12일에는 승공통일(勝共統一)을 기리기 위해 건축한 통일전과 화랑교육원을 방문해 삼국 통일 역사기록화 작업에 대해 직접 설명하며 챙길 정도로 경주에 대한 박정희의 애정은 남달랐다. 오늘날과 같은 모습의 경주는 그 원형이 1969년 불국사 복원으로 만들어지기 시작했고, 이것이 1971년 종합개발로 이어졌다. 정부의 대대적 지원과 지시로 현재의 경주가 조성된 것이다. 그런데 박정희 정권은 왜 경주라는 장소에 주목했을까?

1960년대 전반만 해도 박정희는 한국사를 타파해야 할 인습으로 봤다. 이를 극복하기 위해서는 근대화가 필요하다고 생각했다. 하지만 1960년대 후반 들어서는 '정신이 선도하는 물질문명'을 강조했다. 1968년 연두교서를 통해 박정희는 정치·사회·문화 같은 경제 외적 조건의 조성을 강조하며, 생활의 합리화와 능률화, 사회제도 및 관습의 근대화를 내세우며 서구에서 받아들인 물질문명과 근대정신을 한국적 전통 속에 간직된 정신문화와 조화시키는 게 중요하다고 선전했다.[1] 정부는 민족이라는 원초적 정서를 불러일으키기 위해 민족문화의 정수, 즉 문화재에 주목했다. 민족의식을 확립하려면 무엇보다 문화재의 발굴 및 정화와 성역화 작업이 필요하다고 판단한 것이다. 1971년부터 시작된 '경주고도개발사업'에 125억 원을 투자했고 보문단지를 국제적 관광단지로 조성했다. 다소 과장해서 말하자면 시각적 차원에서 이뤄진 '신라사 복원'이었다고 할 만하다.

경주개발은 식민사관 극복이라는 명분을 축으로 한 사업이기도 했다. 앞서 언급했듯 박정희는 1960년대 초반만 해도 한국사에 부정적이었으나 점차 화랑도와 이순신 등 민족영웅을 강조하고 자기긍정적인 동시에 국적이 있는 민족사를 강조했다. 발굴에 참여한 사람마다 개인적 차이는 존재했겠지만 이들은 대체로 식민사관 극복, 민족중흥, 경제개발 등의 가치에 몰입했으며, 문화재 보호와 고고학 발전에 박정희가 중요한 일을 했다고 기억한다. 그리고 자신들도 민족, 경주개발, 낙후된 문화재 복원사업 체계화 등을 위해 '중요한 일'을 했다는 나름의 자긍심을 지니고 있다.

민족사의 중심에 재구성된 경주와 신라

1970년대 들어서는 '호국선열'을 상기시키는 국방 관련 문화재를 보수 및 정화·성역화하는 사업이 대규모로 이뤄졌다. 1968년에 문화재보호법 개정이 추진된 이래로 1975년에는 국립문화재연구소가 만들어졌다. 이후 천마총, 황남대총, 안압지 등을 발굴·정화했는데 그 규모가 얼마나 막대했던지 이 시기를 가히 '발굴의 시대'라고 부를 수 있을 정도다. 이를테면 문예진흥기금 485억 원 가운데 70퍼센트가 민족사관 정립 관련 사업에 투입됐다. 더욱이 이는 문화재 발굴·보수·정화에 그치지 않고 발굴된 문화재를 관광에 활용하는 관광산업 육성으로까지 확대됐다. 1970년 경부고속도로가 개통되면서 문화재와 주변 경관은 보존 대상일 뿐 아니라 문화·관광 사업을 통한 외화 획득 수단으로도 자리 잡게 된다.[2]

경주 토함산 남쪽 기슭에 자리한 석굴암. 국보 제24호인 동시에 유네스코 세계문화유산이기도 하다. 동서양을 아우르는 한 편의 예술사로 평가받는다.

이처럼 새로이 구성되는 민족사의 중심에 바로 경주가 있었다. 대통령으로부터 발굴과 개발 지시를 받은 청와대 비서실은 기획단을 구성해 긴급 작업에 들어갔다. 건설부와 문화공보부 등 관련 부서의 국장과 과장 들이 중심이 돼 청와대안(案)을 짰다. 관계 부처 장관이 참여하는 보고회를 거쳐 대통령이 최종 결정을 내렸다. 특별 지시 이후 채 2개월도 지나지 않아 계획안이 재가를 받아 추진되었다.

경주 개발과 연동된 발굴은 '점(点)'을 중심으로 한 문화재 관리에서 '면(面)'을 중심으로 한 문화재 관리라는 1970년대 초반의 변화와 연결되는 것이다. 대표적 사례가 천마총 발굴이다. 천마총 내 고분 발굴 과정을 국민들에게 그대로 공개하고자 복원 후 토층까지 보여주었으며 목곽과 목관이 어느 자리에 어떻게 놓이고 금관을 어떻게 썼고 어떻게 누워 있는지 그리고 이 자료들이 고고학적으로 얼마나 중요한지에 대한 교육이 이뤄지기도 했다. '면의 문화재 관리'로의 이러한 전환을 문화재관리국 정재훈은 다음과 같이 기억하고 있다.[3]

> "…… 점의 문화재 관리에서 면의 문화재 관리라고 하는 것으로 가게 되는 이유는 역사적 유적을 넓게 문화재적으로 보존하고, 정비하겠다는 정책적 전환이 되는 겁니다. 그러니까 그 전에는 일본 사람들은 일제 식민지 사관에 의해서 우리나라 문화재를 본 것이지. 그러기 때문에 예를 들어서 집이 아름답다. 무슨 토기가 하나 아름답다, 도자기가 하나 아름답다, 그렇게 해서 골동적 사고방식으로 보기 때문에 점으로 보는 거란 말이죠. 어떤 의미에서는 그렇게 보는 것은 터가 굉장히 중요하다, 터가. 한산대첩을 하거나 행주대첩지를 하든지, 무슨 의병의 전투지역이라든지 이런 거를 하면은 땅이 되는 거기 때문에 자연히 경역(境域) 자체를 지정을 해야 되는데……."

이 시기 경주와 신라가 재발명된 첫 번째 이유는 유신을 전후로 박정희 측근 지식인 이선근, 박종홍 등이 화랑정신을 도의정신, 민주정신의 기원이자 민족정신의 원류로 고평(高評)한 데서 찾을 수 있다. 민족사와 국난 극복의 중심에 경주–신라–화랑을 위치시켰던 데는 정부에 직간접적으로 참여했던 지식인들의 영향이 컸던 것으로 추정된다. 박정희 정부는 화랑도와 화랑정신을 풍류도와 호국불교 사상이 결합된 '국민적 군사운동'으로 이해하고 대규모 자원과 인력을 투입했다. 다음으로 남북한의 체제경쟁을 이유로 들 수 있다. 북한이 고구려를 민족주체성의 시조로 정립하자 이에 대응해 박정희 정부는 신라 문화를 민족문화의 정수로, 통일신라를 한국사의 황금기로 자리매김했다. 북한이 1979년부터 『조선전사』에서 통일신라를 삭제했듯이 1970년대 남한의 국정 교과서에서도 신라와 통일신라의 비중이 크게 달라졌다. 정권 차원에서 이뤄진 경주 발굴 및 개발은 국난 극복사에서 화랑도를 민족의 얼로 부각한 동시에 이들의 충(忠) 관념이 삼국 통일의 정신적 바탕이 되었다는 당대 맥락과도 조응했다.

박정희는 개발과 발굴의 세부 영역에까지 일일이 개입했다. 그는 친필로 '경주 관광 코스'를 지시해 이를 실제 투어 프로그램에 반영하게 했고, 경주개발의 기본 개념으로 "웅대, 찬란, 정교, 활달, 진취, 여유, 우아, 유현의 감(感)"을 강조했다. 경주 개발을 위해 정부는 국제부흥개발은행(IBRD)에서 2160만 달러를 차관으로 들여왔을 뿐 아니라 공공자금에다 골프장이나 호텔 건설 등 수익 사업을 위한 민간자본까지 경주개발에 투자하도록 강제했다.[4]

천마총과 황남대총으로 알려진 대형고분 발굴도 대통령의 지시로 이뤄졌다. 1972년 박정희는 황남동 98호분(황남대총) 발굴을 지시했다. 고고학자들은 98호분을 신앙처럼 여기는 경주 사람들에게 실망을 줄까 봐서, 그리고 98호분 발굴 직전 무령왕릉 발굴 과정에서 불거진 졸속 발굴 문제 때문에 작업을 꺼렸다. 고고학자들은 1973년 98호분 발굴 전 단계로 황남동 155호분(천마총) 발굴을 제안했다. 155호분에서 유물이 대거 발견되자 작업은 98호분 발굴로 이어졌다. 발굴이 잇따라 성공하면서 정부는 유적을 통한 '새로운 역사 만들기'에 착수했다.[5] 신라 고분을 발굴하고 출토된 유물을 국민에게 적극 홍보해 통일의 정당성과 정권의 정통성을 획득하려 했던 것이다.

박정희 정권은 1976년 6월 신라 문화에 대한 자긍심을 고취하고 대중에게 통일 의지를 주입하려는 또 다른 시도를 했다. 신라의 삼국 통일에 기여한 인물인 무열왕, 문무왕, 김유신을 기리는, 화랑들의 대사당인 '통일전'을 세워 성역화한 것이다. 경주 남산 자락에 위치한 통일전은 총 6억 4900만 원이 투입된 대규모의 화랑 사당이다. "화랑의 정신으로 통일을 이루자"란 지극히 정치적인 목적을 띤 통일전과 본전(本殿)은 이후 모든 유적의 '기준'으로 자리 잡았다.[6] 경주 발굴은 화랑도와 신라사를 민족사의 중심에 위치시킴으로써 국난 극복의 민족적 주체를 구성하기 위한 정치·사회적 기획의 일환이었다.

망각과 내셔널 히스토리[7]

그렇다면 당시 발굴과 개발에 참여했던 고고학자, 발굴 전문가, 청와대·문공부·건설부 행정관료는 경주 발굴·개발을 어떻게 기억할까? 발굴과 관련된 사람들의 기억에서 두드러진 점은 박정희에 대한

1973년 7월 3일 오후 1시, 경주 천마총 발굴 현장을 찾은 박정희는 약 30분간 현장을 둘러보고 경주 개발 시 발굴 사업을 우선적으로 실시한 뒤 공사를 수행하라 당부하며 조사원들을 격려했다.

것이다. 박정희는 이들 사이에서 "진지한 대통령", "지시하는 대통령" 등 여러 모습으로 기억됐다. 여러 관계자가 박정희 덕에 고고학이 발전했고 경주 발굴이 가능했다고 여겼다. 박정희의 강한 추진 의지가 없었다면 짧은 시기에 경주가 현재와 같이 재구성되기란 불가능했을 것이라고 기억한다. 실제로 1973년 7월 3일 박정희는 직접 천마총 발굴 현장을 찾기도 했다. 박정희의 방문은 국가원수 최초의 발굴 현장 방문이었다. 관계자들 사이에서 가장 빈번히 기억되는 것은 '박정희의 지시사항'이었다. 발굴 관계자와 관련 공무원, 조경 담당자들은 박정희와 청와대의 수많은 지시를 받아 이를 시행해야 했다. 이들의 기억에서 드러나는 지시를 나열해보면 이러하다. 황룡사 일대 논밭 정리, 다보탑과 석가탑에 보호각 설치, 제2의 석굴암 건축, 경주 일대 벚나무 식수, 불국사 주변 불량 주택·담장·대문 수리, 불국사 가로수 조성 등이다. 천마총 주변의 휴식처를 수리하고 안압지 주변 대기소를 주위와 조화되도록 한식으로 개조하라는 지시도 있었다.[8]

과도한 지시와 개입에도 이들에게 경주 발굴은 "고고학에 대한 첫사랑", "감동의 순간", "신라 문화의 신비함에 매혹된" 순간으로 기억되고 있다. 특히 고고학자에게 경주 발굴은 그 의미가 컸다. 이들은 대규모로 이어진 경주 발굴을 "고고학 훈련장", "고고학이 국민에게 이해되는 시기", "식민사관에서 탈피하는 고고학 보고서 작성" 등으로 기억한다.

초기에는 자국의 유물을 발굴한 경험이 이전에 거의 부재했기에 이마니시 류(今西龍) 등 식민사학자가 쓴 검총(劍塚) 보고서부터 시작해 조선의 발굴 보고서 등을 검토했다. 이마니시 류는 일본의 동양사학자로 교토제국대학교수였다. 대표적 식민사학자의 한 사람으로서 고구려와 발해를 한국사에서 분리해 금나라와 청나라로 이어지는 별도의 만주사로 파악했다. 그는 1906년부터 경주 등에서 고고학 조사를 진행했는데, 단지 조사에 그치지 않았다. 즉 1920년대를 전후로 경주는 폐허이자 퇴락한 신라의 고도(古都)로 주목받아왔고, 야나기 무네요시(柳宗悅)를 포함한 많은 일본인이 '만선관광' 등의 목적으로 경주를 방문했다. 특히 1918년 경주철도 개통, 1920년 고적조사보존 사업 진행 이후 경주는 한편 민족정체성이 확인되는 장소였지만, 다른 한편 과거 유적을 대상으로 하되 식민지 일본제국이란 현재적 조선에 대한 제국의 기억 만들기라는 맥락에서 조성된 장소였다.

하지만 민족사 재구축을 목표로 했던 경주 개발·발굴 과정에서 생긴 주민들의 원망과 반발 그리고 유언비어 등은 20년이 지난 뒤에도 기억 속에서 부유했다. 표면적으로 보기에 당시 토지 매입과 발굴·개발 과정에는 큰 문제가 없었다. 하지만 관련자들은 스치듯이 혹은 안타까운 기억의 흔적으로 지금은 잊힌 주민들의 저항과 불만을 기록으로 남겨놓았다. 이런 흔적이야말로 민족문화와 민족주체의 재구성이라는 국민 중심의 전통적 역사 서술에서 망각된 것이었다.[9]

우선 발굴 및 복원 과정에서 이장과 철거 등을 둘러싼 주민들의 반발이 망각되었다. 조상의 묘를 이장해야 했거나 주택 철거, 도로 및 상하수도 공사로 길을 파헤쳐놓아 주민 불만이 높았고 발굴과 복원 과정에서 민원이 끊이지 않았다. 주민들은 살고 있는 집의 수리조차 제약받았다. 그 때문에 불국사 복원 과정에서 시위를 벌이기도 했다. "인건비 미지출로 인한 작업 중단과 농성", "석축 공사를 맡았던 석공들의 인건비 인상을 위한 태업", "중기 회사의 재계약 요구 작업 중단" 등 다양한 불만과 요구가 터져 나왔다. 1972년부터 1973년까지 경주시청 앞이 매일 데모 인파로 북새통을 이뤘을 정도다.

발굴 과정에서 나돌던 유언비어는 당시 불만을 대변한다. "1973년도는 굉장히 무더웠다. 조사할 때마다 노인들이 두루마기를 입고 지팡이를 짚고 갓을 쓰고 와서 '네놈들이 왕 무덤을 파니까 하늘이 노해서 비도 안 오고 가물다, 이놈들아' 하고 호통을 치기도 했다"라고 기록은 전한다. 경주 김씨 종친회 원로들은 현장 사무실에 와서 드러눕거나 시위를 계획하기도 했다. 1973년 8월 10일자 『동아일보』에도 "고분 발굴 저지 운동" 기사가 났다. 이 기사는 고분 발굴 저지 운동이 경주의 박씨와 석씨 그리고 김씨 후예를 중심으로 전개되고 있다고 전했다.

　　적지 않은 시간이 흐를 때까지도 주민들은 경주라는 신라의 상징을 재창조하는 과정에서 망각됐다. 이러한 잊힘은 조건을 고려하지 않은 일방적 지시와 속도전식 공사에서 기인한 것이었다. 하지만 경주와 신라사와 화랑정신 등 국민국가 건설 과정에서 창출된 집합적 자기표상은 이후 오랫동안 내셔널 히스토리를 구성하는 요소가 되었다. 그런 점에서 오늘날 경주라는 기억의 장소를 되새기는 것은 단순한 집단적 기억의 나열이 아니다. 차라리 화랑과 민족사 등을 통해 상기되어 온 경주를 넘어 망각되어온 것을 사유하는 일이기도 하다. 다시 말해 경주를 매개로 국민적 기억이 어떻게 만들어졌는지 해부하는 일은 역설적으로 또 다른 무엇이 어떻게 망각되었는가에 대한 논의를 동반하는 것이다.

　　발굴 담당자 및 개발 실무자와 주민의 현재 기억이 다른 이유는 당시 그리고 현재에도 주민의 피해와 공포는 내셔널 히스토리 구성에서 부차화/주변화되어야 할 무엇으로 여겨졌기 때문이다. 현재 전자는 신라사 복원, 식민사관 극복, 민족사 중흥을 위해 자신들이 기여한 것을 중심으로 의미를 부여한다. 반면 후자는 삶의 터전을 제대로 된 보상조차 받지 못한 채 빼앗긴 고통과 피해로 위치 지워졌다. 내셔널 히스토리는 균질적이고 순수한 경주-신라의 재현만을 학습하도록 허락했던 것이다. 그렇다면 이제는 아래로부터 주민의 피해, 원망 등 흔적처럼 남겨진 기억의 파편에도 주목해야 할 것이다.

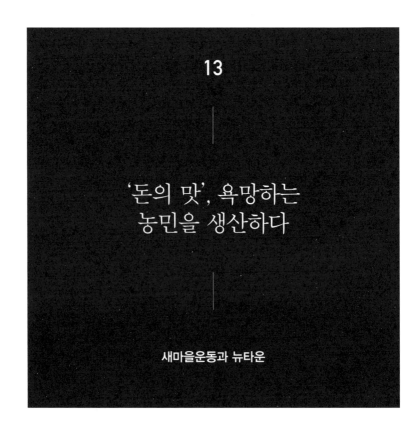

13

'돈의 맛', 욕망하는 농민을 생산하다

새마을운동과 뉴타운

제법 시간이 흘렀지만, 2008년 4월 제18대 총선에서 서울 지역의 선거 결과는 놀라운 것이었다. 당시 한나라당은 무려 83퍼센트의 선거구를 휩쓸었는데 이는 보수 집권 여당의 승리로는 사상 최대였다. 이러한 결과를 낳은 원인은 무엇일까? 노무현 정권에 대한 대중의 반감도 크게 작용했겠지만 직접적 동기는 '뉴타운 개발'이었다. 이명박이 서울시장으로 재직할 때 만든 '작품'인 뉴타운 개발은 경제적 욕망의 시선으로 세상을 바라보게 된 당시 세태와 분위기를 얄밉도록 정확히 반영한 전략이었다. 뉴타운, 순우리말로는 '새마을'이다.

이 욕망의 열차가 언제 어디서 어떻게 출발했는지는 아무도 모른다. 어쩌면 아담과 이브가 첫 승객이었는지도 모를 일이다. 그러나 그 열차가 한국 농촌 마을에 도착한 시점은 대략 1970년대 언저리일 것이다. 1970년대 한국 농촌에는 새마을 열풍이 몰아쳤다. 새마을, 영어로 하자면 '뉴타운'이다.

새마을운동은 국가 주도의 농민 동원 프로젝트로는 사상 최대 효과를 냈다고 보지만, 성공과 실패를 간단히 정리하기는 쉽지 않다. 공식적으로 새마을운동의 목표는 농촌환경 개선, 소득 증대 그리고 정신혁명이었다. 이를 기준으로 보면 첫 번째는 어느 정도 성과가 있었으나 두 번째는 별로였고 세 번째는 도무지 계량할 방법조차 없다.

2000년대 뉴타운 개발에서 드러난 경제적 욕망의 연원은 1970년 새마을운동에서 찾을 수 있다. '잘살기운동'인 새마을운동의 성과는 그것이 농민의 농촌 탈출, 즉 이촌향도 흐름을 저지했는가를 보면 알 수 있을 것이다. 농민들이 바보가 아닌 다음에야 살기 좋아진 농촌을 버리고 도시로 몰려드는 우매한 짓을 할 까닭이 없을 테니 말이다. 그러나 1970년대 새마을운동의 극성기는 또한 이촌향도의 극성기였다. 서울의 인구는 1970년대 10년간 무려 300만 명이 증가했다. 농민들은 국가의 선전, 방송과 언론의 호들갑에도 불구하고 그보다는 자기들이 느끼는 삶의 육감을 더 신뢰했다. 그 감각에 따르자면 도시로

2000년대 뉴타운 개발에서 드러난 경제적 욕망의 연원은 1970년 새마을운동에서 찾을 수 있다. 새마을운동의 일환으로 진행된 지붕 개량 작업에 열심인 농촌 주민들.

가야 했다. 1970년대 농민들은 농업, 농촌, 농민에 미래가 없다고 생각했다는 것인데, 매우 정확한 판단이 아닌가. 산업화가 농업·농촌·농민의 희생을 통해 진행된다는 것은 세계사적으로 확인된 바이다.

그럼에도 새마을운동에 대한 농민들의 반응은 상당히 인상적인 데가 있었다. 전국 거의 모든 마을에서 연인원 수백만 명이 동원됐고 자기 농사일도 내팽개친 채 운동에 헌신하는 새마을지도자와 이장이 숱하게 생겨났다. 새마을운동의 경험을 일생일대의 보람찬 일로 기억하는 농민들도 한둘이 아니다.

이런 반응의 요인은 몇 가지로 설명할 수 있다. 먼저 물질적 유인 효과가 있었다. 새마을운동의 첫 출발은 남아도는 시멘트를 모든 마을에 335포씩 나눠 주는 것이었다. 국가로부터 무언가를 받아본 적이 거의 없었던 농민들에게 이 시멘트 '만나'는 최초의 먹거리가 되어 주었을 게 분명하다. 이후로도 정부 지원은 새마을운동의 최대 동력원이었다. 새마을 지도자나 이장 들에 따르면 정부 지원을 따면 하고 못 따면 내년을 기약하는 식이었다고 한다.

시멘트 살포로 시작된 농촌의 '잘살기운동'

또 하나 중요했던 것은 농민들의 자존감이었다. 단적으로 말하자면, 새마을운동을 통해 농민들은 국가 최고지도자와의 동일시가 가능해졌다. 이승만과 윤보선이 왕족과 귀족 분위기를 냈다면 박정희는 빈농의 아들로 태어난 것을 자랑했다. 밀짚모자를 쓰고 논두렁에서 농민들과 막걸리를 나누는 대통령의 모습은 분명 생경한 것이면서도 농민들의 감동을 끌어냈음직하다.

새마을연수원에서 진행된 새마을교육에서는 장관을 비롯한 사회지도층 인사들이 이름 모를 시골 마을의 새마을지도자와 서로 동지라고 부르며 숙식을 함께했다. 월간『경제동향보고』회의 석상에도 새마을지도자가 한 명씩 매번 참석해 대통령에게 직접 보고했다. 이름 대신 '○○댁'으로 불리던 부녀지도자들은 군수와 면장 같은 높은 분들이 자신의 이름을 호명하면서 칭찬하는 것을 듣고 말할 수 없는 희열과 보람을 느꼈다고도 한다.

　　나아가 1970년대부터 박정희는 농민과 농촌에 대한 열렬한 상찬을 쏟아내기 시작했다. 1960년대까지 농촌과 농민은 후진성의 상징으로 근대화의 제1차 대상이었기에 늘 국가와 대통령으로부터 설교조의 계몽연설을 들어야만 했다. 그런데 1970년대부터는 도시 대신 농촌을 강조했다. 도시는 서구화에 찌들어 소돔과 고모라같이 타락한 곳이라 비난하면서 오히려 농촌과 농민이 유구한 민족전통을 간직한 보물창고라고 치켜세웠다. 농촌과 농민이 '서구화 없는 근대화' 전략의 첨병으로 배치된 셈인데, 농촌으로부터 도시를 공략하는 형식은 마오쩌둥주의를 연상시키기도 한다. 이는 산업화에 따른 새로운 사회적 적대와 갈등을 봉합하기 위한 민족주의 담론 전략이었다. 어쨌든 농민들로서는 고래도 춤추게 한다는 그 칭찬을 듣게 된 셈이다. 새마을운동을 통해 농민은 일등 국민으로 호명되었고 농민 역시 그 호명에 응답한 셈이었다.

　　이 밖에 여러 가지 통치기술이 많이 동원됐다. 새마을운동의 기본 단위는 마을이었는데 전통적 공동체의 결속력을 높이는 한편 선별 지원을 통해 마을 간 경쟁을 부추기는 전략을 펴기도 했다. 공동체적 압력을 활용하는 방식은 예컨대 토지 희사에서 위력을 발휘했다. 새마을사업을 하는 데 필요한 사유지를 마을총회를 열어 '자발적 희사' 방식으로 강제 수용할 수 있었기 때문이다.

　　희사(喜捨), 기쁘게 버린다는 뜻이다. 농민들이 정말 자기 땅을 기쁘게 버렸을까? 천만의 말씀이다. 땅을 내놓게 된 농민들은 불도저가 들어오는 마지막 순간까지 버티고 버텼다. 어쩔 수 없이 도로가 되거나 마을회관이 된 땅이었지만 끝내 소유권 이전 등기를 거부하기도 했다. 1980년대까지 어떤 군에서는 개인 명의의 공유재산에 대한 소유권 이전 등기를 마치라는 공문이 빗발쳤다.

사실 농민들로서는 땅을 내놓지 않으면 동네에서 살아가기가 힘들었을 것이다. 전체 마을을 위하는 일이라는데, 무작정 내 땅은 안 된다고 버티기란 아무래도 체모(體貌)가 깎이는 일이었다. 마을 사람들의 시선은 당신이 양보해야 우수 마을로 선정돼 정부 지원이 떨어지지 않겠느냐는 의미를 담았을 것이다. 공(公)과 대(大)를 위해 사(私)와 소(小)는 희생해야 되지 않겠느냐는 무언의 압력이었다. 땅을 빼앗긴 농민들은 울며 겨자 먹기 또는 자의 반 타의 반의 심정이었을 것이다. 이렇듯 울면서 빼앗긴 땅을 기쁘게 버렸다고 재현하는 권력의 언어 속에 새마을운동이 놓여 있다. 박정희는 이를 어떻게 말하고 있는지 보자.

우리 농민들은 새마을운동을 통해 공동의 문제를 해결하는 과정에서 생활 속의 민주주의를 구현해나가고 있다. 우리의 새마을에서는 우선 마을 주민들이 한자리에 모여 전체 의사에 따라 지도자를 뽑고, 마을의 모든 사업을 결정할 뿐 아니라, 남녀노소를 막론하고 함께 협동해서 그 사업을 추진하고 있는 것이다. …… 토론으로 이견을 종합하고 대화로 이해를 조정하는 가운데 마을의 총의가 형성되고 거기서 주민들의 자발적인 참여와 협동이 이루어지고 있는 것이다. ……

이것을 이웃민주주의라고 하든, 또는 직접민주주의라고 하든, 그 호
칭이야 어떻든 간에, 중요한 것은 그날그날의 생활 속에서 당면과제
를 해결해나가는 자치와 협동의 민주적인 생활태도가 우리 사회에
뿌리를 내리고 있다는 사실이다.[1]

인용문에 보이듯 박정희는 새마을운동을 '생활 속의 민주주의'
로 규정하면서 '직접민주주의' 또는 '이웃민주주의'라고 불렀다. 이러
한 민주주의가 실현되는 마을회관을 '마을의사당'으로 부르기도 했다.
박정희는 새마을운동을 통해 진정한 민주주의가 가능하다고 강변하면
서 이와 대비되는 국회의사당의 소란스럽고 비효율적인 정치를 경멸
했다. 민주주의와 정치조차 효율성이라는 잣대로 평가하는 것이 유신
의 민주주의였다. 박정희에 따르자면 새마을운동이야말로 "한국적 민
주주의의 실천 도장"이라는 것이다. 요컨대 유신의 민주주의는 새마을
열차를 타고 시골로 낙향해버린 셈이었다. 아마 농민들은 그때 상행
열차를 타고 있었을 것이다.

물론 유신의 민주주의가 새마을운동을 통해 농민을 동원해낸
것은 틀림없는 사실이었다. 그러나 동원의 주된 대상은 농촌 마을의
상층이었다. 조화로운 공동체라는 환상을 걷어내고 살펴보면 농촌 마
을 또한 이러저러한 위계로 나뉜 수직적 질서가 있었는데, 때로는 집
안과 문중에 따라 나뉘는가 하면 세대별 갈등이 일기도 했다. 나름 복
잡한 질서를 갖춘 마을의 상층부 또는 지도력이라 부를 수 있는 사람
들이 주로 새마을운동에 헌신했다. 새마을운동 당시 무엇을 했는지조

차 기억하지 못하는 하층 사람이 있는가 하면 새마을운동의 '업적'을 자랑스럽게 뽐내는 이장과 새마을지도자가 있다.

지역사회와 농촌 마을 어디를 가나 '말발'이 세고 방귀깨나 뀐다는 사람이 있기 마련이다. 이러한 마을 지도력이 국가의 권위와 압력을 등에 업고 새마을사업을 주도해나갔다고 해야 할 것이다. 혹은 스스로 농촌활동가라는 자의식을 갖고 농촌운동에 뛰어들었던 사람들이 새마을운동에 합류하는 경우도 있었다. 심지어 비판적 지식인 가운데도 새마을운동에 기대를 거는 이가 있었다.[2] 신경림은 도시와 서구의 퇴폐문화와 이기주의 극복을 위해 "지금 새마을운동을 보면서, 협동하고 상부상조하고 함께 투쟁하는 옛날의 전통은 되살려야 하지 않겠느냐"라고 생각했다.[3] 소득증대를 위한 것이든 농촌과 농민 계몽을 위한 것이든 아니면 '도시의 퇴폐문화'와 '서구의 이기주의' 극복을 위한 것이든 간에 다양한 목적과 이해를 가진 이들이 새마을운동을 통해 농민을 동원하고 변화시키고자 했다.

농민을 '일등 국민'으로 치켜세운 파격

국가권력을 위시해 마을 상층부와 엘리트 지식인들이 농촌을 변화시키겠다고 팔을 걷어붙이는 상황에서 상당수 하층민은 서울 가는 상행열차를 타고 그곳을 떠나버렸다. 이들은 아무리 새마을운동이 벌어진다 해도 도저히 시골에서는 살 수가 없었던 바닥인생들이었다.

아이러니하게도 일찍 도시로 나간 사람일수록 성공 가능성도 높았다. 어느 정도 형편이 되어 농촌에 남아 있다 뒤늦게 이촌향도를 감행한 사람들의 도시 정착이 더 힘겨웠다. 잘살게 되리라는 장밋빛 전망을 뒤로하고 타락한 퇴폐의 공간인 도시로 떠난 농민들이야말로 새마을운동의 진실을 가장 잘 알고 있었을 것이다.

어쨌든 새마을운동이 농민들을 요란스레 동원해낸 것은 분명한데, 사실 이 모든 것을 가능케 한 기본은 국가관료제의 팽창과 강제력이었다. 1963년 1203명에 불과했던 전라북도 공무원 수는 1980년 8109명으로 늘어난 반면 같은 기간 동안 해당 지역의 인구는 248만 명에서 223만 명으로 줄어들었다. 인구가 줄어드는데도 공무원은 7배 가까이 늘어났으니 그만큼 국가통치성이 확대 강화된 것이다. 더욱이 국가통치성은 다만 양적으로 확대된 데 그치지 않고 '영농과학화'란 이름의 근대적 지식권력으로 무장해 농업 생산 과정을 장악해 들어갔다.

면 단위 지방 공무원들이 담당하는 마을로 파견되어 며칠씩 마을에 머물면서 새마을운동을 압박했다. 때로는 수확량이 월등하다는 신품종 대신 구품종을 낸 못자리를 과학이라는 미명으로 장홧발로 짓밟으면서까지 농민들을 겁박했고, 나무 조사와 밀주 단속을 통해 농민들의 일상을 지배했다. 마을마다 공동 퇴비장을 마련하게 하고 주기적으로 실적을 체크하는가 하면 지붕 개량을 위한 농협 융자를 반강제적으로 받도록 했다.

농민들이라고 순순히 당하기만 한 것은 아니다. 퇴비장 안쪽으로 나무상자를 숨겨 눈속임을 했고 관의 눈을 피해 밀주를 담가 먹었으며 별 대안이 없었기에 산에서 몰래 나무를 해다 구들장을 따뜻하게 할 수밖에 없었다. 그러나 농민들은 국가와 속고 속이는 게임을 하거나 숨바꼭질은 할 수 있을지언정 정면승부는 할 수 없었다. 왜 그랬는가.

무엇보다 농업 재생산 과정이 거의 완벽하게 국가와 자본의 손안에 쥐어져 있었기 때문이다. 사실 농업은 외부 간섭이 대단히 곤란한 산업이다. 수천 년간 농업은 매우 고립적이고 자기완결적인 생산 과정을 영위해왔다. 그러나 산업화는 이촌향도를 부추겼을 뿐 아니라 농사짓는 과정도 근본적으로 바꿔놓았다. 종자 구입부터 농작물 판매에 이르기까지 농업은 거의 완벽하게 자본과 국가가 장악했다.

국가와 자본이 장악해버린 농업

이런 변화를 상징하던 것이 1968년부터 시행된 고미가(高米價) 정책과 1970년대의 녹색혁명이다. 고미가 정책이 시행된 주된 이유는 식량 문제였다. 1970년을 전후해 양곡 수입에 드는 돈이 매년 2억 달러를 넘나들었다. 쌀 팔아먹느라 귀하디귀한 달러를 다 써버리는 상황이 계속되자 급기야 전경련까지 나서 농업 생산량을 안정시킬 수 있게끔 고미가 정책을 주문했다. 1970년대 후반 고미가 정책이 후퇴할 때도 역시 전경련의 건의가 중요하게 작용했다. 농업조차 기업의 주문대로 경영되는 시대가 된 것이다.

1968년 애초 '7퍼센트 인상'으로 책정되었던 추곡 수매가 인상률이 17퍼센트로 높아졌고 이듬해에는 22.26퍼센트까지 올라감으로써 본격적인 고미가 정책이 실시되기에 이른다. 그러나 수출 경쟁력을 위해 저임금·저곡가 유지가 불가피했기에 고미가 정책은 결과적으로 이중곡가제(二重穀價制)가 되었다. 즉 고가로 수매한 추곡을 저가로 방출하는 데 따른 적자, 즉 양특적자(양곡관리특별회계 적자)가 눈덩이처럼 불어나 1980년도에는 누적 적자가 1조 원을 넘었다.

　여기에 통일벼로 상징되는 다수확 신품종 보급이 결합되었다. 미질(米質)은 형편없었지만 소출량이 많았던 통일벼를 정부가 고가로 매입함으로써 농가 경제는 상당 수준 개선될 수 있었다. 이에 1970년대 중반 농가 소득이 도시가구 소득을 일시 추월하는 상황이 나타나기도 했다. 덧붙이자면, 이는 물론 가구 단위로 비교한 결과이고 1인당 소득으로 환산하면 농촌이 도시를 능가한 적은 한 번도 없었다. 1인당 실질소득은 1965년 농촌이 도시의 87.7퍼센트에 달했으나 1975년에는 78.6퍼센트로 떨어졌고 이듬해에는 65.8퍼센트에 불과했다.[4]

　통일벼로 상징되는 농업 생산 증대책, 즉 녹색혁명은 무엇보다 돈이 많이 드는 농법이었다. 종자를 구입해야 했고, 냉해에 약한 벼라 보온못자리용 비닐도 사야 했으며, 병충해에 약해 농약도 많이 쳐야 했다. 게다가 비료도 더 많이 줘야 했다. 이제 돈이 없으면 농사짓기가 불가능했다. 농촌의 돈 문제, 즉 농업 금융은 농협을 통해 장악되었다. 1970년대 초반 농가 부채 중 농협의 비중은 30퍼센트 남짓에 불과했다. 이러던 것이 1980년에는 48.7퍼센트로 절반에 육박하더니 1990년에는 80퍼센트를 넘어섰다.[5] 이는 곧 농협이 농민들의 돈줄을 거의 완

농민 노동자를 위한 안동교구 기도회 및 농가 부채 탕감 농민대회(1980년대). 안동문화회관 앞에서 "농가 부채 탕감하라"라는 현수막을 들고 가두시위에 나서는 농민들.

전히 장악해갔음을 말해준다. 이제 농사를 지으려면 종자와 함께 종잣돈도 필요하게 된 것이다. 게다가 마지막 단계인 상품의 가치실현, 즉 정부의 추곡 수매가 농민들의 목줄을 단단히 틀어쥐었다. 정부와 농협에 밉보여 공판하는 벼가 낮은 등급이라는 판정을 받으면 농협 융자 갚기도 빠듯해져 한 해 농사가 도로아미타불이 될 수 있었다.

　　이러한 사정 아래서 농민들이 국가의 주문을 나 몰라라 하기는 매우 곤란했다. 먹고살려면 농사를 지어야 했고 농사를 지으려면 농협의 돈을 빌려야 했고 돈을 빌리자면 농협에 신용을 얻어야 했다. 돈을 매개로 농민은 자기 삶을 모두 국가에 저당 잡혀야 했던 셈이다. 이로부터 농민운동의 슬로건은 농가 부채 탕감, 추곡 수매가 인상과 같이 돈과 관련된 무언가를 국가에 요구하는 것이 될 수밖에 없었다.

어느덧 농민은 국가에 밀착되었고 또 돈의 맛을 알게 되었다. 아니 정확히 말해 돈의 맛이 주입된 것이다. 농민은 이제 교환가치로 모든 것이 환원되는 삶 속으로 들어서게 됐다. 실질적 포섭이란 말은 이럴 때 써야 한다. 요컨대 새마을운동의 최대 성과는 욕망하는 농민의 생산이었다. 이미 농민은 종자 선택의 자유조차 잃어버렸지만 대신 냉장고와 TV를 골라 살 수 있는 자유가 주어졌다.[6] 농협의 영농자금은 선풍기와 TV와 전기밥솥 대금이 되어 삼성과 금성 그리고 대우의 호주머니로 흘러들어갈 운명이었다.

당시 한국의 자본주의는 생산력 확충에 주력해 수출로 먹고사는 시스템을 구축했지만, 한편으로 내수 기반도 강화해야 했다. 세계 시장에서 별다른 비교우위 없이 거의 전부 가격 경쟁력으로만 승부하자면 안정적 캐시 카우(cash cow)를 키워둘 필요가 있었던 것이다. 도시의 소비시장만으로는 부족했기에 농민들도 이들의 고객으로 호출되어야 했다. 특히나 농협이 장사꾼 기질이나 솜씨를 발휘하는 게 중요했다. 농민을 상대로 돈놀이는 물론, 각종 공업 상품 판매로 짭짤한 재미를 보던 농협이 이 기회를 놓칠 리 없었다. 한마디로 말해 1970년대의 농민은 생산자의 자유를 저당 잡히고 소비자의 자유를 구매한 셈이었다.

돈맛이 주입된 농민이 도시로 향하는 것은 너무나 당연했다. 도시에 들어온 농민들이 어떤 삶을 살았는지는 굳이 부연설명이 필요 없을 것이다. 그리고 이들이 도시의 뉴타운에 열광하는 이유를 이야기해도 사족일 것이다. 이촌향도는 공간의 이동을 의미할 뿐 아니라 생활양식의 전면적 변화였으며 나아가 사고방식과 가치관의 근본적 변환이었다. 이런 맥락에서 우리 모두는 뉴타운에 입주하고 싶은 이촌향도민일지도 모른다. 그렇다면 새마을노래의 또 다른 이름은 농민장송곡이 아닐까. 오늘날 뉴타운의 욕망은 그 무덤으로부터 자라났을 것이다.

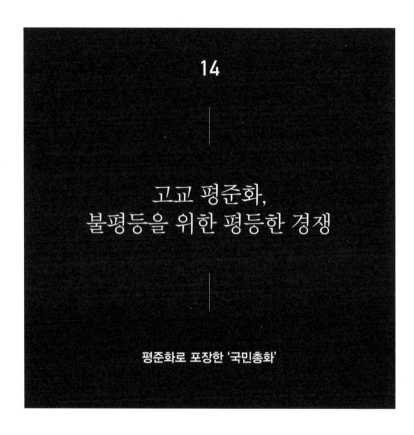

14

고교 평준화, 불평등을 위한 평등한 경쟁

평준화로 포장한 '국민총화'

1974년 2월 14일과 15일 이틀에 걸쳐 서울과 부산에서는 사상 최초로 고등학교 배정을 위한 컴퓨터 추첨이 진행되었다. 이른바 '고교 평준화'가 시행됨으로써 중학생들이 악명 높던 고등학교 입시지옥에서 해방되는 순간이었다. 현재까지도 평준화 정책은 살아 있지만 특목고, 자사고 등이 우후죽순 생겨나 거의 좀비 수준으로만 생존하는 듯 보인다.

평준화는 당대 많은 사람의 열망이었다. 이미 일제 시기부터 보통학교 입시경쟁이 일었지만, 해방 이후 학교 교육 대폭 확대와 함께 그것이 계층 상승의 유력한 사다리임이 확인되면서 과열경쟁 분위기가 숱한 사회적 부작용을 만들어냈다. 학부모의 경제적 부담은 말할 것도 없고 입시경쟁에 내몰린 학생들의 피해가 심각했다. 전인교육은 고사하고 신체 발육에까지 지장을 받았는가 하면 극단적으로는 입시 실패로 자살하는 학생도 적지 않게 나타났다. 이런 분위기에서 1969년 시행된 중학교 평준화 정책은 광범위한 대중적 지지를 받았다. 그러나 이는 중학교 입시지옥을 고등학교 입시 지옥으로 유예한 것에 불과했기에 다시 고교 평준화가 도마에 오를 수밖에 없었다.

고교 평준화 정책은 1972년 11월경부터 준비되었다. 문교부 장관 민관식의 주도로 시안이 만들어져 1973년 2월 20일 박정희의 재가를 거쳐 그달 28일에 기본 계획이 확정 발표되었다. 이에 1974년 서울과 부산을 시작으로, 1975년 대구·인천·광주, 1979년 대전·전주·마산·청주·수원·춘천·제주 등 전국으로 확대되었다.

평준화 정책은 시행을 전후해 커다란 사회적 논란의 대상이 되었다. 평준화를 찬성하는 쪽이 입시과열과 교육비 부담 등을 주요 근거로 들었다면, 반대하는 쪽에서는 '민주사회의 자유경쟁 원리'에 어긋난다는 점과 함께 학력 저하 등을 이유로 들었다. 당시 연세대학교 최정호 교수는 이 논란을 평등과 자유의 대립으로 요약했다.[1] 즉 한쪽에서 교육 기회의 평등을 강조했다면 반대쪽에서는 경쟁의 자유에 방점을 찍은 셈이었다. 프랑스혁명 이래 근 200년간 반복돼온 자유와 평

고교 평준화 정책이 시행되기 이전, 한 중학생이 부모의 응원을 받으며 입시를 치르기 위해 시험장으로 들어가고 있다.

등 간의 길항이 1970년대 한국에서 재현되고 있었다.

평준화 반대 입장의 한 예가 당시 저명한 언론인으로 경향신문사 회장이자 5·16장학회 회장을 맡고 있던 최석채였다. 그는 『경향신문』 1975년 11월 3일자 '인생의 컴퓨터 의존'이라는 제하의 칼럼에서 "인간사회에서 생존경쟁은 피할 수 없는 숙명"이라 규정하고 평준화는 "적자생존의 철칙"을 무시해 학력 저하만 초래하는 비현실적 정책이라고 맹비난했다. 반대론은 다양한 엘리트 지식인 사회로 번져갔다.

평등과 자유의 대립?

　　시인 황동규는 학력 차가 있는 학생들을 한교실에서 가르치는
것은 불가능하다고 강조했고 소설가 최인호는 경쟁 실종으로 방관자
의식이 조장될 것을 우려했는가 하면 심지어 당시 평준화를 준비했던
입시제도협의회 위원장 서명원조차 "지나친 평등 사상은 앞으로 올 무
한경쟁 시대의 인적자원의 고갈을 가져오게 될 것"이라고 반대했다.[2]
후일 교육부 장관을 역임하게 되는 서명원의 반대는 한국의 엘리트 지
식인들이 교육을 어떤 관점에서 사고했는지를 보여주는 대표적 예시
가 될 것이다.

　　문교부가 교육부를 거쳐 교육인적자원부로 개명되는 과정에 잘
나타나듯 한국의 국가와 엘리트 지식인들은 교육을 무엇보다 인적자
원 생산 과정으로 바라보았다. 그리고 그것은 '적자생존'이라는 사회진
화론적 도식에 의해 정당화된다. '무한경쟁'으로 표상된 국가 간 경쟁
체제 아래에서 살아남으려면 최고의 효율성을 담보한 노동력을 구성
해야 한다는 주장이었다. 19세기 말 도입된 사회진화론이 근 100년이
지난 뒤에도 여전히 맹위를 떨치고 있었던 것이다.

　　물론 이처럼 노골적인 사회진화론적 인식만 있었던 것은 아니
다. 문학평론가 유종호는 1977년 6월 2일자 『동아일보』에 '무시험제도'
라는 제하의 칼럼을 기고해 "민주주의의 기본 원리인 평등 관념을 근
본적으로 부정하는 것은 위험하다"라고 경고했다. 적자생존을 강조하
는 사회적 다위니즘은 실상 깡패의 논리에 다름 아니며 과거의 식민주

의가 이를 잘 보여주었다는 주장을 폈다.

이미 식민지 시기부터 첨예한 대립 구도를 보이던 상호경쟁과 상호부조를 둘러싼 오래된 논쟁이 다시 한 번 반복된 셈이었는데, 사실 이 구도는 현재까지도 한국 사회의 화두 중 하나임이 틀림없다. 흔히 국가백년지대계(國家百年之大計)라는 교육의 위상을 보건대 이 논쟁은 사실상 한국 사회 전체의 방향을 둘러싼 대립이라 할 수 있을 것이다. 교육은 미래사회를 선취하는 영역이기에 이런 논쟁이야말로 당대 사회의 가치관과 전망을 분명히 보여주는 것이다.

논란은 정치권으로 확장되어 고교 평준화 정책 시행 첫해부터 공화당과 유정회가 나서서 평준화 확대에 제동을 걸고 나섰다. 곧이어 1975년에는 국회에서 신민당 천명기 의원의 문제 제기가 있었고 1976년에는 공화당 손승덕 의원이 자유경쟁제도로의 환원을 주장했는가 하면 이듬해인 1977년 1월에는 공화당 정책위원회를 통해 재차 문제 제기가 이루어져 정부에서도 "경쟁제도를 보다 강화하는 방향에서 검토"하게 되었다. 결국 환원까지 되지는 않았지만 경쟁의 가치와 의미를 둘러싸고 외부의 압력이 매우 거셌던 것이다. 야당인 신민당조차 평준화에 대해 비판적 목소리를 냈다는 점이 주목된다. 예나 지금이나 한국의 보수 야당은 자유주의의 전도사 역할을 자임했고 그들이 내세운 민주화의 실제 내용은 사실상 자유주의적 가치들로 대부분 채워져 있었다. 다시 말해 자유로운 경쟁을 보장하는 것이 그들이 내세운 민주화의 요체였던 셈이다.

논란이 일기는 했지만 여론은 대체로 평준화에 우호적이었다.

1974년 고교 평준화 정책을 실시하기로 함에 따라 무작위 고교 배정을 위한 컴퓨터 시스템이 도입됐다.

입시과열의 문제점이 너무 컸기에 대놓고 평준화를 반대하기는 부담스러운 상황이었다. 무엇보다 대다수 학부모가 더 많은 교육 기회를 확보할 수 있다는 점에서 평준화 정책에 '절대적 지지'를 보냈다는 점이 중요하다. 사실상 이들의 욕망과 열망이 평준화 정책을 유지시킨 중요한 동력이라 해도 과언이 아닐 것이다. 또한 당시 사학들도 대부분 찬성 입장이었는데, 재정 보조 및 정원 모집의 어려움 해결과 함께 새로운 명문고로 부상할 수 있다는 기대감 때문이었다. 이렇게 보면 유신체제의 평준화 정책은 광범위한 대중적 지지 기반이 있었던 것이다.

그렇다면 지지와 반대가 뒤섞인 논란 속에서 평준화 정책을 밀어붙인 유신체제의 속셈은 무엇이었을까. 당시 주무 장관이던 민관식은 "속칭 KS 마크가 출세의 척도가 된다는 사회의 그릇된 통념은 국민총화에 역행"된다는 신념으로 정책을 추진했다고 술회했다.[3] 민관식의 발언 중 '국민총화'가 눈길을 끈다. 박정희는 쿠데타 초기부터 학벌과 문벌, 각종 파당의식과 교과의식을 비판하며 종친회, 문중회, 화수계(花樹契)는 물론이고 향우회, 도민회, 군민회에다 심지어 각종 학회나 클럽마저 파당을 형성해 국민을 분열시킨다며 비판했다. 고로 "우리가 한민족이라는 사실을 깨닫는다면 특수·특권 의식은 있을 수 없는 것"이라고 강조했다.[4] 박정희의 사고는 '유기체적으로 통합된 민족'이라는 신화에 고착되어 있었기에 갈등하는 사회나 사회적 적대를 이해하기 어려웠다.

교과서 '국정화'의 정당성 논리로 작용한 평준화

유신의 국민총화는 최고 권력의 명령에 전 국민이 일사불란하게 움직이는 동원체제를 요구했다. 특수·특권으로 표현되는 그 어떤 중간 단계의 교란 세력도 용납될 수 없었다. 그러므로 유신체제의 평준화는 평등을 지시하는 듯 보이지만 실제로는 균질화와 동질화에 기초하는 수직계열화를 의도한 것이었다.

이는 평준화를 계기로 교과서 국정화 움직임이 정당화되는 논리를 통해서도 확인된다. 1976년 교과서 국정화 움직임이 가시화되자 교과서 집필자들과 출판사들이 국위를 떨어뜨리며 시대에 역행하는 처사라고 이구동성으로 비판했음에도 한성중학교 박승국 교장은 중고교 평준화가 이루어진 마당이니 교과서 국정화도 가능하다는 입장을 피력했다.[5] 박 교장은 교과서 국정화의 가능성을 평준화에서 이끌어내는데 이는 당시의 평준화가 국가 중심의 동질화·획일화로 이해되고 있었음을 반증한다.

이런 측면에서 평준화 정책은 일견 반자유주의적 속성을 가진 것처럼 보였다. 반대론자들이 집중 비판한 것도 평준화가 자유로운 경쟁을 저해한다는 점이었다. 실제 평준화가 세칭 명문 고교 중심의 학연질서를 약화하고 고교 입시과열을 해소하는 데 큰 역할을 한 것은 분명했다. 명문 고교 졸업생들이 평준화 이후 입학한 후배들을 이른바 '뺑뺑이 세대'라 하여 자신들의 진정한 후배로는 인정하지 않게 되었다는 점만 봐도 특권동맹이 약화된 것은 분명하고, 또 최소한 중학생들은 과거와 같이 일류 고교를 목표로 한 입시지옥에서 해방될 수 있었다.

그러나 평준화 정책은 거대한 자유의 바다에 던져진 조각배 같은 신세였다. 자본주의적 산업화의 가속화로 사회 전체가 자유주의적 가치와 관습으로 급속히 변모하는 와중에 있었고 평준화 정책도 그 격랑에 휘말리게 된 것이다. 따라서 평준화가 평등으로 귀결되기보다는 경쟁의 평준화로 귀착되는 양상이 벌어졌다.

사실 평준화 정책 자체가 실질적 평등을 목표로 했다고 보기는 힘들다. 다만 그것은 기회의 평등을 도모한 셈인데, 이는 경쟁의 약화가 아니라 반대로 더욱 강화하는 것이었다. 평준화 이전 대부분의 고등학교는 명문 고교와 경쟁 자체가 곤란한 상황이었기에 사실상 대학 진학을 포기한 것이나 진배없었다. 그러나 평준화 정책으로 인해 역설적으로 모든 고등학교가 대학 입시를 위한 가혹한 경쟁체제로 내몰리게 되었다. 즉 평준화는 기존의 특권질서를 해체했지만 또한 그것이 새로운 명문 학교로 도약하기 위한 기회로 여겨짐으로써 더 많은 고등학교를 경쟁 속으로 새로이 끌어들이는 결과를 초래했다. 이른바 신흥 명문 고교의 등장은 평준화라는 제도 내부에서 경쟁이 어떤 식으로 확산, 재구성되었는지를 웅변한다. 기존 명문 고교들은 수성의 차원에서, 신흥 명문을 꿈꾸는 고교들은 공세의 입장에서 전면적 경쟁의 장에 뛰어들게 되었던 것이다.

중학 평준화와 고교 평준화의 결합은 대학 입시로 경쟁을 집중시켰고 이는 그만큼 장기간에 걸쳐 지속적으로 경쟁체제가 작동하게 된다는 의미였다. 요컨대 고교 평준화는 말 그대로 고등학교를 균일하게 조절해 경쟁을 확산, 강화하는 것이었는데, 이는 국가의 개입을 통해 시장에서 공정한 경쟁을 보장해야 한다는 (신)자유주의 논리와 통하는 것이었다.

학교 간 경쟁 강화는 곧장 학교 내부로 이어졌다. 공식적으로는 금지되었지만 우열반 편성이 일반적 현상이었고 우등과 열등 간의 경쟁, 탈락자에 대한 배제와 멸시가 구조화함으로써 경쟁이 학교생활의 기본 문법이 되었다.[6] 경쟁 논리에 기초한 우열반 편성은 수많은 갈등과 상처를 양산했다. 자기들을 사람 취급도 하지 않는 우반 학생들을 죽이고 싶었다는 증언이 있는가 하면, 1975년 전남 순천에서는 실제로 사소한 시비 끝에 열반 학생이 우반 학생을 우산대로 찔러 죽이는 사건까지 발생했다.[7]

고교 평준화 시행 2년 뒤인 1976년 서울과 공주를 대상으로 조사한 바에 따르면, 교육비 지출 증가 폭이 다른 항목을 능가했고 그 주된 이유는 평준화 정책의 파급 효과로 해석되었다. 가계당 교육비 지출이 총수입의 24~27퍼센트를 차지해 7퍼센트인 일본의 서너 배에 이르렀다. 그럼에도 무려 78퍼센트의 학부모가 그 무거운 부담에도 불구하고 교육비 지출을 어쩔 수 없는 것으로 받아들였고 35퍼센트의 부모들은 남아의 경우 대학원 진학까지 희망했다.[8]

평준화의 결과로 1979년 진학률은 중학교 93.4퍼센트, 고등학교 81퍼센트를 기록했다. 절대다수의 학생들이 중등교육을 이수하게 된 상황에서 4년제 대학 진학률은 25퍼센트였다. 이를테면 1978년 대학 입시생 31만 9000명 중 9만 명 정도가 대학과 전문학교 진학이 가능했다. 요컨대 재생산 과정의 최종 경쟁 관문이 대학으로 상승했고 이에 따라 학생들은 12년간 경쟁 아래 놓이게 되었다. 유신의 아이들은 이미 유아기부터 각종 예체능은 물론 허다한 경연대회와 실기대회로 내몰리는 비정상적 상황이었고, 심지어 어느 대학 신입생은 16퍼센트가 정신질환 증세를 가지고 있다는 조사가 나오는 형국이었다. 전두환 정권의 과외 금지와 대학 졸업정원제 실시는 이런 상황에 대한 불가피한 대응이었다.

평준화는 실질적 평등 대신 기회의 평등으로 연결되었으며 그 결과에 따른 수직적 계층구조를 합리화했고 강화했다. 공평한 기회를 부여했음에도 자기가 공부를 못해 '공돌이 공순이'가 된다는 자유주의 이데올로기가 제도적 뒷받침을 받아 시대의 상식처럼 되어버린 것이다.

■ '대학 평준화'의 꿈은 왜 이뤄지지 않는가?

기회의 평등과 결과의 평등 사이의 격차는 개체의 능력 차이로 합리화되곤 했다. 평등하고 동일한 기회를 부여했음에도 불구하고 서로 다른 결과가 산출되는 부조리는 온전히 개체의 능력과 무능력 사이의 편차였다. 물론 이 모순을 온전히 개체의 선천적 재능으로 환원한다면 그것은 매우 위험한 전략이고 결정론적 결과를 초래할 터이기에 여기에 후천적 요소를 결합하는 것이 긴요했다. 그리하여 근면·성실·노력·인내 등의 개인윤리와 규율이 강조되었고 과학·효율성·합리성 등의 근대적 지식체계의 효과가 제시되었다. 기회의 평등을 통한 개체의 능력−무능력과 자기 윤리와 규율, 이것이 사회적 유동성의 결과를 설명하는 정교한 논리로 제공된 것이다.

따라서 평준화를 자유 대 평등 간의 대립으로 본다면 사태의 일면만을 보는 것이다. 평준화가 기존 명문고의 특권동맹을 약화한 것은 맞지만 새로운 특권의 등장을 막을 수는 없었다. 이는 자유롭고 평등

2013년 한국 사회의 대학 입시 설명회 풍경. 대학 입시가 살아 있는 한 모든 평준화는 자신을 배반할 수밖에 없다. 고교 평준화의 뒤를 이어 대학 평준화는 왜 실현되지 않고 있는가?

한 경쟁을 내건 (신)자유주의의 길로 연결될 수 있는 것이었기에 아이들은 "배워서 남 주냐"라는 근대적 격언을 가슴 깊이 새기고 입시전쟁의 전사로 나설 수밖에 없었다.

　　박정희는 소수의 되바라진 엘리트보다 국민총화를 위한 멸사봉공의 대중 전사를 기대했겠지만 어린 전사들의 전투는 내전에 가까웠다. 그들이 경험한 이 자연 상태의 전쟁이야말로 사회 상태의 진정한 맨얼굴이었다. 이 전쟁은 전사자조차 좀비로 살아갈 것을 강요한다는 점에서 영겁회귀의 전쟁이기도 했다. 서로가 서로에게 적이자 동지인 야누스가 되어야 했던 이 분열증적 경험을 빼놓고 오늘의 한국 사회를 이해할 수는 없을 것이다. 오늘날 한국 사회는 형식적 수준에서나마 기회의 평등을 최대화하고자 했던 이 정책마저 '유신의 좀비'로 만들어버릴 정도로 끔찍해졌다.

　　이 끔찍함의 주된 동력은 계층 상승의 욕망으로 보이는데, 평준화는 이 욕망을 공정한 경쟁으로 관리하고자 했던 것으로 보인다. 계층 차이를 그대로 두고 계층승강운동의 공정한 경쟁을 관리하기란 어려운 일이다. 그 구성원들로 하여금 언제나 불공정한 경쟁에 대한 유혹을 떨쳐버리기 힘들게 만들기 때문이다. 더 큰 문제는 공정한 경쟁을 통한 끔찍한 결과에 대해 누구도 불만을 제기하기가 어렵다는 점이다. 그렇다면 여기서 공정함은 오히려 끔찍한 현실을 정당화하는 불공정한 것이 되고 만다. 끔찍한 현실을 견디게 만든 것은 어쩌면 바로 이 공정한 경쟁을 보장한다는 평준화 정책일는지도 모를 일이다. 공정한 경쟁을 통해 만들어진 참을 수 없는 불평등한 현실을 대체 어쩔 것인가.

　　이런 맥락에서 고교 평준화가 만들어낸 가장 끔찍한 현실이 바로 대학 입시다. 중학교와 고등학교 입시가 최종적으로 도달해야 할 최고의 입시는 대학 입시 아니겠는가. 결국 어린이와 청소년을 지옥으로 몰아넣은 원흉이 대학 입시 아닌가. 대학 입시가 살아 있는 한 모든 평준화는 자신을 배반할 수밖에 없다. 고교 평준화를 통해 더 많은 학생들에게 대학 입시의 가능성이 제공된 것이 진보라면 그 진보는 더 크고 더 끔찍한 지옥문을 열어젖힌 셈이다.

그렇다면 중학 평준화와 고교 평준화의 뒤를 이어 대학 평준화는 왜 실현되지 않고 있는가? 중학 평준화와 고교 평준화가 불과 5년의 시차를 두고 실현되었음에도 불구하고 대학 평준화는 40년이 넘도록 감감무소식이다. 아니 대학 평준화를 요구하는 주장조차 아예 들리지 않는다. 이른바 '진보 교육감'이 내놓는 정책조차 일반고에서도 대학을 갈 수 있도록 하겠다는 40년 전의 평준화 논리를 반복하고 있을 뿐이다. 결국 대학 평준화 앞에서 막혀버린 이 평준화의 꿈이야말로 한국 사회가 너무 오랫동안 꾸어온 미몽이 아닐는지.

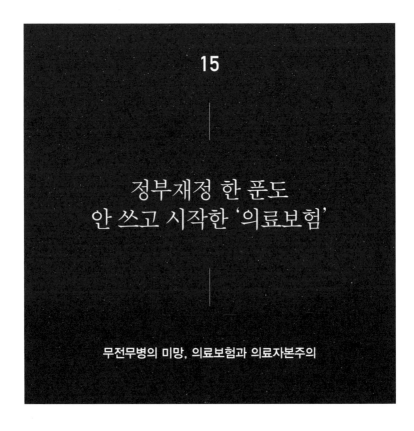

15

정부재정 한 푼도
안 쓰고 시작한 '의료보험'

무전무병의 미망, 의료보험과 의료자본주의

"앓느니 죽지"라는 말이 있듯이 질병은 인간 삶에 치명적이다. 또 "3년 병치레에 효자 없다"라는 속담처럼 질병은 인간의 기본 생활조차 파탄낼 수 있을 정도로 무서운 것이다. 이 질병을 다스리는 데서 근대성의 위력이 드러난다. 근대 의학의 눈부신 발전으로 예전 같으면 사람을 꼼짝없이 저승길로 보냈을 숱한 질병이 퇴치되었다. 그리고 이를 바탕으로 환자, 즉 질병에 걸린 인간에 대한 의사의 권력은 절대적인 것이 되었다. 예컨대 수술은 단지 의학용어로 국한되지 않는다. 실제로 박정희는 5·16쿠데타를 병든 신체에 대한 수술에 비유했다.

근대 의료체계의 핵심은 돈

그러나 의료는 곧 돈이다. 가족 중 하나라도 중병에 걸리면 어지간한 중산층조차 집안이 거덜 나기 십상이다. 신묘한 명약도 신기에 가까운 의술도 모두 돈이 있어야 움직인다. 인술과 상술이라는 두 개의 기술을 겸비한 근대 의학은 마천루를 방불케 하는 병원에 거주한다. 돈이 없다면 마천루 같은 병원은 그저 신기루에 불과하고 신묘한 의술 역시 언감생심이다. 유전무병 무전유병인 세상이다.

의학 기술의 발전과 병원의 대형화는 곧 의료비 폭등을 의미했고 첨단의 의료 서비스는 거액의 치료비를 의미했다. 이러한 조건이라면 치료는 오직 치료비의 효과일 뿐이다. 돈 때문에 생사가 갈리는 경험을 반복하는 자들이 많아진다면 사회와 국가도 존망의 갈림길을 피하기 어려울 터이다.

따라서 보험이 자본주의의 꽃이라면 의료보험은 꽃 중의 꽃이다. 자본주의가 꽃을 피우려면 무엇보다 건강한 노동력의 안정적 관리가 선결과제다. 게다가 바이오 분야는 자본의 무궁무진한 먹거리가 되어주지 않겠는가. 물론 개별 자본은 건강한 노동력의 관리를 떠맡지 않는다. 개별 자본은 다만 자신의 욕망에 충실할 뿐이며 보이지 않는 손에 모든 것을 미룬다. 그러나 보이지 않는 손은 끝까지 보이지 않았고 결국 국가가 보이는 손의 역할을 떠맡게 되었음은 모두가 아는 사실이다.

근대 권력을 일컬어 '보살피고 돌보는 권력'이라 하는 이유가 이것이다. 면책살해의 특권을 가진 국가가 죽음을 담보로 하되 살려주는 권력으로 확장됨으로써 근대 국가가 성립된다. 통치 대상이 죽도록 내버려두는 권력이라면 그 권력 또한 죽음을 면치 못할 테니까 말이다. 주민집단을 최대한 건강하고 효율적이며 순종적인 노동력으로 관리할 수 없는 권력이라면 외부는 물론이고 내부적으로도 지속 불가능하다는 것이 근대 이후의 자명한 사실이다. 고로 생명 관리의 정치야말로 국가와 자본의 알파이자 오메가이다.

주지하듯 의료보험은 독일의 철혈재상이라는 비스마르크가 최초로 도입했다. 한국에서는 비스마르크와 히틀러를 대충 버무린 듯한 유신체제가 주역이었다. 1977년 7월 1일 부가가치세 도입과 함께 이루어졌기에 빛이 좀 바랬지만, 의료보험의 본격 실시는 중요한 역사적 함의가 있는 사건이었다. 누군가는 "우리 역사 5000년사에 자랑스러운 사회보장의 첫 페이지를 연 효시가 될 것"이라고 호들갑을 떨기도 했다.[1]

의료보험법은 1963년 12월에 이미 만들어져 있었다. 산재보험법과 함께 쿠데타 권력의 '복지국가' 플랜에 따른 서비스였다. 그러나 강제가입 조항이 없었기에 말 그대로 립서비스에 그쳤고 1970년 8월 개정안이 공포되었지만 역시 시행령이 만들어지지 않아 사장된 상태였다. 이런저런 평계가 있었지만 결국 권력의 의지박약이 주원인이었다. 민족중흥과 조국 근대화를 위해, 자주국방과 경제개발을 위해 할 일은 너무 많은데 정작 돈은 없다고 생각한 박정희 체제가 보기에 의료보험제도는 아직 사치였다.

1975년 12월 내각 개편을 통해 신현확이 보건사회부(보사부) 장관으로 등용되면서 의료보험 실시 준비가 본격화되었다. 1976년 4월 보사부가 의료보험 실시를 공포했고 5월에는 의료보험법 개정 시안을 마련해 국회 논의를 거쳐 12월에 최종안이 통과되었다. 법안의 주요 내용은 사회보험 방식, 강제적용, 노사 공동 부담, 조합 방식이었는데, 1970년에 만들어진 개정안과 대동소이한 것으로 일본의 같은 제도가 주된 참조 대상이었다.

유신체제가 아닌 밤에 홍두깨 식으로 의료보험을 갑자기 시행한 이유는 무엇일까. 혹자는 1972년의 남북대화에서 북한 선전에 대응하기 위한 것이었다고 한다. 북한이 자신들의 무상의료체제를 선전하자 남북대결에 각별한 관심이 있던 '각하'께서 맞불작전을 폈다는 것이다. 북한의 월드컵 8강 소식에 중앙정보부가 나서 초국가대표급 '양지축구단'을 만들던 시절이니 그냥 흘려들을 이야기는 아닐 것이다. 최근에는 이른바 '김종인 역할설'이 많이 나오지만 본인의 주장 이외에 별다른 근거는 없어 보인다. 김종인이 처삼촌인 김정렴 비서실장을 통해 각하를 집요하게 설득했다는 것이다. 그는 자신이 의료보험 실시를 제안하자 당시 주무장관이던 신현확을 포함해 모두가 반대했지만

의료보험은 국가와 자본의 양보를 이끌어낸 제도이면서, 다른 한편 국가와 자본의 사회적 지배력을 제고한 제도였다. 사진은 의료보험제도가 실시된 1977년 7월 1일 이후 환자들로 붐비는 병원 풍경.

자신의 설득으로 각하가 '정치적 결단'을 내린 것이라고 주장한다.

그러나 김정렴의 회고록이나 기타 기록 어디에도 김종인의 역할에 대한 언급이 없다. 김정렴은 다만 1975년 개각 당시 의료보험 실시를 염두에 두고 보사부 장관 인선에 각별한 관심을 기울여 신현확을 발탁했다는 내용을 강조할 뿐이다. 당시 언론이나 잡지에도 김종인이 의료보험을 직접 다루었다는 글은 없다. 오히려 당시 그의 주된 관심사는 부가가치세를 비롯한 세제 분야였다.

의료보험제도는 관련 법 제정과 본격 시행 사이에 무려 14년의 낙차가 있다. 낙차의 핵심에는 대중의 욕망 상승과 이에 대비되는 팍팍한 의료 현실이 있었다. 경제개발에 따른 기대 욕망의 상승은 의료

분야라고 예외가 아니었지만 상대적 빈곤 문제가 점점 심각했고, 돈이 없어 병원 문턱 대신 저승 문턱을 넘는 일이 비일비재했다. 1972년과 1976년에는 국립의료원과 서울대·고려대·한양대 병원 그리고 경찰병원 등 유수의 의료기관까지 포함된 진료 거부 파동이 발생해 사망자까지 나왔으며, 각각 6명과 16명의 관계자가 구속되기도 했다.[2]

1972년의 한 조사에 따르면 의료 혜택을 받는 비율이 서울 27퍼센트, 지방도시 17.9퍼센트, 농촌 2~3퍼센트에 불과하고 그것도 90퍼센트가 자비 부담이었다. 1974년도에도 전국 유병자 중 약 40퍼센트가 의료 서비스를 이용하지 못하고 있었으며 농촌의 경우 43.3퍼센트가 의료비 지불 능력이 없는 실정이었다.

병원 문턱이 높아진 데는 권력 탓이 컸다. 박정희 체제는 자유방임에 따른 자유개업의제도를 유지하면서 보건의료 투자를 극도로 꺼렸다. 1965년도 보건 부문 예산은 전체의 0.1퍼센트로 베트남의 0.6퍼센트나 인도의 0.7퍼센트보다도 낮은 수준이었는데, 1970년대 들어서도 사정은 나아지지 않았다. 1970년 정부 예산 중 보사부 예산 비율은 노동청과 원호처를 합쳐 6퍼센트 정도에 불과했다. 이는 유럽과 일본의 사회보장 예산이 전체의 30퍼센트에 달하는 것과 대조되었다. 1974년 기준으로 공공 부문과 민간 부문의 비율 격차는 의사는 18.4퍼센트 대 81.6퍼센트였고 병상은 21.1퍼센트 대 78.9퍼센트였다. 요컨대 의료 서비스의 대부분이 시장의 자유경쟁에 맡겨져 있었던 것이다.

이 와중에 의료비는 가파르게 상승하고 있었다. 1965년부터 1975년까지 10년간 1인당 의료비 증가율은 생계비 증가율의 3배가 넘었다.[3] 의료비 상승은 당시 극심했던 인플레이션 영향도 있었지만, 또 하나 중요한 요인은 의료산업의 발전이었다. 이를 상징적으로 보여주는 것이 종합병원의 급팽창이었다. 1970년 12개에 불과하던 종합병원이 1979년에는 무려 70개에 달할 정도로 폭증했다. 같은 기간 병원이 220개에서 226개로 제자리걸음을 하고 의원이 5402개에서 6110개로 미미하게 성장한 데 비하면 종합병원의 성장이 전체 의료시설의 팽창을 주도했다고 볼 수 있었다.[4] 의료시설의 대형화 · 현대화는 의료의 산업화라 할 만했고 그만큼 의료수가 인상을 초래하는 주요인이 되었다.

　　개인과 가족 차원에서 감당할 수 없는 의료비 상승은 결국 사회와 체제의 안전을 심각하게 위협하리라는 공포가 유신체제를 휘감았다. 제4차 경제개발계획 작성 과정에서 중앙정보부는 청와대에 안보 상황 보고를 했는데, 봉천동과 상계동 등지의 판자촌에 사는 빈민들이 안보의 최대 취약점임을 강조했다고 한다. 즉 "일단 병에 걸리면 치명적이 되는 상황이어서 유사시엔 예측 불가"하기에 이들에 대한 의료보장 대책이 시급하다는 건의를 했다는 것이다.[5] 참석자들의 눈가에는 광주대단지의 데자뷔*가 어른거렸을 것이다.

■　1971년 8월의 광주대단지 사건은 박정희 체제 성립 이후 최초의 도시군중 폭동이었다. 산업화와 함께 이촌향도 현상이 심각해지면서 도시 하층민이 대규모로 형성되었고 지배체제에 이들의 존재는 심각한 위협일 수 있었다. 4 · 19를 통해 도시 하층민의 전투력을 체감한 박정희 체제는 이들을 도시 외곽으로 몰아내고자 했고 그 결과 만들어진 광주대단지가 오히려 도시 폭동의 진원지가 되었던 것이다.

'의료비 급증'에 긴장한 유신체제

유신체제가 내놓은 해법의 최상위 전략은 이른바 '사회개발'이었다. 사회개발은 유엔 주도로 세계적 의제가 된 것인바 한국에서도 1960년대부터 주요 관심사였다. 이를 주도한 것이 보사부 관하의 사회보장심의위원회(사보심)였다. 사보심은 1968년 "자본주의 경제체제의 발전 단계에서 오는 자본의 편재 축적으로 빈부의 격차는 더욱 심대"될 가능성이 있다고 전제하고 이에 따라 "선진사회의 생활을 방불케 하는 중상계층의 생활 양상과 최하계층의 생활의 불균형은 우리 사회의 불평·불신 풍조를 초래하여 많은 사회문제를 야기시키고 있다"라고 진단하였다.[6] 사보심과 중정은 맡아 하는 일은 천양지차였지만 상황 인식은 대동소이했다.

마침내 정부 측에서도 복지 확대에 대한 다양한 논의가 나왔고 또 시도되었다. 경제기획원은 "복지의 질적 향상"을 강조하면서 "사회개발을 통한 국민의 생활 개선은 건전한 노동력은 물론 개발 의욕을 고취시킴으로써 국민경제의 안정적 발전을 촉진"할 것이라고 주장했다.

그러나 의료보험 실시의 최대 관건은 돈이었다. 4차 경제개발계획을 작성하면서도 당시 고재필 보사부 장관은 의료보험을 1980년대 5차 계획의 과제라고 못 박았다. 대신 민간 의료보험 지원책을 폈는가 하면, 빈곤층에 대한 의료보호 정책을 강조할 따름이었다. 고 장기려 박사가 주도한 청십자 의료보험조합이나 정부 지원으로 결성된 백령도 의료보험조합 등이 당시의 대표적 민간 의료보험제도였는데, 그마저도 정부는 재정지원 문제로 청십자중앙회 설립신고를 반려했다. 요컨대 유신체제는 돈 들어가는 보험은 불가능하다고 판단했던 것이 확실하다.

돈은 의료계에도 결정적 문제였다. 의료산업화에 따른 의료수가 폭등은 중산층도 감당하기 버거울 정도였고, 그런 탓에 의료상품의 판매 증가를 기대할 수 없었다. 개인이 의료수가 상승을 감당할 수 없게 되는 것은 의료 공급자 입장에서도 커다란 위기였다. 결국 개인의 한계를 넘어서는 의료비에 대해 사회적 또는 국가적 지불 방안이 절실해진 것이었다. 의료보험을 통해 의료비가 지원된다면 유효수요가 증가할 것이고 이러한 수요 증가가 공급 증가를 유발함으로써 의료 부문의 성장을 초래하리라는 기대가 나타났다.

요컨대 의료보험제도를 통한 의료산업화가 가능할 수도 있는 것이었다. 실제로 병원의 대형화와 현대화에도 불구하고 1974년 기준으로 병상 이용률은 전국 평균 57.8퍼센트에 불과했다. 이런 식이면 병원 경영이 곤란했다. 이에 의료계를 대표해 의학협회와 병원협회 등이 주도하여 의료보험제도 도입을 적극 추진했다. 또 의료보험제도 실시가 결정되자 의학협회는 보사부와 함께 의료수가 책정 작업을 공동으로 수행했다. 보사부와 약간의 갈등을 빚기는 했으나 의료계는 행위별 수가제를 관철함으로써 병원 수익의 최대화를 꾀했다.

문제가 결국 돈이라면 전경련이 등장하지 않을 수 없다. 박정희가 생각을 바꾼 결정적 이유도 전경련이 의료보험에 전향적 자세를 보인다는 점이었던 것 같다. 장예준 당시 상공부 장관이 전경련의 적극적 입장 표명을 보고하면서 박정희가 태도를 바꾸었다는 주장은 신빙성이 상당히 높아 보인다.[7] 실제 의료보험 수입구조는 기업 50퍼센트와 종업원 50퍼센트로 충당되었다. 다시 말해 정부재정은 한 푼도 들어가지 않았는데, 기업의 동의가 없었다면 시행 자체가 불가능했을 것이다. 박정희가 복지 문외한에 경제 관료였던 신현확에게 주무장관 자리를 맡긴 것도 돈 안 드는 의료보험제도를 만들려는 의도였다.

사실 전경련은 1970년대 초반만 해도 의료보험제도에 매우 부정적이었다. 1970년 법 개정 당시에도 "제2의 산재보험"이라며 격하게 반대했었다. 그러나 1970년대 중반을 거치면서 재벌의 인식에도 변화가 일었다. 1974년 우리사주조합운동으로부터 기업복지가 본격 시행되었고 1975년부터는 권력도 기업복지를 사회보장의 일환으로서 적극 권장했다. 이에 따라 경제계에서는 복지재단 설립이 유행처럼 번졌다. 현대의 아산사회복지재단(1977), 대우재단(1978), 선경의 한국고등교육재단(1974), 기아의 학산기술장학재단(1977), 금호의 금호문화재단(1977), 삼미의 삼미문화재단(1976) 등이 연이어 설립된 것이다. 자본의 서식지는 시장을 넘어 사회 전체로 확대되고 있었고 문화 분야도 예외가 아니었다.

전경련 스스로도, 이렇게 경제계가 적극적으로 나서게 된 것은 정권의 권유와 함께 이 시기가 "기업의 사회적 책임에 대한 요구가 가장 비등했던 시기"였다는 점과 무관하지 않다고 말했다. 무엇보다 중요한 것은 이 모든 요구를 감당할 수 있을 만큼 재벌의 덩치가 커졌다는 사실이다. 재벌의 덩치는 자본의 집적과 함께 그러한 경제력 집중의 결과였고 1978년에 46대 재벌은 국내총생산의 17퍼센트 이상을 차지했다. 집중된 경제력에 대한 재분배 요구는 당연했고 그 구체적 방식이 의료보험을 포함한 복지 시스템 강화였던 것이다. 독일의 대자본가들이 비스마르크, 히틀러와 손을 잡았으니 한국에서도 그러지 말란 법은 없었다.

정권 · 의료계 · 경제계의 '삼각동맹'

재벌은 그저 돈만 낸 것이 아니었다. 전경련은 이미 1974년 의료보험 관련 간담회를 개최했으며, 여기서 의료보험중앙연합회를 전경련이 주도해야 한다는 주장을 내놓았다. 그 주장대로 1977년 의료보험협의회가 전경련의 주도로 설립되었으며 협의회 사무실 또한 전경련회관 내에 두었다.

결국 의료보험을 주도한 것은 유신체제를 꼭짓점으로 한 의료계와 경제계의 삼각동맹이었다. '어용' 소리를 듣던 한국노총조차 거의 아무런 역할을 하지 못한 데서 드러나듯이 의료보험 실시는 기득권동맹을 기반으로 한 위로부터의 정책 집행이었다. 이 동맹의 결과로 만들어진 의료보험은 행위별 수가제로 병원의 안정적 이익을 보장해준 반면 의료비 부담률은 30~40퍼센트에 불과했다. 비록 단계적 확대라고 토를 달기는 했지만 가입 대상이 500인 이상 기업으로 국한되었는가 하면 노동자의 보험료 부담률이 사측과 동일한 50퍼센트였다.

반면 국가는 한 푼도 낼 필요가 없는 구조로 짜여, 복지국가라는 목표를 달성하는 과정에서 정권은 한마디로 손 안 대고 코 푼 셈이었다. 요컨대 자본을 전주 삼고 의료계를 실무기술자로 동원해 정부재정은 전혀 쓰지 않으면서 이른바 '복지국가'를 건설한 셈이었다.

여전히 문제점이 많기는 하지만 그나마 현재의 건강보험체제를 갖추게 된 것은 1977년 이후 지난한 투쟁 덕분이었다. 그 결과 국가재정 투입을 이끌어내고 사무실을 전경련의 품에서 독립시켰으며 보험 가입 대상을 전 국민으로 확대할 수 있었다. 그러나 여전히 유전무병 무전유병의 세상이 끝난 것 같지는 않다. 최근의 영리 병원 설립 시도 등에서 드러나듯 오히려 강화될 조짐이다.

의료보험은 양가적 효과를 낸 것으로 보인다. 즉 한편으로는 국가와 자본의 양보를 이끌어냈지만 다른 한편으로는 그만큼 국가와 자본의 사회적 지배력을 제고하는 수단으로 작동했었다. 다른 말로 하자면, 통치성 제고를 통해 주민집단에 대한 안정적 관리를 도모한 것이었다. 요컨대 기아와 질병을 통제하는 권력의 통치성이 고도화된다면 주민집단의 실질적 포섭 효과 또한 배가되었을 것이다.

『경향신문』 1977년 7월 1일자 1면 머릿기사는 부가가치세와 함께 의료보험 실시를 알리는 것이었다. 그리고 바로 그 밑에 중요 기사로 배치된 것이 정주영의 복지재단 설립 소식이다. 이 기사 속에서 정주영은 무려 500억 원을 출연해 아산사회복지재단을 설립할 것이며 장학사업과 함께 병원 설립 등 의료복지가 재단의 주된 사업이 될 것이라고 포부를 밝혔다.

경향신문 1977년 7월 1일자 1면 머릿기사는 부가가치세와 의료보험 실시를 알리는 것이었다. 바로 밑에 정주영이 500억 원을 출연해 아산사회복지재단을 설립한다는 기사도 배치되어 있다.

두 개의 기사를 1면에 묶은 편집자의 감각은 어디서 나온 것일까. 이는 다만 편집자의 주관적 감각의 문제가 아닌, 의료보험을 떠받치고 있는 국가와 자본의 재현 전략으로 읽힌다. 그리고 그 재현 전략대로 미래가 구성되었다고 말하면 과장일까. 정주영의 꿈대로 현재 아산병원은 삼성의료원과 함께 국내 최고·최대의 의료시설로 군림하고 있다. 의료와 복지조차 자본의 먹거리가 된 사회, 그것이 바로 오늘날의 현실이다. 의료보험이 대중의 의료복지이자 병원−자본의 안정적 의료비 공급 수단이 되었다면, 국가는 대중의 삶을 어루만지는 손으로 자본의 먹거리를 만들어준 셈이다.

그러나 오늘날 한국의 병원−자본은 의료보험이라는 먹거리만으로는 도저히 성이 차지 않는다. 외려 비보험 치료가 최고의 의료 서비스로 부각되는 상황에서 보험의 외부야말로 병원자본의 최적화된 서식지가 된 게 아닌가 싶다. 보험으로는 질 낮은 기본 의료를 제공하고 비보험으로 최상의 의술을 판매하는 것, 이것이 병원—자본이 꿈꾸는 자유주의 아니겠는가. 보험이라는 울타리 안에서는 질 낮은 사료를 공급하고 울타리 밖의 푸른 목초지에서는 '자유롭게' 풀을 뜯게 하는 것, 이것이 정글의 자유주의가 아니고 무엇이겠는가.

그나마 울타리를 쳐주었던 사목권력(pastoral power)은 오늘날 적나라한 신자유주의 권력—자본에 자리를 내주었다. 굶어 죽을 자유에 잡아먹힐 자유가 부가되더니 이제 병들어 죽을 자유까지 제공된다. 사자와 토끼에게 '평등한 자유'가 주어지듯이 잡아먹을 자유와 잡아먹힐 자유가 평등하게 주어진다. 허면 이런 식으로 개발되고 보호되는 사회에서 병원 문턱은 과연 저승 문턱의 반대편에 있는 것일까. 혹시 그 문턱은 두 개로 보이는 하나의 문턱이 아닐까. 무엇보다 의료보험은 병원 문턱을 넘을 수 있을까?

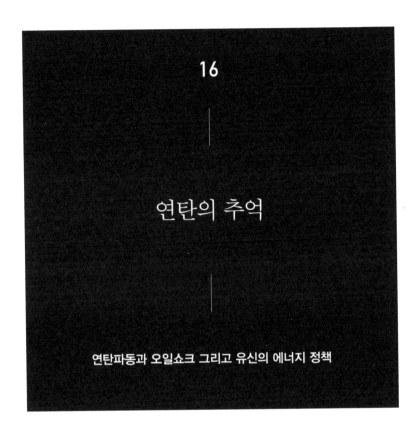

16

연탄의 추억

연탄파동과 오일쇼크 그리고 유신의 에너지 정책

한국에서 연탄의 전성기는 박정희 통치기와 대략 맞먹는다. 연탄이 공장 및 산업 시설에서 사용된 것은 1910년대부터, 일반 가정에서도 쓰인 것은 1920년대부터지만, 1950년대까지만 해도 연료의 주종은 신탄(薪炭)이었다. 1960년 당시만 해도 에너지 소비 중 나무와 숯의 비중이 63퍼센트를 상회했던 반면 석탄의 역할은 27퍼센트 남짓에 불과했다. 석탄 소비가 본격화되는 한편, '연료로 사용하기 위해 석탄을 주원료로 하여 원주형으로 압축 성형한 구멍탄', 즉 연탄이 가정용 연료로 각광받은 것은 1960년대부터다.

비현실적 가격통제가 빚어낸 제1차 연탄파동

아마 지금 40대 이상이라면 누구나 연탄에 얽힌 추억을 갖고 있을 것이다. 찬바람이 돌면 연탄부터 들이던 기억, 리어카로 지게로 져 나르던 기억, 연탄 가느라 한밤중에 오들거리며 방을 빠져나가던 누군가에 대한 기억. 겨울철이면 매일이다시피 연탄가스 중독 기사가 떴고, 1년에도 여러 번 탄광 매몰 뉴스가 전해졌으며, 그때마다 조마조마 구조 속보가 전달되곤 했다. 1960~1970년대 한때는 광산 사고로 해마다 7000명 이상의 희생자가 났을 정도다. 사망자만도 연간 100명을 훌쩍 넘었다.[1] 박정희가 죽고 몇 달 후에는 사북에서 대규모 쟁의 소식이 들려왔다. "해묵은 회사 측의 저임금 푸대접과 노조 집행부에 대한 반발" 때문에 폭발한 광부들이 도로를 일절 차단한 채 "사북 일원의 행정을 마비시키고 거리를 휩"쓴 일대 파란이었다.[2] 이 사건은 주동자 수십 명이 계엄령하의 군사재판에 회부됐다는 무시무시한 소식으로 마감됐다. 이 모든 기억에도 불구하고, 기름보일러나 도시가스 난방이 주종이 돼버린 지금, 연탄은 '그때 그 시절'의 감미로운 향취마저 띠고 있다.

1980년 4월 21일부터 24일까지 강원도 정선군 사북읍에서 벌어진 '사북사태'는 광부들의 삶이 막바지에 이르렀음을 알리는 사건이었다. '광부 700여 명 유혈난동'이라는 제하의 1980년 4월 24일자 『동아일보』 머릿기사.

증기기관 발명 이후 한때 석탄은 국가의 부강을 좌우하는 열쇠였다. 그러나 지금도 화력발전의 상당 부분을 수입 유연탄에 의존하는 처지임에도 한국에서 석탄이나 연탄은 이미 지나간 시절의 화제처럼 보인다. 박정희 시절부터 이미 그러했다. 1960년대 중반까지 박정희 정권의 에너지 정책의 주축은 매장량 풍부한 국내 무연탄을 개발하는 것이었으나, 울산 정유공장을 가동하면서 그 축이 유류 대체화를 추진하는 쪽으로 급속히 기울었다. 1966년 한 차례 연탄파동을 겪은 후에는 더욱 그랬다.

1966년은 제1차 경제개발 5개년 계획의 마지막 해였다. 물가인상률이 경제상장률만큼이나 가파르던 당시, 정부에서는 물가인상률을 8퍼센트선에서 동결한다는 방침하에 먼저 연탄 가격 통제에 나섰다. 시중가격이 15원대였음에도 8원이라는 고시가격을 책정하고 판매상을 압박하는 밀어붙이기식 통제였다. 비현실적 고시가격은 당연히 공급 위축을 불러왔다. 산지에 무연탄이 쌓여 있는데도 실제 소비자들은 연탄을 구하지 못해 발을 굴렀다. 암거래가 성행해 외곽에서는 연탄 가격이 고시가의 세 배를 훨씬 웃돌 정도로 치솟았다고 한다. 시장주의자들은 "경제질서를 무시한 통제 정책이 부작용만 양산했다"라며 혀를 찼다.

때마침 정유시설을 마련해 국내 석유 가격을 낮출 수 있게 된 후였다. 정부는 연료를 전적으로 유류로 대체할 것을 강력하게 추진했다. 국영기업과 대기업에 유류 대체를 의무화하다시피 했고, 다방이나 접객업소에까지 기름 사용을 강권했다. 이른바 '주유종탄(主油從炭)' 정책으로의 전환이었다. 산업화·도시화의 여파로 에너지 수요가 급증해 정책 전환이 시급한 형편이기도 했다. 연평균 30퍼센트 가까이 전력 수요가 뛰어오르고 있던 때였다. 특히 연탄파동 이듬해인 1967년 말에는 전력난이 심각했다. '한집 한등 끄기 운동'에 이어 하루 총 7시간으로 송전을 제한하는 조치가 취해졌을 정도다.[3]

정부에서는 국내 무연탄만으로는 에너지 수요의 3분의 1밖에 감당하지 못할 것이고 그나마 30~40년이면 고갈되고 말 것이라는 전망을 내놓았다. 반면 중동 산유국에서 쏟아지기 시작한 석유는 싸고 무진장한 자원처럼 보였다. 우려의 목소리가 높았으나 '주유종탄' 정책은 그대로 추진되었다. 1966년 총 16퍼센트에 불과했던 총에너지 공급 대비 석유의 비율은 1972년 52퍼센트로 급등한다.

'연탄파동'으로 오일쇼크를 극복(?)하다

그러고는 한동안 "정유공장을 여기저기 짓고 석유를 흔하게 만들"었다.[4] 석유공사 외에 호남정유와 경인에너지가 설립돼 과다경쟁으로 석윳값이 더 내려가기도 했다. 연탄은 아직 신식 연료여서 새마을운동으로 "초가집도 없애고 마을길도 넓히"면서 이제 막 연탄아궁이가 농촌에도 보급되던 와중이었다. 그럼에도 '주유종탄' 정책의 파급효과는 빨랐다. 도시의 살 만한 가구에서는 벌써 연탄아궁이를 없애고 기름보일러를 들이기 시작했다. 1974년, 두 번째 연탄파동이 닥친 것은 이렇듯 유류 대체화가 급속히 이루어지던 무렵이다.

한국이 '1973년의 제1차 오일쇼크에도 불구하고' 비교적 안정적 경제성장을 계속했던 것은 사실이다. 이즈음 국민총생산은 1973년에 13.2퍼센트, 1974년에 8.1퍼센트로 높은 성장률을 보였다. 제4차 중동전쟁에서 비롯된 갈등을 기화로 국제 원유 가격이 네 배로 폭등했음을 생각하면 성공적 방어였다.[5] '공황'이라 불러야 할 정도의 충격이 세계를 휩쓸던 시절이었다. 막 성장세를 탄 개발도상국 중 상당수가 이로써 돌이키기 힘든 타격을 입었다. 그러나 당연한 말이지만 한국에 오일쇼크의 영향이 전혀 없었던 것은 아니다. 물가가 가파르게 상승했고 1967년 전력난 때를 연상시키는 에너지 제한 정책이 속속 도입됐다. 음식점과 다방 등의 영업시간이 단축되고 평일 아침 TV 방송이 폐지됐다. 국내 항공 노선 중 일부가 중지되는가 하면 난방용 유류 공급도 제한되었다. 서울에서는 버스 배차 간격이 두 배로 늘어났다. 추운

1973년 겨울을 강타한 오일쇼크로 석윳값이 30퍼센트나 오르고 일부 도시에서는 연탄 생산과 판매가 제한되었다. 영하의 추운 날씨에 연탄을 담기 위해 대야나 빨래판 등을 이고 가게 앞에 줄지어 선 시민들의 모습.

출근길에 10분 기다리던 버스를 20분 기다리게 된 외에, 아예 버스가 멈춰버린 일마저 있었다. 1973년 11월 어느 날, 답십리 방면 시내버스 80여 대는 기름을 공급받지 못해 종일토록 운행을 하지 못했다.[6]

1974년의 연탄파동은 "성공적으로 극복"했다는 그 오일쇼크가 서민들의 삶에 어떤 얼룩을 남겼는지를 잘 보여준다. 비현실적 가격통제 때문에 시작됐던 1966년의 연탄파동과는 달리 1974년의 연탄파동은 실제 공급량 부족이 큰 원인이었다고 한다. 조짐은 그 전해부터 보였다. 오일쇼크의 여파로 기름값이 오르기 시작하자 정부에서는 연탄 사용을 독려하는 한편 제철에 앞서 미리 연탄을 사다 말려놓으면 열효율이 한결 높다고 선전했다. 그렇잖아도 파동을 겪은 바 있는 서민들은 1974년에는 여름이 오기도 전에 연탄을 사 나르기 시작했다. 유가 인상을 겁내 기름보일러를 다시 연탄아궁이로 바꾸는 집마저 있었다. 몇 년간의 주유종탄 정책으로 채탄량이 제자리걸음을 하던 무렵, 7월에 벌써 연탄은 바닥날 조짐을 보였다.

정부에서는 연탄값을 올리고 탄을 소형화하는 것으로 대응했다. 장당 22원이었던 가격을 30원으로 인상하는 한편 중량은 0.5킬로그램쯤 줄였다. 그것으로도 문제가 해결되지 않자 7월 20일에는 일종의 배급제를 고시했다. 전국 12개 도시를 대상으로 가구별로 연탄카드를 발급, 1회당 구매량을 제한한 것이다. 그 밖에 요식업소나 접객업소 등에서의 연탄 사용을 금지하고 각급 학교 겨울방학을 연장하는 등의 방책도 발표되었다. 오일쇼크 와중이었음에도 기름값을 10퍼센트 이상 인하하기도 했다.

그런데도 겨울이 깊어가도록 사태는 호전되지 않았다. 연탄카드제에서 소외된 지역에서는 문제가 더 심각했다. 새마을운동으로 연탄아궁이 설치가 독려된 데다, 산림보호법 개정에 의해 많은 지역에서 낙엽 채취마저 금지된 다음이었기 때문이다. 마을별로 연료 공동 채취장을 지정했지만 땔감도 모자랐고 연탄은 더더구나 부족했다. 연탄 운반선이 끊긴 섬 지역에서는 연료를 구하려면 뭍으로 나서야만 했다. 도시에서 30원인 연탄이 울릉도에서는 장당 80원까지 올라갔다고 한다. '새마을'에서 모처럼 마련한 연탄아궁이를 지피지 못해 "시부모와 아들 내외가 한방에" 자야 하는 형편이었다.[7] 일부 지역에서는 연탄 아궁이를 땔감아궁이로 환원시키라는 시책마저 하달되었다. "1년에 아궁이를 세 번이나 뜯어고쳤다"라는 하소연은 아마 사실 그대로였을 것이다.

지금도 기억나지만 서울이라고 편안치는 않았던 것 같다. 연탄 은 여전히 부족했으며, 한 번에 수백 장을 들이는 대신 찔끔찔끔 수십 장을 들일 때마다 집안은 검댕투성이가 되곤 했고, 탄이 작아져 아궁 이 간수 횟수가 늘어난 데다 품귀 현상의 당연한 여파로 저질 연탄이 많아져 사정이 더 고약했다. 1966년 파동 때도 그랬지만 이번에도 공 급 자체에 급급했던 정부는 저질탄 문제를 애써 외면했다. 불량탄이 적발되었을 때도 번번이 경고 조치만으로 넘어가곤 했다. 덜 마르고 더 작고 열효율도 낮은 불량 연탄 때문에 고생하던 누군가를 기억한다 면, 그건 그 배후에 똬리 틀고 있던 에너지 정책이며 산업 정책이며 또 새마을운동 등을 한꺼번에 환기하는 일이기도 할 게다.

▌ 치솟는 분노로 연탄 트럭을 덮친 주부들

1966년과 1974년의 연탄파동에서 집단적 항의는 거의 없었다. 산발적 불평불만이 들끓었을 뿐이다. 1974년 10월 경기도 시흥에서 있었던 주부들의 항의가 지금 확인할 수 있는 집단행동으로는 유일하 다. 당시 안양시에 속했던 시흥군은 시흥대교를 사이에 두고 서울과

연탄파동이 일어난 1974년 10월 15일 경기도 시흥의 주부들이 대도시 위주의 연탄 공급에 항의하면서 연탄집게를 들고 나와 시흥대교 부근에서 시위를 벌이고 있다.

접한 지역이었다. 다 같이 힘들었던 연탄파동 와중에도 지역별 불균형은 심각해 농어촌이나 도서 지역 외에도 대도시 밖의 거주자라면 더욱 힘겹게 그 고초를 겪어내야 했다. 대도시에서는 연탄 우선 확보에 집중하는 한편 밀반출을 엄격히 금지했다. 시흥대교에도 서울시 연탄 밀반출 단속 검문소가 설치되어 있었다고 한다. 안양시내 연탄값이 장당 100원까지 치솟았다는 그해 가을, 주부들은 더는 견딜 수 없었던 모양이다.

10월 15일, 시흥대교의 검문소 앞으로 주부들이 몰려들었다. 500여 명에 달하는 숫자였다. 이들은 "시외 반출 단속을 해제하라"라는 구호를 내걸고 한 시간 넘도록 시위를 벌였다. 별 진전이 없자 이 중 100여 명이 가까이 있는 한일연탄공장으로 몰려갔다. 마침 서울 지역으로 공급할 연탄을 트럭에 싣는 중이었다. 검문소 앞 시위 때부터 손에 손에 연탄집게를 들고 있던 주부들은 트럭에 달려들어 연탄을 끌어내리기 시작했다. 일부는 트럭을 가로막아 출발을 저지했다. 집안일을 하던 차림새 그대로, 상당수는 아이를 포대기로 업은 모습이었다. 정치적·사회적 변동에서 가장 먼 자리에 있는 주부, 그야말로 평범하기 이를 데 없는 사람들 수백 명이 떼를 짓고 연탄집게를 흔들어대며 목소리를 높이는 장면은 당시 사회에 적잖이 충격을 준 모양이다. 이틀 후 안양에서는 50~60대 주부 여럿이 동사무소를 찾아가 연탄을 달라며 항의하다 즉심에 넘겨지는 사건도 있었다.

한편으론 윽박지르고 한편으론 달랜 까닭인지 사태는 더 번지지 않은 채 일단락됐다. 그러나 1974년은 주부들도 피부로 느낄 만큼 살아가기가 힘든 한 해였다. 영부인 육영수가 총탄에 맞아 숨지고 대형건물인 대왕코너 및 뉴남산호텔 화재로 각각 수십 명이 숨지는 등 각종 사건이 잇따랐지만, 평범한 살림을 더욱 압박한 것은 오일쇼크의 여파로 가중된 물가 상승과 품귀였다. "석유류 82퍼센트, 전기료 30퍼센트, 사립대학 등록금 20퍼센트." 어떤 주부가 꼼꼼히 정리해둔 대로 연초에 이렇게 포문을 터뜨린 물가 인상은 한 해 동안 멈출 줄 몰랐다. 연탄이나 설탕은 값의 고하를 막론하고 구하기 자체가 힘들었다. "치솟는 분노를 억누르며 구멍 난 가계부를 메우던" 주부들에게 "74억 원에 달하는 박영복 사건 (……) 상류층 부인 보석 밀매 사건" 등이 던져

준 배신감은 너무도 컸다. "이 여자 손에 낀 800만 원짜리 보석반지 하나면 우리 집 식구가 10년은 살 수 있다"라고 푸념을 늘어놓은 사람이 비단 한둘은 아니었을 것이다.[8]

　　오일쇼크 당시 에너지절약운동에 대한 호응도는 저조했던 것으로 전한다. 정부 당국자들은 "왜 우리나라에서는 정부가 단속까지 해도 별로 성과가 없느냐"라며 의아해했다. 홍보와 처벌만으로는 부족하다며 배급제를 기안하기도 했다. 그 말대로, 부와 성공을 향해 달음질칠 때 놀랄 만한 자발성을 보였던 대중은 인내와 절제를 요구받으면 되레 조급해하고 성말라하곤 했다. 1960년대 초·중반과 비교해 크게 달라진 분위기였다. 개발독재 초기에 "참아라, 다만 참아라" 하는 명령이 효과를 발휘할 수 있었다면, 정글과 같은 산업화·도시화 과정을 통과하면서 사람들의 반응은 훨씬 즉각적인 쪽으로 기울었다. 인내의 관성을 다 버리진 않았지만 경쟁과 불안의 심리에 훨씬 쉽게 잠식당했다. 인내와 절제가 부정하게 전유되기 십상이라는 공감이 어느새 광범위하게 퍼져 있었다. 어느 신문에서 꼬집었다시피, "모자라는 것이 문제가 아니고 고르지 않은 것이 바로 문제"였던 것이다.[9]

▌ 에너지 정책의 또 다른 그늘

　　파동 이후에도 여러 해 동안 연탄은 가정용 연료의 주종이었다. 1979년 1월 10일자 『경향신문』에서는 "정부가 주유종탄 연료 정책을 점진적으로 퍼고 있음에도 불구하고 우리나라 대부분의 가정은 주탄종유(主炭從油)의 재래식 난방체제에서 벗어나지 못하고 있다"라고 보도했다. 전체 주택의 56.4퍼센트가 연탄을, 39퍼센트가 나무연료를 사용하는 데 비해 연탄보일러를 갖춘 가정은 3.1퍼센트, 기름보일러를 사용하는 가정은 1.5퍼센트에 지나지 않는다는 말이었다.[10] 새마을운동에도 불구하고 연료 대체 속도는 느렸던 것이다. 값비싼 대신 안전한 보일러를 설치할 수 있는 가정은 소수에 불과했다. 연탄아궁이가 가장 대중적 연료설비였던 이 시절, 그러나 연탄은 '죽음의 가스'를 뿜어내는 위험한 연료이기도 했다. 연탄아궁이를 사용하는 가정 중 10퍼센트 남짓이 1년에 한 차례 이상 가스 중독을 경험한다는 조사가 있었을 정도다.

신식 주거시설인 아파트마저 연탄가스 중독의 안전지대는 아니었다. 1975년에는 갓 준공된 잠실 시영아파트에서 연탄가스 중독이 잇따라 주민들을 불안에 떨게 한 일이 있었다. 하룻밤에 100명, 많을 때는 근 300명까지 중독 환자가 발생했다. 해독제를 준비해놓고 식구가 돌아가며 불침번을 서는 집이 많았단다.[11] 이는 건물의 구조적 결함 때문이라고 했으나 바로 전해의 연탄파동 당시 불량탄이 양산된 까닭이라는 지적도 있었다. 아파트가 이랬을 지경이니 일반 가옥, 더구나 슬레이트 집 등은 훨씬 취약했으리라. 겨울마다 수백 명이 연탄가스 중독으로 숨지는 일이 반복되었다. 그야말로 '겨울철 사신(死神)'다운 위력이었다. 연료의 종류와 가옥의 안전성, 게다가 저질탄 문제까지, 연탄가스 중독은 사회적 현상이었지만 그런 각도에서 취급되는 일은 거의 없었다. 가벼운 가스 중독은 다반사라 병원에 가는 일도 드물었다. 식초 냄새 맡고 동치미 국물 훌훌 마시곤 그만이었다.

　　가스 중독 사고가 일어날 때마다 부실한 가옥을 탓하고 불량탄을 원망하면서도 사람들은 꾸준히 연탄을 썼다. 개발과 함께 자라난 그 늘을 감수해야 할 부산물로 치부하는 태도가 아직 다수를 묶어두고 있었다. 연탄이 서민의 삶에서 사라지기 시작한 때는 1980년대 후반이다. '후진국형' 사건으로 꼽히던 연탄가스 중독도 점차 줄어들었다. 이즈음부터 연탄은 그 자체 빈곤과 과거의 상징이 되었다. 집 앞 연탄재를 부끄러워하고 아파트 기름보일러를 부러워한 것이 이때부터인 듯하다. 한 걸음 나아가 도시가스 공급이 본격화되기도 했다. 1979년에는 서울시내에서도 불과 2퍼센트의 가구만이 도시가스를 썼지만 10년 후에는 그 비율이 24퍼센트로 늘어났다. 1990년부터는 수도권 외 지역에도 도시가스 배관망이 건설되었다. 전기 공급에서는 수력발전에 이어 원자력발전이 대세가 됐다. 그런 가운데 연탄은 완연히 과거의 유물이 되었다.

　　반면 성장일변도 에너지 정책은 여전히 끈질기게 남아 있다. 1978년 본격 가동을 시작한 고리원자력발전소 제1호기처럼, 박정희 시대에 시작된 그 많은 정책과 시설이 '차악'으로서 여전히 유지되고 있는 시점이다. '주탄종유'와 '주유종탄' 같은 효율성 논쟁을 넘어 보다 근본적인 틀을 어떻게 바꿔갈 수 있을지, 박정희와의 결별은 어떻게 가능한지. 우리의 마음과 신체는 훨씬 더 많이 달라져야 하려나 보다. 2015년 현재, 연탄 한 장의 소비자가격은 500원이라고 한다.

4부

1970년대,
유신의 스펙터클

1970년대에 펼쳐진 전위성 혹은 파열음은

현실의 한계를 드러내는 것으로서 오히려 의미를 갖는다.

이들은 실패함으로써 예술의 가능성을 확인했고,

실패를 극복하는 과정으로서 예술의 전위성을 추구할 수 있었다.

17

『선데이서울』과
유신 시대의 대중

독재권력과 대중의 날욕망

『선데이서울』은 지금까지도 선정적 대중잡지의 대명사로 통한다. 무
엇이든『선데이서울』에 실리기만 하면 어떤 내용이든지 저급과 허위
의 혐의에서 벗어날 수 없다. 하물며『선데이서울』이 전거(典據)가 되
기라도 하면 어떤 말씀이든지 단박에 품위가 떨어진다. 1970년대 이
후 주간지 자체가 황색 언론으로 몰리게 된 것도『선데이서울』의 공이

크다. 선정·음란·외설을 지나 쇼킹과 엽기까지, 대중의 온갖 하위문화 코드가 『선데이서울』이란 다섯 글자 안에 응축되어 있다. 그런데 『선데이서울』이 대중잡지의 대명사가 되었다는 것은 그만큼 대중 독자의 열망이 이 한 권의 주간지에 모두 담겼음을 뜻하는 게 아닐까. 한 분야의 정수가 되었다니, 이보다 더 좋을 수는 없을 것 같다.

주간지 전성시대

한국의 주간지는 4·19 이후 폭발적으로 늘어났지만 대중적 호응이 대단치 않았을 뿐 아니라 군사 정부의 언론 정화를 거치며 일순간에 사라진 전사가 있다. 그러나 1964년 『주간한국』은 주간지의 가능성을 증명했다. 한국일보사 창업주 장기영과 박정희의 각별한 관계에서 태어난 『주간한국』은 신문사에 다른 매체 경영을 허용한 특혜이자 언론 길들이기를 위한 당근책이었다.[1] 당근과 채찍을 함께 받은 신문사들은 애초 『주간한국』을 제외하고는 주간지를 발행하지 않기로 합의했으나 1968년 7월 합의가 해소되자 앞다퉈 주간지 발행을 시작했다. 8월 중앙일보사가 『주간중앙』을 발행한 것을 시작으로 서울신문사의 『선데이서울』, 조선일보사의 『주간조선』, 경향신문사의 『주간경향』, 그리고 다시 한국일보사에서 『주간여성』 등을 쏟아냈다. 전국의 각급 언론사가 주간지를 발행함으로써 바야흐로 1970년대는 주간지의 시대로 펼쳐졌다. 각 주간지가 각축한 결과 『선데이서울』은 단연 최고의 위치에 올랐으며, 『주간경향』과 『주간여성』이 『선데이서울』의 아성에 도전하는 지형이 만들어졌다.

『선데이서울』은 대중오락잡지를 표방한 『주간한국』보다 더 철두철미 오락성에 초점을 맞췄다. 『선데이서울』은 사치와 허영과 모방은 무성해도 진짜 멋은 시들고 있다고 판단하며 "황량한 사회에 윤기를 돌리자면 잃었던 멋을 되찾고 새로운 멋을 발굴해야 한다"²라고 강조한다. 그 무엇보다 오락성 위주의 잡지임을 강하게 내세웠던 것이다. 『선데이서울』이 애초부터 보도성을 외면한 것은 아니었다. 인쇄시설의 한계 때문에 비교적 시차가 드러나지 않고 당장 쓰기 쉬운 기사들이 전면에 배치될 수밖에 없었고, 그러다 보니 치정이나 스캔들, 가십성 성 문제 등이 『선데이서울』의 핵심 내용으로 등장하게 된다. 게다가 본지인 『한국일보』보다 더 높은 수익을 신문사에 안겨다주면서 『선데이서울』의 편집 방향은 굳어졌다.³ 이 같은 편집 시스템은 『주간경향』과 『주간여성』도 다르지 않았다.⁴

이 때문에 주간지는 처음부터 논란의 대상이었다. 대중오락잡지를 표방한 주간지는 곧장 음란·외설 시비에 시달렸다. 대학생들은 주간지를 불태우며 불매운동을 펼쳤고 국가의 검열기구는 실질적 통제력을 발휘했다. 문공부와 검찰은 '음란성 심의 기준'으로 '나체, 성교, 부도덕한 성행위의 묘사로 성적 수치심을 유발하거나 성적 흥분을 일으키는 내용'을 첫째 항목에 올려놓았다. 그럼에도 온갖 성적 수치와 흥분으로 점철된 주간지는 기소되지 않았는데, 이는 구세대 잡지라할 수 있는 월간지 『아리랑』과 『인기』가 1969년에 기소된 것과 대비된

『선데이서울』로 대표되는 1970년대의 대중잡지들은
성적 욕망과 환상을 과감하게 담아내면서도 보수적
도덕관을 전파하는 이중성을 띠었다. 사진은 영인본
으로 남은 『선데이서울』의 다채로운 표지와 화보.

다. 언론통제를 군말 없이 수용한 신문사가 발행한 주간지라는 점이 작용한 것으로 짐작할 수 있다. 이런 상황에서 주간지는 선정성의 한 계치를 시험하며 1970년대 대중의 정서를 가장 정밀하게 대변하는 매체로서 이 시기를 가로지른다.

잡지란 읽을거리가 가득 쌓인 텍스트의 보고(寶庫)다. 신문과 비교해 잡지는 양과 깊이에서 훨씬 요긴한 읽을거리를 담고 있으며 독자의 요구에 부응하는 기사를 생산한다. 지식인을 독자로 둔 월간지는 주간지보다 훨씬 수준 높은 정보를 담고 있었으며, 월간지로 해소되지 않는 지적 욕구는 계간지를 통해 새로운 담론으로 이어진다. 1960년대 말 등장한『창작과 비평』,『문학과 지성』이 비평의 새로운 흐름을 주도할 수 있었던 것도 계간지가 지니는 양적 두터움이 토대가 된 덕분이다. 1980년대 무크지가 시대의 억압을 견딘 것도 마찬가지로 매체의 힘이 있었기 때문이다. 잡지는 글을 싣는 매체이면서 그 물질적 근거를 통해 담론이 모여드는 사상의 저수지 역할을 한다.

그러나 1970년대에 태동한 주간지는 달랐다. 대중의 선택을 받은『선데이서울』같은 주간지는 월간지나 계간지가 담보한 고담준론은커녕 한 번 읽고 버려도 무방한 기사, 사상의 아카이브가 될 수 없는 통속적 글로만 채워져 있다. 대중이 바라는 것이 주간지 속으로 빨려들어 간다. 그래서 주간지에는 심오한 사상을 걸러낸 대중의 다양한 욕망이 혼란스럽게 뒤섞인다. 대중은 주간지가 그려내는 값싼 판타지를 소비하며 일상에서는 허름한 정체성을 확인한다. 그러면서 다른 사람도 나와 다르지 않다는 동질감에 안도하기도 한다. 1970년대의 주간지는 '선데이'라는 기호가 가져다주는 장밋빛 희망에서 벗어나지 않았지만 그 희망이 대중문화의 핵심을 만들어냈다. 주간지는 심각한 현실이 아닌, 현실 속에서 발견되었으면 하는 희망을 이야기함으로써 대중의 정체성을 보여주었다. 그런 의미에서 주간지는 욕망의 차원에서 대중의 정체성에 가장 가까이 다가간 매체였다. 이미 화보가 다 뜯겨나간 『선데이서울』을 문서고에서 넘겨보는 이유는 그 속에서 1970년대를 살아온 대중의 정체와 욕망, 희망으로서의 현실 그 자체를 읽을 수 있기 때문이다.

퇴폐와 순결이 뒤섞인 1970년대의 한 풍경

통제와 허용의 경계선에 있던 대중은 『선데이서울』을 통해 어떤 욕망을 확인하고자 했을까. 누천년 이어져온 가난의 굴레를 벗고 먹고살 만해지면서 사람들은 먹는 것만큼이나 원초적인 욕구의 문제로 향하고 있었다. 한국에도 대중사회가 도래했음을 선포하자 사람들은 산업화의 성과를 나눠 가지며 다양한 물질적·정신적 여유를 가지려 했다. 일요일 혹은 '선데이'의 유흥은 산업화가 선사한 가장 행복한 순간이다. 그런데 '선데이'의 낭만을 꿈꾸며 만끽할 수 있었던 대상이 무엇인지는 여전히 모호했다. 한 번도 가져본 적 없는 휴일의 유흥을 어떻게 즐겨야 참다운 대중이 될 수 있을까. 이런 곤혹감 속에서 『선데이서울』이 던진 대답이 바로 성(性)이었다. 전후(戰後)부터 1960년대

까지를 아우르던 '명랑'의 대중성과 이데올로기가 '성'이라는 자극적 대상에 의해 소멸된 것이다.■

'3S 정책'이 5공화국의 전유물 같지만, 실은 1970년대 『선데이 서울』에서도 충실히 활용된 전략이다. 스포츠와 영화 그리고 성을 빼놓고 이 잡지를 말하기는 어렵다. 배우, 탤런트, 가수, 스포츠 스타의 자잘한 동정이 과장된 호기심의 대상이 되면서 이 잡지의 지면을 장식했다. 연예계에 대한 집요한 관심은 지금의 수준과 견주어도 손색없을 정도다. 하지만 이들 셀러브리티에 대한 관심은 무엇보다도 성을 매개로 대중의 관심을 사로잡을 수 있었다. 소소한 연예계 이야기는 간통과 불륜의 드라마로 이어지면서 화제의 정점에 다다른다. 간통 기사는 당대 최고의 특종으로 몇 회에 걸쳐 집중적으로 파헤쳐지고, 누가 누구를 만났다 헤어졌다는 이야기가 안 봐도 뻔하다는 식의 논조로 서술된다. 여성을 남성의 성적 소비 대상으로 만드는 관음증적 시선은[5] 연예인뿐 아니라 평범한 사람들, 즉 낮 시간이 지루한 주부, 고고클럽을 드나드는 여대생과 여공 그리고 전문직이랄 수 있는 마담과 호스티스에게까지 미친다. 주간지의 시선을 따라가보면, 1970년대 대중의 새로움이란 시대의 요구에 맞게 분출되고 소비되는 성에 의해 증명되는 것 같다.

■ 1950년대 중반 등장한 명랑성에 대한 요구는 대중성에 부합하며 저급화로 이어진다. 그러다 1960년대 후반으로 접어들면서 '명랑'의 분위기는 군사정권의 통제하에서 지배적 감정구조를 개발하기 위한 이데올로기 성격이 강해진다. 명랑의 분위기가 사회적으로 증대된 것은 전체주의 사회에 대한 불안의 결과일 수도 있지만, 결과적으로는 일상의 모순을 희석시키는 효과를 낳았음이 분명하다. 이정숙(2011), 「1970년대 꿈트붐의 문화적 지형도」, 『상허학보』 제32집, 2011년 6월, 78쪽.

"'섹스'라는 낱말이 현대인의 일상용어"가 된 만큼 『선데이서울』은 성으로 얽힌 대중의 일상에 초점을 맞춘다. 술집 종업원 중에 숫처녀가 드물다거나[6] 여성 전용 다방에 동성애가 난무한다는[7] '아찔한' 현장은 『선데이서울』이 발견한 1970년대식 풍속이다. 그 중에서도 평범한 일상에서 벌어지는 성적 일탈은 대중의 호기심을 가장 현란하게 자극했다. 이웃사촌에게 남편을 빌려줬다 사달이 났다는 유의 사건을 눈여겨보아야 하는 이유는 그 자체가 쇼킹해서가 아니라 성적 호기심이 대중의 일상 속에서 널리 유통된다는 사실을 보여주기 때문이다. 그중 절정은 형수와 시동생의 '분리불가능' 사건일 것이다.[8] 불륜 현장을 들키자 몸이 경직된 채로 병원으로 실려 왔다는 소문이 광주 일대에 퍼지자 경찰 추산 3만~4만의 군중이 삽시간에 운집, 사실 확인을 요구하며 소문에 등장한 병원 앞에서 농성을 벌였다. 멀리는 목포, 여수에서도 사람들이 찾아왔고 과일 행상이 등장할 정도로 일대가 아수라장이 되자 경찰은 구경꾼 중 20명의 대표를 선발해 병원을 샅샅이 뒤졌다. 경찰은 모든 게 헛소문이라고 결론 내렸지만 사람들은 통금시간까지 해산하지 않았고 다음 날에도 다시 모였다고 한다. 이 소동은 1970년대 대중이 성이라는 대상에 얼마나 왕성하게 반응했는지를 보여준다. 『선데이서울』은 이 사건을 가장 적극적으로 보도함으로써 대중의 선정적 기호(嗜好)를 선명하게 증언했다.

성에 관해서는 정부 역시 윤리위원회를 통해 음란성이라는 기준을 들어 검열의 태세를 갖추고 있었다. 전가의 보도처럼 쓰이는 '성적 수치심'과 '성적 흥분'이란 말이 여기서 시작되거니와 그 기준은 형편없이 자의적이었다. 미니스커트를 입은 여성에 대한 단속 기준이 "속옷이 비치는 칠칠치 못한 여자", "경찰이 보기 민망스러운 아가씨" 등 주관적 판단을 포함하는 상황에서[9] 통제의 합리성을 찾기란 불가능했다. 그럼에도 『선데이서울』 화보는 대중의 선택을 받았고, 통제권력 또한 이를 적당한 선에서 존중해주었다. 이는 주간지의 이중적 태도가 통제권력과 적절히 호응한 덕분이다. 『선데이서울』의 '쇼킹화제', '놀랐지 정보'만 보면 한국 사회는 온통 성 해방에 도취된 듯 보인다.

그런데 『선데이서울』은 성적 문란의 반대급부로서 현모양처 여성상을 제안하기도 한다. 『선데이서울』은 성에 한없이 개방적인 여성상을 그리면서도 여기에 현모양처 여성을 병치함으로써 욕망과 검열의 극단을 적절히 얼버무려놓는다. 타락한 가정주부와 청춘 남녀에게는 화목한 가정으로 돌아가라 타이르고, 호스티스와 마담에게는 호기심 어린 시선으로 실컷 파헤치고 나서는 느닷없이 건실한 직업의식을 가지라 요구한다.

이 같은 성적 올바름은 『선데이서울』이 표방한 선정성과 모순되었으나 성적 문란의 대가로 지불해야 하는 최소한의 포즈였다. 『선데이서울』은 이 아이러니를 '딸자랑' 시리즈를 통해 자신만의 스타일로 포장했다. 대학교수에서 사업가, 예술인, 정치인에 이르는 사회 저명인사의 딸을 소개하는 '딸자랑' 시리즈의 화보가 비키니 화보나 거리의 관음적 '도촬'과 나란히 놓이는 장면은 퇴폐와 순결이 혼재된 1970년대의 한 풍경으로서 도드라져 보인다. 이는 『선데이서울』이 특별히 이끈 향락과 선정의 신세계가 아니다. 이른바 창녀이면서 동시에 성녀인 여성을 갈구한 대중의 일상적 욕망의 진면목이다. 호스티스의 진술한 인터뷰와 '호스티스 공략법'이 공존할 수 있는 욕망의 벡터에서 『선데이서울』은 각 방향에서 작동하는 욕망의 힘을 솔직히 보여준 매체였던 것이다.

부를 향한 열망과 성공 이데올로기

1970년대 대중이 지닌 욕망의 또 다른 대상은 '돈'이었다. 종합교양지와 달리 주간지는 어떤 수사적 치장을 배제한 채 돈 버는 일에 최고의 가치를 부여했다.[■] 수준 있는 월간지의 키워드가 '경제'와 '재벌'이었다면, 주간지의 관심은 '돈'과 '부자'라는 주제에 집중했다. 발간 초창기에 연재된 '예비재벌–30대 입지전(豫備財閥–30代立志傳)' 시리즈는 돈에 대한 열망을 여과 없이 드러낸다. 재벌이니 차관이니 하는 문제가 국가 수준의 경제문제로 부각될 때 평범한 대중은 국가경제를 걱정하는 대신 어떻게 우리도 그들처럼 부자가 될 수 있는지에 우선적 관심을 갖는다. '예비재벌' 시리즈에 등장하는 주인공은 재벌만큼은 아니지만 남부럽지 않은, 혹은 남의 부러움을 살 만큼의 돈을

■ 박광성의 기사 분석에 따르면 주간지 기사 내용이 추구하는 궁극적 목표는 ①섹스 ②치부(致富) ③건강에 집중되어 있다. 섹스와 돈과 건강은 한국 주간지의 3요소인 셈이다. 특히 경제 부문 관련 기사는 대부분 치부와 관계되는 것으로 전체 기사에서 섹스 다음으로 비중이 높다. 박광성 (1972), 「한국 주간지의 성격 연구」, 『신문과 방송』 제40집, 108쪽.

「선데이서울」은 성으로 얽힌 대중의 일상에 초점을 맞춘다. 이 잡지에 등장하는 성적 일탈은 대중의 호기심을 자극했다. 1976년 어느 노점에서 「선데이서울」을 비롯한 대중잡지를 팔고 있는 소년.

번 사람들이다. 굴지 기업을 인수한 뜻밖의 청년 기업가도 있지만 대개는 밑바닥에서부터 고생하며 입지전적 성공을 거둔 이들이 소개된다. 중소 상공인 외에도 공무원이나 교직원, 종교인, 나아가 돈깨나 만진다는 마담도 예비재벌 목록에 이름을 올렸을 정도로 이 시리즈가 말하는 성공의 기준은 오로지 돈이다. "돈을 벌었다는 단 한 가지 사실만 따진 것이 아니라 '재벌'로 성장할 가능성을 찾아본 것"[10]이라 말했으니 돈이라는 기준은 그만큼 절대적이었다.

　'부'가 시대의 미덕이 되고 부에 대한 열망이 정당한 것으로 인정받자, 부를 선취(先取)하기 위한 수단과 방법이 결과로써 정당화된다. 무슨 수를 쓰더라도 돈만 모을 수 있다면, 그 과정의 작은 비위(非違)는 적어도 『선데이서울』에서는 문제되지 않는다. 가난한 구두닦이 4형제의 미담을 소개하면서도 돈을 벌었다는 데에만 초점을 맞출 뿐 어떻게 벌었는지, 어떤 측면에서 그 돈이 가치 있는지 따위에는 관심을 두지 않는다. 사실 사형제의 성공 비결은 상식적으로는 악행에 가깝다. 4형제의 아버지는 구두닦이 15명을 고용하여 하숙비 3000원씩을 꼬박꼬박 받아 챙겼고, 어머니는 이 돈을 굴려 4부 이자놀이와 땅투기로 재산을 늘린 것이다. 그러나 집도 사고 차도 사는 부는 강렬한 선망의 대상이었기에, 그들의 치부 과정은 '살아 있는 교과서'[11]로 평가받는다. 『선데이서울』이 발굴해낸 수많은 성공담은 1970년대 개발과 성장의 비열한 신화와 너무나 닮아 있다.

성공 이데올로기의 맨얼굴 앞에서 공식적인 윤리규범은 작동하지 않는다. 실상 『선데이서울』을 포함한 대중잡지에 등장하는 규범들은 스스로 그 규범을 무화하는 모순을 노출한다. 예컨대 여성들의 성적 일탈을 질정하는 윤리규범이 잡지 곳곳에서 표면화되어 나타나지만, 한두 페이지만 넘기면 곧 여성의 성감대가 어디인지 가르쳐주고 어디서 어떻게 잘 놀고 즐길지를 친절히 알려준다. 마찬가지로, 가난과 좌절을 딛고 일어선 사람들의 이야기를 두고 한껏 동정하고 위로한 뒤에는 곧바로 부자를 향한 부러움을 솔직하게 드러낸다. 두 모습 모두 대중의 실체다. 옳고 그름을 판단할 수 없을 만큼 대중의 욕망은 양가적일 수밖에 없다. 모호한 윤리의식에 정체성을 의탁하는 동시에 통속적 욕망에도 충실한 것이 대중의 참모습이다.

권력과 욕망의 기묘한 동거

『선데이서울』에 펼쳐진 선정성은 1970년대 일상의 만화경과도 같은 풍경을 만들어냈다. 윤리의 함정을 헤집고 다니는 날것의 욕망은 대중의 삶이 얼마나 역동적으로 구성되는지를 잘 보여준다. 그러나 욕망의 풍경은 오래가지 못했다. 대중의 욕망보다 더 큰 권력의 억압이 주간지 바깥에 존재했기 때문이다. 대중문화에 드리운 유신체제의 그림자는 실질적 힘으로 작용했다. 1975년을 기점으로 한국 대중문화는 그 활력이 한풀 꺾이며 권력과의 기묘한 동거를 시작한다. 대마초 파동 같은 직접적 제재도 있었으며, 긴급조치 같은 초법적 권력에 의해 대중의 의식 자체가 억압당하기도 했다.

이 시기 『선데이서울』에도 변화가 생긴다. 연예인과 호스티스의 방만한 유흥 한구석에서 구색만 갖추던 관제 기사의 비중이 1975년 이후 급격히 커진 것이다. 이에 따라 현모양처 아니면 포르노 배우로 상징되던 『선데이서울』 여성상의 두 극단에 '억척녀'라는 여성상이 추가되었다.■ 주로 척박한 시골 마을에서 가난을 극복하고 개인의 부는 물론, 마을 전체를 이끌어나간 영웅적 면모를 갖춘 여성들의 이야기가 전국 각지에서 발굴, 소개되었다. 「이상향을 건설하는 오류마을 여인

■ 한 연구는 『선데이서울』의 여성상을 세 가지로 분류했다. 첫 번째는 성적 대상인 포르노 배우이며, 두 번째는 결혼 상대로서의 현모양처, 그리고 세 번째는 '이조 여인'의 이데올로기를 재현한 억척녀이다. 억척녀는 성실, 근면, 억척스러움, 저축, 소녀가장, 결혼 등의 키워드를 중심으로 형상화되지만, 남성에 의해 운명 지워진다는 점에서 다른 두 여성상과 다르지 않다. 임종수·박세현(2013), 「『선데이서울』에 나타난 여성, 섹슈얼리티 그리고 1970년대」, 『한국문학연구』 제44집, 2013년 6월.

들」(1973. 7. 24), 「첩첩산골에 켠 새살림의 등불」(1975. 7. 6), 「논 사고 동생 학비 대는 효녀 여공」(1976. 7. 7), 「여자 혼자 개펄 막아 옥토 5만 4000평」(1976. 7. 25) 등에 등장한 여성들은 하나같이 가난한 시골의 어려운 현실을 이겨낸 억척녀의 표상이자 새마을·유신 정신의 실천 사례로 그려진다. 또한 호스티스와 마담 인터뷰 기사가 어느새 '일 잘하는 아가씨 직장 인터뷰'로 대체되었다. 「남편들이 출근한 뒤 주부들은 무얼 하나」(1976. 7. 4)라는 질문에도 꽃꽂이, 도예, 열대어 키우기, 주부대학 다니기 같은 모범답안이 제출되었다. 그러는 사이 방만하던 성적 욕망도 점차 퇴색해 치정살인, 동성애, 양성(兩性) 성기 등 엽기를 다루는 수준으로 전락하고 만다.

생생한 욕망이 사라지자 권력의 의지가 기사의 외양을 갖추고는 그 자리를 꿰차고 앉은 것이다. 새마을운동 성공 사례, 미담 기사는 평범한 경우다. 1975년 육영수 여사 1추기 추모 특집에서는 1년을 한결같이 소복단장으로 육 여사 유택을 참배한 주부와 백이십릿길을 매일 걸어서 당도한 노인의 미담이 등장한다. 1977년 백건우·윤정희 납북미수 사건을 다룬 특집에서는 "이렇게 돌아갈 수 있는 것은 아마 당신이 반공 영화에 자주 출연했던 경험의 덕으로 무사히 돌아가게 되는 게 아닌지"[12]라는 삽화까지 곁들여 북괴의 만행을 고발한다. 코리아게이트의 주역 김형욱에 대해서는 주부, 화가, 탤런트, 국가대표 축구선수 등으로부터 나온 '정신병자', '인간 이하', '비겁자', '배신자'라는 규탄을 전하기도 했다.[13]

이 지점에 이르면 더는 『선데이서울』에서 대중적 욕망의 역동성을 찾기가 힘들어진다. '성'과 '부'에 대한 터질 듯한 열망이 반듯한 새마을 건설이나 반공 국시에 의해 빛을 잃자 그 열망은 심지어 초라해 보이기까지 한다. 경제성장의 과실로 '선데이'의 유흥을 즐기려던 『선데이서울』의 당당함 혹은 뻔뻔함은 엽기나 추문 정도로 절하되었다. 이에 나란히 실린 무거운 기사들은 애초의 주간지 기획과 어울릴 수 없었다. 이 어색함은 1970년대 후반 내내 거의 모든 주간지에서 가시지 않았다. 그리고 『선데이서울』은 제힘을 잃었다. 1980년대 들어 선정성의 왕좌를 탈환한 듯했지만 이미 주간지의 시대가 저문 뒤였다. 『선데이서울』의 걷잡을 수 없는 '날욕망'의 생생함은 1970년대 상황에서만 유지될 수 있는 것이었다. 그러므로 『선데이서울』은 1970년대 대중성의 기원을 보여주는 기록으로서 여전히 유효하다. 통제와 억압에 현실적으로 대응해나간 '선데이'의 선정성은 지금도 어딘가에서 재현되고 있을 것이다.

18

권력의 품에 안겨
지배에 봉사한 문인들

유신 시대 문단권력과 『현대문학』

한국에 현존하는 가장 오래된 문예지인 『현대문학』 2013년 9월호는 영문학자 이태동의 권고를 받아 한국문인협회 소속 '문인 박근혜'의 수 필 4편을 게재했다. 신작이 아니라 15년 전에 단행본으로 발표된 책에 이미 실린 글이라니, 대단한 특전이며 일종의 반칙이라 볼 수도 있다.

이를 변명하기 위해 『현대문학』 측은 편집후기를 통해 "절제된 언어로 사유하는 아름다움의 깊이를 보여주는 문인 한 개인을 넘어 한 나라의 대통령을 만날 수 있다는 것은 우리에게 더할 나위 없는 큰 기쁨"이라고 썼다. 이 원고의 게재를 주선하고 비평문을 쓴 이태동 왈, 대통령의 수필이 "우리들의 삶에 등불이 되는 아포리즘들이 가득한, 어둠 속에서 은은히 빛나는 진주와도 같다"라며 "부조리한 삶의 현실과 죽음에 관한 인간의 궁극적인 문제의 코드를 탐색해서 읽어내는 인문학적인 지적 작업에 깊이 천착하고 있기 때문에 문학성 있는 울림으로 다가"온단다. 그래서 만약 "문단과 독자들이 그의 수필을 멀리한다면 너무나 큰 손실이 아닐 수 없다"라고 했다. 이런 언행 앞에서, 대학에서 문학과 인문학을 가르쳐온 사람으로서 눈앞이 막막해진다.

지식인과 문인의 흑역사, 현대문학 · 문인협회

혹 한국문인협회 소속 수필가 박근혜의 글이 정말 뛰어난 문학성을 갖고 있다 해도, 그리하여 '세계 수필계'의 거두(?) 몽테뉴와 베이컨의 전통을 잇고 있다 해도, 진정한 학자나 평론가라면 저런 아부성 단어들을 늘어놓지 않을 것이다. 작품을 과대해석한 것은 차치하고라도, 비평이 견지해야 할 최소한의 객관성이나 비판정신을 내버린 채 과장되고 상투적인 찬사만 가득하다.

그런데 가만히 생각해보니 『현대문학』이 한 일은 한국문학사의 한 전통에 닿는 일이다. 왜냐하면 현대 한국문학사가 그 무엇에서도 자유로운 개인의 꿈과 내면성을 추구한 자유주의적 전통이나 '민족'과 '민중' 따위의 코드로만 점철된 것처럼 "오해들 하고 그러는데", 그것은 일면적인 생각이기 때문이다.

　기실 현대 한국문학사의 한 축은 처음부터 제국주의와 권력에 대한 협력과 애틋한 흠모로 꽉 차 있었다. 한국 현대문학의 비조(鼻祖) 격인 이광수·최남선은 물론, 가장 존경받는 국민 시인 자리를 차지하고 있는 서정주나 대표적인 소설가·평론가로 꼽히며 수많은 제자를 길러낸 김동리·조연현 등 셀 수 없는 예가 있다. 『현대문학』은 전쟁 직후 조연현이 창간·운영하며 문단 주류의 기관지 노릇을 했다. 한국 문인협회는 가장 크고 주류적인 문단의 가장 큰 권력기구이자 '직능' 단체였다. 1961년 12월 31일에 창립된 이후 언제나 힘 있는 조직이었고 지금도 그렇다.

　한국문인협회는 광역시 및 도(道) 단위의 17개 지회에 시·군·구 단위의 168개 지부로 편성되어 전국적 조직망을 갖추고 있으며 "시·시조·민요조시·소설·희곡·평론·수필·청소년문학·아동문학·외국문학 등 10개 분과에 본부 회원만 1만 2000여 명"이다. 대한민국예술원 문학분과 회원 25명 중 19명이 이 협회 회원이다.[1] 또 이 협회는 한국문학심포지엄, 마로니에전국청소년백일장, 해외한국문학심포지엄, 서울문학축전 등 5개 정례사업과 한국문학상, 조연현문학상, 윤동주문학상, 해외한국문학상, 서울시문학상 등 무려 10개 문학상을 운영하고 있다 한다.[2]

　그러니까 사단법인 한국문인협회(문인협회)는 전국적 기구이며

한국문인협회 총회에서 자리를 함께한 미당 서정주(왼쪽) 시인과 조연현 이사장.

국가의 지원으로 운영하는 가장 중요한 문인단체다. 문인협회의 역사는 이 나라 지식인과 문인의 역사나 지성사의 큰 부분일 것이다. 이름만 보면 아주 대표적이고 중립적일 듯한 이 법인은 지난한 '흑역사'도 갖고 있다. 이를테면 문인협회는 전두환이 학살을 통해 국가권력을 탈취했을 때도 태평가를 부르고 찬양성명서를 제출했다. 지지난 대선에서는 이명박을 공개 지지했다.

제자·동료 문인과 기자들이 감옥에 잡혀가 고문을 당하거나 직장에서 쫓겨나던 유신 때도 문인협회는 꿋꿋이 '협력'했다. 흔히 저항과 민족·민중문학의 견지에서 유신 시대 지식인과 문인의 상황을 조명한다. 그 저항이 분명 오늘날까지 명맥이 이어지고 있는 언론자유와 지식인의 사회적 소명에 대한 한국적 전통을 형성한 것은 분명하다. 그런데 사실은 그보다 더 많고 큰 '협력'과 곡학아세가 있었던 것이다. 물론 '협력'과 '저항'은 때로 뒤엉키기도 했다. 그 현장을 되돌아보는 것은 한국 지식사회와 문학판이 어떤 기원과 약점을 내장했는지를 살펴본다는 의미가 있다.

문학사상 가장 권력 지향적이었던 조연현·서정주

분단과 전쟁 때문에 식민지 시대를 대표하던 중견 문인들은 물론 웬만한 진보적 문인과 지식인이 거개 월북하거나 죽자 문단은 젊은 우파의 차지가 되었다. 해방 당시 조연현은 불과 26세, 김동리는 32세, 서정주는 30세였다. 흥미롭게도 문단의 좌우 대립이 분단 고착으로 종식되자마자 남한에 남은 문인들끼리의 내용 없고도 새로운 사생결단 분란이 시작되어 주류 문인이 권력에 밀착하고 권력을 추구하는 '전통'이 생겼다. 이는 마치 한국 문인 일부의 체질처럼 또는 문단 주류의 일상처럼 되었다.

문인이라 믿기 어려울 만큼 권력 지향적이던 조연현이나 타고난 모국어 구사력을 권력을 향한 광대짓에 사용하는 데 거리낌이 없었던 서정주 같은 이들이 그 대열에 있었다. 그들은 한 치의 오차 없이 '친일-친이승만-친박정희-친전두환'의 한길을 올곧게 걸었다. 그러면서 동시에 문단 내에서 파벌을 만들고 정치꾼들과 전혀 다르지 않은 행태로 문단권력을 사냥하는 데 집착했다. 그 대상은 문인협회, 한국 펜클럽, 소설가협회, 시인협회 들이었다. 김동리, 조경희, 박종화 등도 이런 판에 끼어 있었다. 이들 단체가 갖는 이권이 얼마나 되는지 모르겠지만, 협회장 선거에서는 거의 언제나 정치판보다 더 심한 이전투구가 벌어졌다. 점잖고 꼿꼿해서 세속의 일에 무관심했다던 김광섭, 황순원 같은 작가나 이름 없는 젊은 작가들과 지역 문인들도 이 싸움에 휘말릴 수밖에 없었다.

특히 유신 때 이런 행태가 극에 달했다는 점이 교훈적이다. 1973년 1월 문인협회 이사장 선거에서는 협회 역사상 가장 치열한 전쟁이 벌어졌다. 김동리 대 조연현의 이 싸움은 비루한 비방 모략전과 후배 문인 줄세우기를 야기한 돈선거이기도 했다. 결과는 321 대 312로 김동리의 신승, 하지만 과반수 미달. 선거는 두 달 뒤로 연기되었고 1차전의 패자 조연현은 치밀한 전략을 구사했다. 서정주와 황순원 등 영향력 있는 이들을 끌어들여 지지성명을 발표하게 하고 다른 분과장 선거를 적절히 이용하고 거래하여 부동표를 흡수했다. 조연현의 최종 승리.

1975년 1월 또다시 열린 문인협회 이사장 선거는 더 가관이었다. 이때는 젊고 진보적인 소설가 이호철이 출마하여 기성의 문단권력에 도전했다. 이사장 조연현 측은 상상할 수 있는 모든 방법을 동원했다. 금품 살포와 비방은 기본 수단이었고 버스를 대절해 지역 문인들을 서울의 고급 호텔에 묵게 하고 푸짐한 향응을 제공하기까지 했다. 그리고 급기야 '문학'을 거래하였다. 몇몇 젊은 문인들에게 편지를 보내, 조연현 지지를 대가로 작품을 『현대문학』 등에 게재해주겠다고 약속했던 것이다. 이런 사실이 폭로되었지만, 당선은 당당히 또 조연현.

유신 시절 우파 중심의 주류 문인들은 권력에 협력하고 곡학아세한 반면 양심적 문인들은 고난을 겪어야 했다. 박정희는 1974년 긴급조치를 발동하고 조작된 '문인간첩단'의 소설가와 평론가 들을 감옥에 가뒀다. 문인간첩단 사건 당시 이호철, 임헌영, 김우종, 장병희(필명 장백일) 씨가 재판정에 나와 있다.

    왜 일부 주류 문인들은 이다지 심하게 타락했을까? 이런 분열과 병통의 뿌리에는 어떤 정치적 무의식과 '지성'이 있었을까? 가깝게는 1972년 유신 이래 이어진 지식계와 문단 상황이 있다. 유신이 발표되자 당연하다는 듯 문인협회는 지지성명을 발표했다. 그리고 박정희 총통체제의 꼭두각시 대의기구인 통일주체국민회의에 문인 몫으로 박종화, 장덕조, 전숙희 등이 진출했다. 그러나 한쪽에서는 양심적 지식인과 문학인의 유신반대운동이 서서히 타오르고 있었으며, 1974~1975년 정점에 올랐다. 바로 그때 한국의 글쟁이들과 먹물들이 겪었던 고난은 분명 지성사 전체에서 특기되어도 좋을 한 페이지라 본다. 박정희는 1974년이 되자마자 긴급조치를 발동하고 재야인사들과 조작된 '문인간첩단' 소설가와 평론가 들을 감옥에 가뒀다. 동아일보사 사람들 180여 명이 직장을 뺏겼고 그 와중에 장준하와 김상진 그리고 인혁당 사람들은 목숨까지 잃었다.

새로운 지성과 문학의 미래

저항은 문단에서도 타올라 1974년 11월 드디어 자유실천문인협회가 결성되었다. 그 세는 아직 작았지만, 이 새로운 단체는 광기 어린 권력과 기성 문학판에 반감을 가진 젊은 지식인과 문인의 지적 구심이 되고 결국 문학판을 재편하여 문학사를 새로 쓰게 할 예정이었다. 유신은 이처럼 역설로써 새로운 지성과 문학의 미래를 배태한 것이었다. 이런 정황이니 조연현과 문인협회는 기를 쓰고 기득권을 지키려 한 것이겠다.

남북 분단 이후 김동리, 서정주, 조연현 등과 새로운 문단 주류는 대학과 문예지를 장악하면서 막강한 문학권력이 되었다. 지금도 남아 있는 『현대문학』의 '신인 추천제'는[3] 수많은 문인을 배출했다. 그러나 한편으로는 한국문학 재생산의 가장 문제적이고 악명 높은 제도였다. 기성 작가인 『현대문학』의 심사위원 1인이 한 신인의 작품을 3번 추천하면 등단하게 된다는 것이 핵심이었다. 이 제도는 기성 심사위원이 '스승'이 되고 추천받은 신인이 '제자'가 되는 데 결정적 역할을 했다. '추천권'을 가진 심사위원들은 당연히 그리고 실제로 문단권력을 행사했다. 김승옥 같은 대표적인 4·19세대 문학가들은 종속과 사제 관계를 강요하는 이 『현대문학』의 추천제를 모멸적인 것으로 간주했다.[4] 갖은 비판에도 이 제도는 없어지지 않았다. 왜냐하면 비판을 일부 수용하여 심사위원을 다변화하고 지면을 점진적으로 개방했으며, '능력 위주 선발' 원칙을 지키고자 하기도 했기 때문이다. 그래서 유능한 신인이 추천제를 통해 계속 배출될 수 있었다고 평가되기도 한다.[5]

  그런데 왜 그 시절의 일부 주류 문인들은 권력에 아부하며 한몸이 되고 서로 이전투구하는 일을 업으로 삼게 됐을까? 일제의 총동원 체제 시절부터 전쟁과 분단의 참화까지 버티고 살아낸 그들의 정치적 무의식에 권력에 대한 강한 열망과 동일화가 있었다고 보인다. 즉 타락과 분열의 뿌리에 식민지와 분단 경험의 상처가 있었던 것이다. 타자가 사라지자 이념 없는 '순수문학', '문학을 위한 문학'은 서로 싸우며 지배에 봉사할 일밖에 없었던 것이다. 그때 '문학성'을 위시한 문학의 제도란 권위와 기득권을 유지하기 위한 장치로 전락하기도 했다.

  무소불위의 권력이 만인의 복종을 요구할 때 지식인과 문인도 대개 굴종하게 돼 있다. 그러나 동시에 인문학과 문학의 또 다른 본연이 이를 극복하고자 하는 저항을 만들어내고, 지성과 문학을 분열시킨다. 유신 시대는 이런 역사적 교훈에서도 '갑'이다. 그런데 오늘날 벌어지는 일들은 유신이 문학이나 예술을 통해 부활할 수 있음을 보여준다. 또한 미(美)나 문학성 같은 가치가 때로는 얼마나 허약하고 자의적인 것인지, 문학이 얼마나 쉽게 지배의 장난감이 될 수 있는지 알게 한다.

문학은 권력과 자본의 품에 은밀히 안겨 뒷길로 지배에 봉사하는 것만이 아니라 지배 그 자체이기도 했었다. 그러니 역설적으로 저 『현대문학』은 더욱 대단하다. 문학이 기성의 질서와 권력에 대한 비판과 성찰이어야 한다는 따위의 관념을 정면으로 이기고 고고한 문학성의 성채를 이룬다. 문학성이란 역사적 인간주의나 공리주의적 주박(속박)과는 아무 상관이 없는 언어의 완미하고 자율적인 운동, 또한 인간적 고요의 '순수'한 결정체여야 함을 가장 오래된 문예잡지가 재증명한다.

이제 우리는 관료문학이나 궁정문학이 융성할 태평성대가 올 것을 대비해야겠다. 그렇다면 문학 계간지엔 국정원 작가 특집이 어울리지 않을까? 그들은 댓글 달기를 통해 2010년대 인터넷문학을 주도하고 있을 뿐 아니라 남북정상회담과 내란음모사건의 두 녹취록을 통해 이제껏 안일하게만 다뤄진 분단정치의 실재를 하이퍼리얼리티 수준에서 구현해 보여주었다. 나아가 그 녹취록들이 불러일으킨 이런저런 논란은 온 국민의 텍스트 해석 수준을 한껏 높여주지 않았는가.

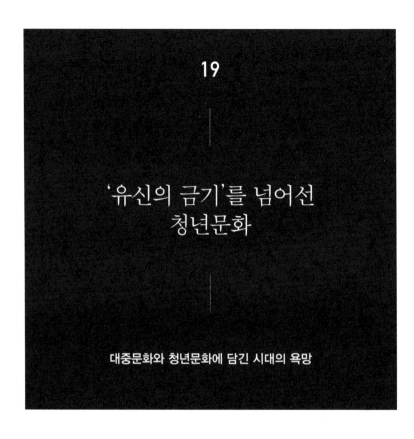

19

'유신의 금기'를 넘어선 청년문화

대중문화와 청년문화에 담긴 시대의 욕망

2013년 9월, 1970년대에 청년문화의 아이콘이었던 소설가 최인호가 세상을 떴다. 1974년 7월 24일 『한국일보』를 통해 그는 '청년문화선언' 이라 불린 글에서, 오늘날의 청년문화는 소수의 엘리트에 의해서 대표되는 그런 문화가 아니며 고전이 무너져가고 있다고 불평하지 말고 대중의 감각이 세련되어가고 있는 것을 주목하라고 요청했다. 그는 "그들을 욕하기 전에 한번 가서 밤을 새워보라. 음악에 몸을 맡기고 종전처럼 둘이 추는 춤이 아니라 혼자 떨어져 격식도 없이 몸을 흔들어대는 춤추는 젊은이들의 감은 눈을 보라. 노름판에 끼어들려면 최소한도 판돈을 대고 덤벼들어야지!"라고 외쳤다. 또한 엘리트와 대중을 구분하는 완고한 청년문화 비판자들에 대해 "전에는 침묵의 대중을 몇몇 엘리트들이 정의 내리며 주도하였고 이끌었지만, 오늘날의 청년문화는 엘리트를 인정치 않는다. …… 오늘날의 청년문화는 침묵의 다수에서부터 위로 올라가는 상향식의 문화인 것이다"라며 기성세대가 청년문화를 저질과 퇴폐로 몰아붙이는 데 반박하며 통블생 문화를 옹호하였다.[1]

애초 청년문화가 논쟁이 된 시작은 문학평론가이자 『동아일보』 기자였던 김병익이 『동아일보』(1974년 3월 29일자)에 「오늘날의 젊은 우상들」이란 특집기사를 쓰면서였다. 4·19세대인 김병익이 통기타와 블루진과 생맥주를 염색한 군복과 두툼한 『사상계』와 바라크의 막걸리가 상징하는 이전 세대와는 다른 풍경이라고 지적했다. 그는 "단절되었던 가면의 전통극으로부터 고고춤에 이르기까지, 마르쿠제로부터 안인숙(『별들의 고향』의 여주인공)에 이르기까지" 청년문화가 "퇴폐적인 발산이나 이유 없는 반항으로 그치지 않는 것은 분명하다"라고 주장했다. 바로 김병익은 블루진과 통기타와 생맥주를 "육당과 춘원, 3·1운동과 광주학생운동, 4·19와 6·3데모로 연연이 이어온 청년운동이 70년대에 착용한 새로운 의상"이라고 고평했던 것이다.

최인호의 죽음과 함께 청년문화도 역사의 뒤편으로 퇴장하는 듯하다. 하지만 다시 생각해보면, 1970년대 대중문화는 어느덧 복고처럼 우리 주변에 다가와 있다. '세시봉'으로 통칭되는 통기타 가수들이 인기를 끌었고 최근에는 영화까지 만들어졌으며, 〈불후의 명곡〉이라는 음악 프로그램에 송창식과 신중현이 등장해 향수를 불러일으킨 것은 당시 젊은 시절에 대한 애잔함이 아직도 호소력을 발휘하고 있기 때문이다.

대중사회의 도래

1970년대가 정부에는 조국 근대화의 시대였고 재야와 학생운동권에는 민주 회복을 위한 민주화운동의 시기였다면, 보통 사람들에게는 바야흐로 대중문화의 시대였다. 도시에 무정형의 대중이 모여들고 1960년대 중후반부터는 제1차 경제개발계획의 성과가 드러나며 물질적 풍요에 대한 기대가 확산됐다. 이에 따라 다양한 취향, 문화, 습속의 향유와 함께 서구 문화가 물밀 듯이 밀려와 전통을 여지없이 파괴하는 시대가 눈앞에 펼쳐졌다.

대중문화 확산이 체제 유지나 정부에 대한 획일적 동원으로 이어질지 모른다는 지식인들의 우려와 달리 대중은 무조건 순응하지도, 수동적 존재로서 문화상품에 맞춰지지도 않았다. 대중은 적극적으로 라디오와 텔레비전을 소비하며 자신들만의 정체성을 만들어갔다. 특히 '통블생'으로 상징되는 청년문화가 유행하던 1970년대는 청년이 문

1970년대의 서구적 감수성이 담긴 청년문화의 대변자들이었던 신중현과 한대수의 앨범.

화적 주체로 호명된 유일무이한 시기였다. 1970년 8.4퍼센트에 불과하던 대학 진학률이 1980년에는 15.9퍼센트로 두 배 가까이 증가했던 사실에서 알 수 있듯이 학력자본과 문화자본이 이들 청년에게 이전 세대, 다른 계급과 자신을 구별지을 수 있는 기반을 제공해줬다.

'청년문화'란 말이 처음 사용된 시기는 송창식과 윤형주가 결성한 트윈폴리오가 음악활동을 시작한 1968년경이었다. 이 시기 문화적 취향의 두드러진 특징은 서구적 감수성이었다. 청년문화가 즐기던 음악은 모던포크, 스탠더드팝, 팝발라드, 로큰롤, 샹송 그리고 칸초네까지 다양했는데 그 출발은 대다수가 서구 음악의 번안곡이었다.

이전 세대가 식민지 체험으로부터 일본 문화의 영향력 아래 놓여 있었던 데 비해, 청년문화 세대는 1970년대의 확대된 소비와 구매력에 기초해 본격적으로 서구 문화의 세례를 받았다. 일본말로 쓰인

책 대신 『타임』지와 『뉴스위크』지 등 영문 잡지와 원서, 뽕짝에 대한 반발심이 담긴 통기타 등은 1970년대 청년문화 세대의 감수성을 드러내는 도구였다. "기타 못 치면 간첩"이란 이야기가 돌 정도로 확산된, 통기타를 둘러싼 유행은 대중이 문화의 소비자에서 한 걸음 더 나아가 문화의 생산자로 자리 잡아갔음을 보여준다.

한대수가 "통기타 세대라는 하나의 세대가 등장했다. 대학생들도 기타를 들고 노래를 만들기 시작했다. 음악의 수준은 아무 문제가 아니었다. 그것은 위대한 출발이었기 때문이다"[2] 라고 회고했듯이, 이제 문화는 과거와 달라졌다. 이들이 또래 서구 청년들의 스타일을 따라했던 것은 무조건적 서구 취향을 넘어서는, 금지된 것에 대한 욕망이었다. 유신체제라는 숨 막히는 정치 상황과 '민족중흥의 주체 되기'를 자기들만의 방식으로 거부하면서 '서구=자유로운 문명'을 지향하는 서구의 아이들이었던 것이다.[3]

소비는 퇴폐인가?

유신 시기 정부는 소비 억제를 강조했다. 박정희 정부는 1970년대가 되면 소비가 미덕이 될 것이라고 주문을 외웠지만 말뿐이었다. 유신 직후 박정희 정부는 허례허식과 사치와 낭비에 대한 전면전쟁을 선언했으며 언론도 고고춤, 장발족, 골프, 유흥 근절을 강조했다. 1974년에는 긴급조치 3호를 통해 양주, 자동차, 귀금속, 골프, 텔레비전, 냉

당대 최고 인기 가수였던 김추자에 대해 정부는 "저속한 창법, 퇴폐적이고 폭력적"이라고 규정했으며, 그래선지 〈거짓말이야〉라는 노래에서 나오는 그녀의 손동작이 북한 간첩에게 보내는 암호라는 소문이 돌기도 했다.

장고, 세탁기 등을 포함하는 사치성 소비 품목에 대한 억제 정책을 실시했다.[4]

이처럼 1970년대 내내 정부는 퇴폐 단속과 선도를 이어갔고 심지어 1975년 민간에서 '퇴폐풍조정화위원회'라는 요상한 이름의 조직을 만들기에 이르렀다. 당대 최고 인기 가수였던 김추자에 대해 정부는 "저속한 창법, 퇴폐적이고 폭력적"이라고 규정했으며, 그래선지 〈거짓말이야〉라는 노래에서 나오는 그녀의 손동작이 북한 간첩에게 보내는 암호라는 소문이 돌기도 했다. 이뿐 아니라 신중현이 1970년 시민회관에서 마련한 '고고 갈라 파티'라는 이름의 사이키델릭 쇼에 대해서도 신문과 잡지는 퇴폐와 폭력의 온상이라 매도했다.

문제적 사실은 정부뿐 아니라 지식인이나 대학생들도 소비와 퇴폐를 등식으로 이해했다는 사실이다. 예를 들어 1971년 10월 6일 경향신문의 '오늘날의 대학생'이라는 좌담 기사에서 한 대학생은 소비문화를 부추기는 언론을 비난했다. 또 1974년 4월부터 당시 이슈가 되었던 청년문화 논쟁에 대해 『대학신문』(서울대), 『고대신문』(고려대) 등 대학 언론은 청년문화를 이른바 '딴따라패' '도깨비문화'라고 정면 비판했다. 단지 스타일에서 서구의 하위문화를 모방할 뿐 비판정신이 결핍된 문화가 청년문화이며 반면에 자신들은 '딴따라'에 대비되는 '화랑도'라고 불렀다. 이는 유신에 비판적이던 대학생들조차 대중소비문화에 대한 시각은 정부와 묘하게 닮아 있었음을 보여준다.[5]

하지만 소비 억제와 저축을 강요하는 정부나 지식인들과 달리 대중의 소비는 갈수록 늘었다. 1969년 연간 커피 소비량은 125억 잔, 맥주는 하루에 24만 병이 소비됐다. 통계치를 보더라도 민간소비 지출 총액이 1961년에는 2457억 원이었는데 1977년에는 10조 원으로 엄청나게 늘었다. 정부는 소비 억제를 강요했으나 소비의 규모 자체가 엄청나게 커진 것이다. 뭐니 뭐니 해도 1970년대 대중의 소비 능력을 판별하는 지표는 내구성 상품인 텔레비전, 라디오, 세탁기 등이었다. 정부는 이들 상품을 사치성 품목으로 지정했지만 텔레비전 180만 대, 냉장고 85만 대, 세탁기 26만 대가 팔리는 등 이들 상품의 소비가 지속적으로 증가하면서 점차 필수품으로 자리 잡았다. 이에 따라 1970년

청년문화 논쟁에 대해 『대학신문』(서울대), 『고대신문』(고려대) 등 대학 언론은 청년문화를 이른바 '딴따라패' '도깨비문화'라고 정면 비판했다. 당시 대학가에서 벌어진 퇴폐 반대 시위 장면.

대로 접어들면서 텔레비전 보급률은 80퍼센트까지 치솟았다. 대중소비 시대의 대중에게는 구매가 '행복'인 동시에 '주류문화(主流文化) 편입'의 수단이었던 것이다.[6]

서울에 고고홀을 허하라: 폭발하는 대중, 대중문화

몇 년 전 유신 시기 전설의 음악그룹을 주인공으로 한 〈고고 70〉이란 영화가 개봉했었다. 이는 1970년대 상황에 상상력을 더한 극영

1972년 10월 13일자 〈고바우〉 만화. 고고춤에 빠진 딸이 집안에서 춤 연습을 하자, 어머니는 딸이 잡혀갈까 봐 이불 속으로 밀어 넣었으나 딸은 이불을 뒤집어쓰고 춤 연습을 한다.

화지만, 당시 대중문화를 둘러싼 진실도 포함하고 있다. 저녁 7시부터 통행금지가 해제되는 새벽 4시까지 문을 여는 '나이트클럽 문화'에 대해 정부는 유신 선포 이전까지 방관했었다. 속칭 '고고족'은 당국의 단속을 피해 지방원정을 나서 유원지에서 춤판을 벌였다. 1972년 10월 13일자 〈고바우〉 만화를 보면 고고춤에 빠진 딸이 집안에서 춤 연습을 하자, 어머니는 딸이 잡혀갈까 봐 이불 속으로 밀어 넣었으나 딸은 이불을 뒤집어쓰고 춤 연습을 한다고 하는 장면이 나오는데 이 정도로 열기가 대단했다. 결국 1975년 당시 김종필 국무총리는 청소년, 부녀자가 술에 취해 춤추는 것을 풍기문란, 퇴폐로 규정했고 같은 해 6월 유원지 풍기문란 단속으로 780여 명이 구속됐다.[7]

공전의 히트를 기록한 영화 〈바보들의 행진〉(감독 하길종)에서 영자가 입은 엉덩이에 착 달라붙는 청바지, 뒤축을 눌러 신은 운동화 등 여성성이 제거된 중성적 차림새와 성별을 구분하기 어려운 장발 등 은 부모세대를 거스르는 반세대의식의 상징이었다. 비슷한 젊은 세대 의 풍속을 그린 〈별들의 고향〉(감독 이장호)에 등장하는 연애담도 통속 적이라기보다는 당시 신세대의 감수성을 적나라하게 드러낸 '남녀 탐 구생활' 같은 것이었다. 이처럼 이 영화들의 원작자 최인호는 1970년 대 대중문화와 청년문화의 현실을 '날것의 언어'로 대중에게 전달해주 었다.[8]

청년문화 가운데 검열이나 금지곡 지정으로 상당 기간 대중의 시야에서 사라졌던 경우도 있다. 1974년 초반까지만 해도 통기타를 중 심으로 한 포크음악은 불온하지도 퇴폐적이지도 않은 것으로 인식됐 고, 대학가의 절대적 지지 속에 불길처럼 번지는 호경기를 만끽하고 있었다. 하지만 김민기의 〈아침이슬〉은 1973년, 한대수의 〈물 좀 주소〉 는 1974년 앨범이 나오자마자 금지곡이 됐다. 당시 대중가요는 사회 적 메시지가 조금이라도 담겼거나 퇴폐적으로 해석될 가능성이 있을 경우 유신의 철퇴로부터 자유롭지 못했다. 가수 김세화의 대표곡 〈나 비소녀〉는 작곡가 송창식이 예비군 훈련을 거부하는 바람에 금지곡이 되었다. 〈아침이슬〉을 만든 김민기의 경우, 김민기 이름만 들어가면 제 대로 보지도 않고 방송 부적격 판정이 내려져 궁여지책으로 〈늙은 군인의 노래〉는 양희은 작곡으로 둔갑하기도 했다. 심지어 연예인협회는 회원들의 곡을 시기와 가사가 부적합하다는 이유로 자율 금지곡으로 선정하기도 했다. 여기 해당되는 곡은 〈아침이슬〉(김민기), 〈왜 불러〉 (송창식), 〈고래사냥〉(송창식) 등 5곡이었다.

　　마지막 철퇴는 1975년 11월 연예인 40명이 포함된 대마초 파동이었다. 당시 만화에 신중현의 히트곡 〈미인〉을 비유해 "한번 [대마초를-인용자] 피고 두 번 피고 자꾸만 피고 싶네"란 대사가 등장할 정도로 그 충격은 컸다. 요즘 말로 아이돌 못지않은 인기를 누리던 포크팝과 포크록은 이 사건 이후 한동안 침묵의 시간을 견뎌야 했다.[9]

　　통기타와 장발족으로 상징되던 청년문화는 '유신의 공적 1호'였다. 하지만 검열, 탄압, 물리적 제재 등으로 아무리 막으려 해도 용광로같이 확산되는 대중의 소비 욕구와 대중문화에 대한 취향 자체를 금지할 순 없었다. 민족중흥과 국적 있는 교육을 강조했던 유신 시대의 흐름과 이들이 지향했던 삶의 스타일은 조화되기 어려웠다. 이들의 감수성에는 교련, 학도호국단 등 유신체제 아래의 학교에서 누릴 수 없었던 자유를 향한 동경, 우울하고 신파로 가득 찬 한국 사회로부터 탈출하고자 하는 욕망이 내재되어 있었다.

　　송창식의 〈고래사냥〉 가사 "술 마시고 노래하고 춤을 춰봐도/가슴에는 하나 가득 슬픔뿐이네/무엇을 할 것인가 둘러보아도/보이는 건 모두가 돌아앉았네"에서 느껴지는 우울, 슬픔, 비탄의 정도는 결코 과장이 아니었다. 동시에 국가와 민족, 근대화라는 이름으로 강요되던 정신개조 프로그램에는 배치되는 것이었다. 비록 대중문화의 내용 자체가 저항적이지는 않았을지 몰라도, 이를 적극적으로 받아들이는 대중의 마음속에는 민족중흥이란 외침만으로 가득 찬 유신체제에 대한 불만이 똬리를 틀고 있었다.

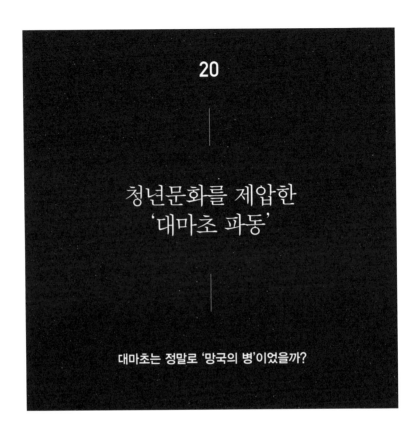

20

청년문화를 제압한
'대마초 파동'

대마초는 정말로 '망국의 병'이었을까?

대마초 연예인이 복귀할 때면 으레 적당한 매체를 빌려 자신의 과오를 반성하고 마약의 위해성을 고해하는 것이 관례가 되다시피 했다. 그러나 1970년대 대마초 연예인의 상징인 신중현은 그러지 않았다. 활동 정지가 풀렸을 때 그의 음악도 이미 옛것이 되어버렸기 때문일까, 아니면 작정하고 '나라 사랑'을 외친 앨범이 빛도 보지 못한 채 통째로

금지곡이 된 당혹감 때문이었을까. 신중현은 마약의 위험성에 관해 상식선 수준에서 적당히 읊어댄 적이 없었다. 마약에 관한 한 신중현은 끝까지 가본 사람이다. 1970년대 초 그는 사이키델릭 세계를 좇다가 LSD를 경험했다. 택시 기사가 부처로 보였고 하늘에서 선녀가 내려와 음악을 들려줬다. 열 시간가량 그는 극락을 경험했다고 했다.[1] 그는 그것이 이성의 통로로는 접근할 수 없는 '제2의 세계'라고, 한 인터뷰에서 말한 적이 있다. 그 세계는 지금 세상과는 다른 자유로운 영혼을 위한 세계라는 것도 강조했다.[2] 그는 망가진 육체로 인해 마약에서 손을 뗐지만 그렇다고 제2의 세계를 포기한 것은 아니었다. 마약 없이, 음악만으로 이성 너머의 세계로 가는 것이 중요하다고 말했을 뿐이다.

그러나 현실은 마약에 이처럼 관대하지 않다. 반(反)마약 담론에 환상이 개입될 여지는 매우 적다. 서구에서 나름의 화학적·의학적 전통을 바탕으로 공중보건과 인권의 측면에서 마약이 논의되는 사이, 동아시아에서는 논의 자체가 차단되었으며 그 어떤 개인적 접근 시도도 용납되지 않았다. 특히 아편전쟁의 쓰린 기억을 가진 중국에서 마약은 상상만으로도 '망국'과 동의어이자 '매국'의 지름길이 됐다. 그에 비해 한국에서는 마약에 대한 거부감이 중국만큼 신경증적이지는 않았던 듯하다. 개항과 함께 들어온 아편은 퇴폐와 몰락을 상징하는 박래품(舶來品)으로 인식되었지만 이미 잃어버릴 나라가 없어서일까, 주벽이나 노름처럼 개인의 선택에 따른 윤리적 문제로 여겨졌다. 아편쟁이란 곧 부도덕한 인간 혹은 몹쓸 타락자 정도로 여겨진 것이 한국적 상황이었다. 20세기 초까지 아편이라는 말은 '인민의 아편'처럼 비유적 표현에서만 살아 있었던 것 같다.

한국에서 마약이 망국과 매국이라는 악마적 이미지로 재등장한 것은 한국전쟁 시기다. 휴전 즈음 적들이 후방에 은밀히 마약을 퍼뜨려 교란시키고 있다든지 마약에 나라가 망한다든지 하는 식의 반마약 담론이 등장한 것이다.[3] 이는 마약＝망국이라는 등식을 내세워 애국적 공포심을 활용한 선전선동이었다. 그러나 실제로 간첩들이 퍼뜨렸다는 마약의 존재는 불분명하다. 마약을 퍼뜨린 간첩의 흉계나 그에 대한 방첩의 기록은 찾아보기 어렵다. 국민의 정신건강을 해치는 마약은 오히려 합법적 루트를 통해 전후 사회에 퍼져갔다. 전쟁에서 경험한 마약성 진통제가 제대군인과 함께 민간 사회로 번졌고, 개인적 요구에 따라 진통제가 향락과 환각의 도구로 활용된 것이다. 1965년 '메사돈 파동'을 일으킨 향정신성의약품은 특별한 통제도 받지 않았다. 환각이 무엇이고 그것이 왜 위험한지는 전쟁이 끝나고도 몇 해가 지나서야 서서히 드러났다. 그에 따라 1957년에는 기본적 마약 통제를 위한 마약법이 처음으로 제정되었다.

마약법은 마약을 "정당한 의료 및 과학용으로 사용을 국한하여 취급의 적정을 목적"으로 제정된 것으로, 환각과 의존성에 대한 분석에 따라 마약 성분을 정의했다. 여기에 망국의 위험성은 개입될 여지가 없다. 이 법은 무엇이 우리 몸에 나쁜지를 판별하는 실증주의적 성격이 크다. 환각과 중독에 대한 도덕적 판단은 마약법의 목적이 아니었다. 마약법 제정 이전부터 흔했던 자연발생적 오남용은 마약법의 주된 단속 대상이 아니었으며, 또한 마약법이 규정하지 않은 물질의 자발적 의존 상태도 마약법으로 판단할 대상이 아니었다. 최근의 우유주사, 즉 프로포폴 사태에서도 보듯이 특정 약물에 대한 의존 자체는 이에 해당하는 법률적 근거가 마련되기 전까지는 그저 떠들썩한 여론 재판 말고는 제재할 수단이 없다. 이는 법률이 실증적으로 제한하기 전까지 특정 성분이 신체에 가하는 쾌락은 문제 삼을 수 없음을 의미한다. 물론 마약중독자에 대한 사회 일반의 인식이 도덕적 입장에서 형성되는 것은 분명하지만 물질 자체는 도덕적 판단 이전에, 인간이 요구하는 쾌락만큼이나 자연적 상태에 놓여 있었던 것이다. 양귀비가 오랫동안 민간 요법으로 지속된 까닭도 이것이며, 마약일 줄은 꿈에도 생각하지 못한 대마초 역시 그러했다.

미군이 발견한 한국의 자연유산 '대마'

양귀비꽃은 그 자체도 아름답거니와 달인 물은 기침과 배앓이에 쓰이는 민간 처방으로 지금도 암암리에 쓰인다. 그러나 영국군이 아편을 추출하여 중국에 쏟아 부음으로써 양귀비는 마약의 대명사로 전락한다. 대마의 운명은 이보다 더 기구하다. 대마는 현재 마약, 향정신성의약품과 함께 3대 마약류에 당당히 올라 있지만 마약류가 된 지는 그리 오래지 않다.

한 만화에서는 촌마을 사람들이 한데 모여 대마를 태우며 집단 환각에 빠져드는 장면이 등장하기도 했다. 게슴츠레한 눈빛으로 환각

한국에 대마초 혹은 마리화나의 존재가 알려진 것은 1960년대 후반이다. 1960년대 말을 뒤흔든 세계적 변혁의 열풍에 마리화나의 풍문이 묻어 들어왔고 월남전에서 미군을 통해 그 실체가 확인되었다.

에 빠져 난잡한 성행위를 하거나 종기딱지를 떼어내는 엽기적 장면이 그것이다(필자의 기억에 따르자면 고우영의 작품이다). 그러나 한여름밤 모깃불로 쓰일지언정 이런 식의 환각파티는 현실적으로 불가능할 뿐 아니라 대마초 흡입의 일반적 증상과도 일치하지 않는다. 이러한 신화적 장면은 대마초가 마약으로 전락한 1970년대 이후에 상상된 장면임이 틀림없다. 민간에서는 우연히라도 대마에서 환각과 중독성을 발견하지 못했다.

　　그렇다면 누가 대마를 마약으로 만들었을까. 한국에 대마초 혹은 마리화나의 존재가 알려진 것은 1960년대 후반이다. 1960년대 말을 뒤흔든 세계적 변혁의 열풍에 마리화나의 풍문이 묻어 들어왔고 월남전에서 미군을 통해 그 실체가 확인되었다. 그러나 대마초가 어떤 것인지 정확히 이해한 사람은 드물었다. 대마초에 대한 직접 경험이 없었거니와 대마초 흡연자에 대한 부정적 경험도 일반화되지 않았기 때문이다. 아편쟁이나 모르핀중독자와 달리 '해피 스모커'들은 특별히 나빠 보이지 않았다. 가까이서 목격한 대마초는 오히려 히피의 상징이자 정신적 물질처럼 보였다.

> 마리화나를 일제히 피우며 주어진 주제를 생각한다. 그리고[sic] 나서 다시 모여 앉아 그들이 얻은 답을 공개하며 자유스럽게 의사를 나눈다. 이 제전에서 그들이 즐겨 선택하는 주제는 '평화'이거나 '사랑'이다. 이러한 모임을 그들은 제식(祭式)이라고 한다.[4]

1960년대 말 미국의 상황을 살펴본 하길종은 오히려 대마초에서 청년들의 저항과 기성 사회의 억압을 발견한다. 두려움은 대마초에 대한 당시의 일반적 반응이 아니었다. 한반도의 산과 들에 흐드러진 대마는 그때까지만 해도 미지의 상태에 놓여 있었다.

한국의 대마를 재발견한 이는 미군이었다. 20세기 들어 대마초를 불법으로 규정한 미국 정부의 조치는 주한미군에게도 그대로 적용되는데, 대마초를 제대로 공급받지 못한 미군 흡연자들은 우연히 한국의 대마가 미국 정부가 규제한 마리화나와 동일하다는 사실을 발견한다. 게다가 한국의 대마에는 테트라히드로칸나비놀(THC)이라는 유효 성분 함유량이 다른 품종보다 월등히 높다는 것도 임상적으로 깨닫는다. 영내에서 금지된 마리화나가 뒷산에서 자생한다는 사실을 발견하자 한국에도 바야흐로 대마초의 세계가 열리게 된다. 1960년대 후반부터 미군 부대를 중심으로 질 좋은 한국산 대마가 채취, 재배되기 시작한 것이다. 그리고 미군과의 왕래가 잦은 기지촌 주변에는 대마 공급책, 속칭 '대마잡이'들이 생겨났다.

▌대마는 위험하지 않다

1960년대 후반 미군기지 주변에 대마초라는 마약담배가 나돈다는 소문에 경찰이 수사에 나선다. 그러나 막상 대마초를 확보하고도 그것이 무엇인지 정확한 판단을 내릴 수 없었다. 국립과학수사연구소에 의뢰했지만 국산 대마가 미군의 금지 품목인 인도 대마와 같은 것인지는 확인되지 않았다. 수사관은 대마초를 직접 피워보면서 쓴 풀 맛만 날 뿐 중독성이나 현기증이 느껴지지 않는 것으로 보아 마약 성분은 없는 것 같다는 잠정 결론을 내렸다.[5]

이 같은 용감한 실험은 1970년 습관성의약품관리법이 제정된 후에도 계속되었다. 다섯 명의 신경정신과 전공의는 사회적으로 물의를 일으키고 있는 대마초를 직접 피워봄으로써 대마초가 인체에 어떤 영향을 주는지 파악하기 위한 생체실험에 들어간다. 통제나 플라시보 없이 6일간 대마초를 피워본 결과는 경찰의 관능검사(官能檢査)와 다르지 않았다. 그들은 일부 시지각에 왜곡이 나타났으나 흡연 후 두통과 불쾌감으로 인해 다시 흡연하고 싶은 생각이 전혀 들지 않았으며 대개의 마약에서 보이는 특별한 후유증인 불안 증상도 없었다고 보고했다. 이들의 6일간 실험의 결론은 다음과 같았다.

> 우리들은 dizziness, nausea, difficulty of muscular coordination, floating sense of body, lethargy와 특히 의욕상실 등을 느낄 수 있었다. 개인에 따라서는 일과성의 색깔의 변화 등도 있었으나 전체적으로는 아주 불쾌한 느낌이 압도적이었으며, 계속 대마초를 흡연해보고 싶은 느낌은 전혀 얻을 수가 없었다. 우리가 관심을 기울였던 euphoric state인 "high sense"를 한 사람도 경험하지 못했다.[6]

모르고 피우나 알고 피우나 대마초는 그저 마른 풀에 불과한 것 같았다. 법률적으로 습관성의약품관리법 이전의 대마초는 의학적 논란과 별개로 단속 근거조차 없었다. 기존 마약법의 단속 대상에 대마가 포함되지 않았을 뿐 아니라 UN에서 마리화나 원료로 지목한 인도 대마와 한국 대마가 같은 종인지, 같은 환각 성분이 있는지조차 밝혀내지 못할 만큼 수사 당국은 대마에 관해 무지했다. 미군의 요청과 마약담배의 소문에 따라 검거에 나섰지만 정작 대마잡이를 기소하려면 마약법이 아닌 외환관리법을 적용하는 궁여지책을 동원해야만 했다.[7] 그러는 사이 대마초는 기지촌을 중심으로 도시의 청년들, 특히 악사와 대학생과 재수생 등에게 퍼져나갔다. 1970년대의 청년들 역시 대마초에서 특이한 풀 타는 냄새만 맡았는지는 알 수 없지만, 1970년대 캠퍼스에서 대마초는 알 만한 사람은 알 만큼 널리 퍼진 상태였다.

대마사범의 탄생

　공백 지대에 있던 대마초가 사회문제로 대두된 데는 1970년대 벽두에 벌어진 살인사건의 영향이 컸다. 1970년 3월 동두천에서 두 명의 미군 병사가 대마초를 흡입한 후 한국인 대마잡이 부부를 잔인하게 살해하는 일이 발생했다. 경찰의 조사 결과 가해자들은 대마초 흡입 후 아편 외상을 요구했지만 뜻대로 되지 않자 살해했다고 한다. 그런데 세상의 관심은 미군 범죄가 아니라 대마초에 집중되었다. 피해자가 대마잡이였으며 범행 장소에서 대마초가 발견됨으로써 이 사건은 초동수사가 이뤄질 때부터 '대마초 살인'이라 불렸다. 사건에는 아편과 LSD 같은 진성 마약도 연루되었지만, 언론 보도가 거듭될수록 대마초 환각만이 살인의 동인으로 강조되었다.

　　이 사건을 계기로 대마초는 사회 전반에 강렬한 인상을 남기며 1970년대를 대표하는 마약의 총아로 등장한다. 사건의 여파가 컸던 만큼 미군 측에서는 한국 정부에 대마 단속에 관한 법률 제정을 요구했으며, 그에 따라 1970년 대마에 대한 단속 근거를 마련할 '습관성의 약품관리법'이 제정되었다. 새 법률에 따라 대마는 기존의 마약법이 규정한 "앵속·아편 및 코카엽에서 추출되는 알칼로이드" 이외의 습관성의약품으로 분류됨으로써 처음으로 마약의 일속이 되었다. 이 법이 대마를 아편이나 LSD 같은 진성 마약으로 규정하지는 않았지만 단속의 근거는 확실히 마련된 것이며 제정 이후 대마초 흡연자들도 여타의 마약중독자와 같이 단속되기 시작한다. 법률이 발효되자 습관성의약품관리법 위반자들이 속속 검거되었지만 사회적 파장은 그리 크지 않았다. 계속해서 대마는 청년들의 일상에 퍼져나갔고 위기의식이 팽배하지도 않았다.[8]

그러던 대마초가 '파동'을 일으킨 것은 1975년 말이었다. 대마초를 흡입한 연예인들을 검거했다는 검찰의 발표는 이른바 '대마초 파동'으로 불릴 만큼 큰 파장을 일으켰다. 이장희, 윤형주, 이종용을 비롯해 8명이 구속된 것을 필두로 이듬해 1월까지 100여 명의 연예인이 '대마초 연예인'으로 입건되었고 수십 명이 구속되기에 이른다. 이후 대마초 연예인들은 방송은 물론 유흥업소 무대공연에서까지 퇴출되는 초법적 제재를 받음으로써 대마초 파동은 연예계를 매개로 하여 사회 전체를 뒤흔든 사건이 된다.

대마초 파동이 일어나자 때마침 대통령이 나서 대마초 흡연자에게 법정최고형을 적용하여 엄벌할 것을 지시한다. 대통령은 1976년 연두순시 때 "공산당과 싸워 죽느냐 사느냐를 결정하는 중대한 마당에 처한 지금 젊은이들이 대마초를 피우고 있다는 것은 나라를 망치는 일"[9]이라든지 "망국의 풍조"[10]라는 말로 자신의 의지를 거듭 표명했다. 대통령의 의지는 곧 새로운 법령 제정으로 이어졌다. 1976년 대마는 습관성의약품관리법에서 독립하여 대마관리법이라는 새로운 법률에

"대마초 피우다 쑥밭이 된 가요계"라는 특집 기사가 소개된 『주간중앙』 표지. 1975년의 대마초 파동은 대마초에 대한 공포와 위험성을 사회 전체로 전파하는 파급력을 보였다.

의해 통제되기 시작한다. 마약과 습관성의약품(현행 '향정신성의약품'), 그리고 대마로 분류된 지금의 마약 관리체계는 이때 완성되었다. 한국에 '대마사범'이 탄생한 것도 이때다. 대통령의 강력한 엄벌 의지에 따라 대마사범의 처벌 수위는 놀랍도록 강해졌다. 습관성의약품관리법이 10년 이하 징역 100만 원 이하의 벌금을 규정한 것에 비하면 최대 사형까지 규정해놓은 대마관리법은 말 그대로 무시무시한 수준이었다. 이제 대마는 19세기의 아편에 버금가는 망국의 마약이 되어버렸고, 대마사범의 위해성은 살인이나 반란죄에 버금가는 반국가적 범죄가 된 것이다.

정신적 물질로서의 대마

대마초 파동은 왜 하필 1975년에 일어났으며, 왜 하필 연예인이 단속 대상이 되었던 것일까. 1975년의 대마초 파동은 대마초에 대한 공포와 위험성을 사회 전체로 전파하는 파급력을 보였다. "한 번 피고 두 번 피고 자꾸만 피고 싶네~"[11]라는 조롱 섞인 유행어를 만들 정도로 대마초에 대한 부정적 인식은 다방면에서 급상승했다. 대마에 대한 전 방위적 통제는 1960년대의 마약 단속을 떠올리게 한다. 박정희 정권은 1960년대 중반 사회의 3대 악 혹은 5대 악에 항상 마약을 포함했다. 이때 마약 단속은 경제 재건을 위한 노동력을 확보하는 데 목적이 맞춰져 있었다.[12] 정부는 마약에 빠져 일을 하지 않는 게으른 중독자들을 국민으로 호출하면서 이들이 마약에서 벗어나 건강한 신체로 거듭나 신성한 노동력을 제공하는 국민으로 개조되기를 바랐던 것이다. 1965년을 '일하는 전진의 해'로 선포하고 '단결과 생산과 전진'을 구호로 삼은 박정희 정권이 생산성 제고를 강조한 것과도 연관된다.[13]

이는 남녀노소 누구나 노는 사람 없이 근면하게 일한다는 서독의 사례에 깊은 감명을 받은 대통령의 심중이 작용한 결과이기도 하다.[14] 국가 재건에 전 국민이 나서야 하는 시점에 노동력을 훼손하는 마약은 국가경제를 좀먹고 사회를 병들게 하는 사회악의 핵심이라는 이야기였다. 의료행정이 미치지 못하던 곳에서 마약은 만병통치약으로 통했고 한 가정 혹은 마을 전체가 중독에 빠진 경우도 흔했기에 1960년대의 마약 단속은 산간벽지나 낙도, 탄광촌 같은 지역에 집중

되었다. 단속의 최종 목표는 노동력을 상실한 이들을 성실한 근로자로 만드는 것이었다. 개인의 육체가 국가경제의 근간이었으니 마약의 단속과 통제가 국민의 육체를 관리하고 노동력을 공급하는 데 초점이 맞춰진 것은 당연한 일이었다.

그러나 1970년대의 대마초 사태는 양상이 달랐다. 기지촌에서 시작된 대마초는 도시 청년을 중심으로 자발적 선택에 의해 퍼져나간 것이었다. 주 수요층은 재수생과 고등학생까지 포함하는 청년층이었으며, 연예계 수요도 적지 않았다. 이들은 국가가 원하는 노동력과는 거리가 있었다. 설령 노동자들이 대마초를 피운다 해도 1960년대에 그랬듯 마을 전체가 몰락하는 참혹한 풍경을 만든 경우는 흔치 않았다. 정부의 통제 목표도 이들의 육체가 아니었다. 대통령의 꼼꼼한 언급에서도 알 수 있듯이 통제 대상은 파동의 주범인 연예인을 포함하는 청년문화 자체였다. 1970년대 초반의 자유분방한 청년문화는 당시 권력자에게 눈엣가시였고, 그래서 채 꽃피우기도 전에 퇴폐의 낙인을 받아야 했던 것이다. 권력자의 뜻에 따라 청년들의 나약하고 퇴폐적인 정신은 곧 개조의 대상이 되었으며, 대마초는 유신의 건전한 정신을 좀먹는 해악으로 지목되었다.

대마초가 정신의 문제라는 점은 당시의 정신의학적 분석에서도 엿볼 수 있다. 한 정신과 전문의는 청년들이 대마초를 피우는 이유로 "첫째는 호기심에서 또는 시험 삼아서이고 둘째는 심심해서 또는 어울려 놀기 위해서"[15]라는 분석을 내놓으며, 특히 학교도 공장도 가지 못한 재수생에 대한 관심을 당부했다. 이 주장은 어이없어 보이긴

1970년대 유신정권은 서구 자유주의 문화의 세례를 받은 청년문화를 규제하기 위해 대마초 파동이라는 폭력을 휘둘렀다. 전후 원조에서 벗어나 산업화로 겨우 먹고살기 시작한 구세대와 산업화 속에서 성장하여 미국식 자유주의 영향을 받은 새로운 세대 간의 문화적 충돌을 폭력적인 방식으로 진압한 것이다. 1975년 이후 가요계에 불어닥친 대마초 파동에 관한 기사들.

하지만 거짓은 아니다. 환각에 대한 기대보다 '이국 취향의 선호', '또래집단의 시식 내지는 시음 문화론'이 마약 입문의 동기이고 보면,[16] 1970년대 한국의 대학생 혹은 재수생이 '심심해서' 대마를 피운다는 것은 오히려 진실에 가까운 대답이었을 가능성이 크다. 국가 재건이니 유신이니 하는 것들에 동의하지 못하고 불만으로 가득 찬 청년들의 심심함을 달래준 것이 바로 대마였다. 이들에게 대마는 소극적이나마 저항의 수단이었다.

그러나 권력이 일은 하지 않고 심심해하다 못해 대마초를 피우는 청년들의 작태를 용납할 리 없었다. 언젠가 이런 청년들은 따끔하게 손봐야 할 터였고 연예인이 개중에 만만한 대상이었을지 모른다.

대마초 파동이 일어나기 전부터 연예계 80퍼센트가 대마초를 피운다는 소문이 나돌던 차에, 1975년 대마초 파동을 계기로 거의 모든 분야의 청년문화 기수들을 줄줄이 엮을 수 있었다. 이 파동은 행정적 차원의 단속이 아니라 1970년대 문화에 대한 전면적 통제를 의미하는 사건이자 청년문화를 박정희주의로 끌어들이려는 시도로도 읽을 수 있다.[17]

대마초 파동을 계기로 청년문화의 스타들은 방송에서 완전히 퇴출되어 이제 생계를 걱정해야 할 처지로 몰락했다. 간곡한 탄원에도 풀리지 않던 활동금지 조치는 박근혜가 총재로 있던 '새마음봉사대'의 교도소 위문공연 같은 국책사업에 협조하고 나서야 무대공연에 한해 일부 풀린다.[18] 그렇지만 그때는 정신병자로 몰렸던 신중현이 이미 음악에서 손을 뗀 시점이었고 조용필은 은퇴공연을 한 뒤였다. 포크와 록이 사라진 자리에는 트로트 고고라는 정체불명의 음악이 남겨져 있었다. 유신정권이 청년문화를 완전히 제압한 것이다.

1976년을 정점으로 하여 대마사범도 점차 줄었다. 그렇다면 대마초가 사라진 청년들의 정신은 대통령의 기대대로 정말 건강해졌을까. 아쉽게도 그렇지 않았다. 아편도 대마초도 없는 1970년대 후반, 한국에는 메스암페타민, 일명 '히로뽕'이 등장했고 그리하여 1980년대가 필로폰의 시대가 될 것을 예고했다. 한 세대 전, 군수 공장의 생산성을 높이기 위해 투여되었던 필로폰은 건강한 유신의 후손을 사로잡을 준비를 마쳤다. 이들 가운데 정신과 육체의 건강을 요구했던 대통령의 영식(令息) 박지만이 포함되었다는 사실은 대마초 파동이 남긴 최고의 아이러니다.

'벗은 몸', 유신 시대 주변부의 남성과 여성

스트리킹, 1970년대의 나체들

"어디서 용기가 나서 옷을 벗고 싸웠을까." 정말이다. 어디서 그런 용기가 나서 속옷까지 다 벗어던지고 경찰에 맞섰을까. 200여 명이나 되는 여성 노동자들이. '섹시'가 최고의 찬사로 통하는 지금도 옷을 한 꺼풀 벗어버리는 건 겁나는 일이겠거늘, 가부장제가 독했던 1970년대 한복판에 젊은 여자들이 나체가 돼 맞선다는 게 어떻게 가능했을까.

1976년 7월 25일, 동일방직 노동자들의 나체 시위는 1970년대를 상징하는 장면 중 하나다. 한여름인 데다 여러 날 이어진 농성의 뒤끝이라 산더미같이 쌓인 속옷은 하나같이 '꼬질꼬질하고 더러'웠다고 한다. 그 속옷더미를 보니 "절로 눈물이 났다"라고 시위 참가자들은 후일 회고한다. 그랬을 테다.

벗은 몸은, 가장 약하고 가장 강하다. 아무것도 지닌 것 없는 몸. 그러나 스스로 알몸을 드러낼 수 있다는 것은 벌거벗은 신체만으로 스스로를 증명할 수 있다는 뜻이기도 하다. 십자가 위 예수상이 보여주듯 벗은 몸은 종종 극적 반전의 순간을 현시한다. 1970년대를 통틀어 가장 상징적이고 가장 중요한 벗은 몸이라면 응당 동일방직 여성 노동자들의 몸을 꼽아야 할 터이다. 노동사에 있어 동일방직 파업은 YH사건과 더불어 박정희 시대의 종막을 알리는 사건이었다. 동일방직에서는 나체 시위에 이어 1978년에는 예의 '똥물 사건'이 벌어져 여성 노동자의 삶, 그 극한의 억압을 몸 자체를 통해 확인케 해주었다. "이 쌍년들아, 똥이나 먹어라! 이것이 뭔 줄 아냐? 바로 개가 먹는 똥이다!" 욕설과 함께 분뇨를 뿌리고 심지어 억지로 입에 분뇨를 밀어 넣은 사람들은 다름 아니라 같은 작업장에 근무하던 남성 노동자들이었다고 한다.

잘 알려져 있듯 1970년대 노동운동을 주도한 것은 경공업에 종사하던 여성 노동자들이다. 남성 노동자의 참여도는 극히 저조했던 것으로 전한다. 동일방직의 경우에서 보듯 남성=관리자=어용, 여성=하급노동자=민주라는 이분법이 작동하기 쉬운 사례도 드물지 않다.

'똥물'을 뒤집어쓴 여성 노동자와 동일방직노조의 투쟁. 1970년대의 처절하고 끈질긴 여성 노동자 투쟁의 상징이 인천 동일방직노동조합의 역사다. 동일방직노조는 1972년 5월 회사 측의 지원을 받은 남자 후보들을 큰 표차로 물리치고 주길자가 지부장에 선출되면서 민주적인 노조로 발전했다.

1970년대 여성 노동자들의 목소리가 오늘날 비교적 너른 음역(音域)을 갖게 된 데 비해 남성 노동자들의 소리는 여전히 잘 들리지 않는다. 이때 침묵했던 남성 노동자들은, 그러나 훗날 1987년 여름의 '노동자대투쟁'의 그들과 겹치는 존재이기 쉽다. 1970년대에 그들은 무엇을 느끼고 생각하고 또한 갈망했을까? 누구에겐 '암울한 절망의 연대', 누구에게는 '비약과 진출의 연대'로 기억되는 1970년대를 그들은 어떻게 살아낸 것일까? 1970년대 한때 유명했던, 사소하지만 인상적인 또 하나의 벗은 몸이 떠오르는 것은 여기서다. '스트리킹'이라는 단어와 함께 상륙했던 벌거벗은 몸 말이다.

대중 속으로 달려든 스트리킹의 광풍

1974년 봄이었다. 1974년이라면 연두에 긴급조치 1호가 발효된 바로 그해다. 광복절 행사 때 영부인 육영수가 피격을 당한 연도고, 한편 동아일보사 기자들이 언론 투쟁에 나선 해이기도 하다. 그 전해인 1973년에는 김대중 납치 사건이 떠들썩했고 늦가을에는 교련 확대 방침에 반대하는 시위가 대중적 이목을 끌었다. 청년문화 논쟁이 신문 지상을 달구었던 것도 1974년이다. 청바지, 통기타, 생맥주로 상징되는 젊은이들의 문화는 '철없는 것들'이 '밥 먹고 할 짓 없어' 벌이는 해프닝 수준에서 벗어나 시민권을 획득해가고 있었다. 한편에서는 박정희 정권 위기설이 본격적으로 떠돌았고 각 대학 학생들은 3월~4월을 목표로 대규모 시위를 일으킬 준비에 착수했다. "그 3월은 주지하다시피 대학가에 심상치 않은 분위기가 감돌고 있음을 누구나 예감하던 시절이었다."[1]

그 '심상치 않은 분위기'의 실제적 귀결은 4월 3일 서울 시내 몇몇 대학에서의 산발적 시위, 그리고 같은 날 발표된 긴급조치 4호였다. 긴급조치 4호는 '민청학련'이라는 조직을 거명하며 반정부 조직 일망타진을 예고했다. 1년여 후 내린 긴급조치 7호는 민청학련 사건과 관련해 체포된, 10년이나 묵힌 인혁당 사건 관계자들을 한꺼번에 교수대로 보냈다. 1974~1975년에 벌어진 이 일련의 정황은 박정희 정권이 국제적 고립을 감수하고 일체의 비판 세력을 소탕하고야 말겠다는 결의를 굳혔음을 시사한다. 1975년, 4월에 서울대생 김상진의 투신 사건이 있었고 5월엔 한두 차례 캠퍼스 내 시위가 있었지만, 그야말로 대한민국의 일상은 '얼어붙었다'. 갑남을녀들마저 공포를 일상적으로 체감하게 된 것은 이때부터가 아닌가 생각된다. 1960년대까지만 해도 한편에선 유연한 태도를 견지했던 정부는 일체의 불만을 용납지 않는 폭력적 권위로 전환했다.

스트리킹은 권력과 반권력 사이 긴장이 고조된 순간에 찾아왔던 해프닝이다. 처음 소식이 전해진 것은 '뭔가 일어날 거라는' 예감으로 가득 차 있던 1974년 3월 초였다. 제일성은 3월 4일 몇몇 신문을 통해 전해진 미국발 스트리킹 기사. 여러 신문에서 동시다발적으로 미국에서 '나체 질주'가 유행한다는 사실을 보도했다. 비록 한두 단짜리 가십성 기사였지만 '미국', '대학', '나체' 등의 기호는 대중의 관심을 끌기 충분했다. 며칠 후 다시 보도됐듯 "미 전국 대학 캠퍼스에서 일고 있는 벌거벗은 알몸으로 대중 속을 달리는 스트리킹의 광풍은 9일 서독 이탈리아 프랑스 영국 등 전 세계에 파급됐으며 마침내 유교의 나라 대만에도 상륙하여 동양에까지 불어닥쳤다."[2]

스트리킹이 처음 출현한 것은 당시 문화적으로도 주도권을 자랑하던 미국. 이 희한한 퍼포먼스가 등장한 것은 1973년 1월의 일로 알려져 있다. 미국 또한 격변기였다. 1960년대 후반부터 성과 인종의 해방을 위한 운동이 활발했고 베트남전쟁이 논란이 되던 끝에, 1972년에는 워터게이트 사건이 터졌고 1973년에는 마침내 미군이 베트남에서 철수했다. 세계적으로도 어지러웠다. 뮌헨올림픽 테러(1972), 칠레의 쿠데타(1973), 중동 위기(1973) 등이 보여주듯 '자유세계'며 '세계평화

1960년대 말 격변의 한복판에서 나타나기 시작한 '탈의(脫衣)'의 해방적 상징성은 1973~1974년을 통해 스트리킹 유행으로 마무리됐다. 사진은 1974년 3월 미국 오하이오 주 켄트 주립대 학생들의 스트리킹 장면.

수호' 같은 구호가 시대에 뒤떨어진 구두선(口頭禪)이 되는 시기가 도래하고 있었다. 현대 세계에 테러리즘이 본격적으로 등장한 것은 2차대전이 끝나갈 무렵 시온주의 행동이 과격해졌을 때부터라고 하지만—이스라엘 건국에 성공하기까지, 그리고 성공한 후에도 시온주의자들은 몇몇 유럽 국가의 미온적 태도에 불만을 품고 몇 차례 대규모 테러를 시도했다—그것이 오늘날 같은 꼴을 갖추기 시작한 것은 바로 1970년대다.

누구나 '위기' 혹은 '전환'을 예감했다. 앨빈 토플러의 『제3의

물결』이 열어젖힌 이른바 '미래학'이 등장한 것도 이때다. 옛 시대는 사라졌지만 새 시대는 아직 보이지 않는—오늘까지 이어지고 있는 그 '위기' 속에서 스트리킹은 거의 최후로 젊은이들의 집단행동이 충격을 불러일으킨 사건이었다. 1973년에 조짐을 보이기 시작해 1974년 초 스트리킹은 '광풍'이라 해도 좋을 만한 기세를 보인다. 1월에서 5월 사이 미국에서만 1000건이 넘는 스트리킹이 보고되었다고 한다. 규모도 커졌다. 처음엔 누군가 단독으로 달리던 것이 1973년 중반부터는 '단체 질주'가 유행하여, 메릴랜드 대학에서는 533명의 학생들이 나체로 거리를 뛰었고 조지아 대학에서는 1543명의 학생이 벌거벗은 채 시내를 가로질렀다.[3] 스트리킹의 원뜻이 말해주듯 그들의 전형적 행동양식은 '질주(streaking)'였다. 위반, 일탈, 저항, 질주, 그리고 마지막.

1년 동안 세계적 화제가 되었지만 누구도 스트리킹이 어떤 현상인지 속 시원히 해명하진 못했다. 약간의 정치색이 가미된 경우도 있었지만 결코 일반적 정황은 아니었다. 일명 닉슨 스트리킹 손목시계나 재떨이 등이, 즉 당시 미 대통령이었던 닉슨을 나체로 등장시킨 상품이 유행했고, '닉슨 대통령 탄핵을 위한 스트리킹'이 5만 명 규모로 계획되었으며 일부 학생이 '스트리커들의 올림픽'을 주최했지만 1973~1974년, 연인원 수만 명이 참여한 스트리킹이라는 사건에서 정치 문제는 한 번도 전면화되지 않았다.

서울 거리에 출현한 스트리킹

한국에 최초로 스트리커가 등장한 것은 1974년 3월 13일이다. 3월이지만 추워서 아침엔 영하 7도까지 내려가는 날씨였다 한다. 8시를 좀 넘긴 출근길, 고려대 앞 안암동 차도 한복판에 20대로 보이는 젊은 남성이 뛰어들었다. 이미 어디선가 준비를 마친 듯 벌거벗은 몸이었고 뒤에 두 청년이, 한 명은 옷을 들고 한 명은 카메라 촬영을 맡으면서 따르고 있었다고 한다. 청년은 200여 미터 되는 거리를 달리다 주유소 옆 골목으로 사라졌다. 외국의 스트리킹에 대한 신문 보도가 시작된 지 고작 1주일 남짓 됐을 때의 일이다.[4]

이들이 누구였는지는 지금껏 알려져 있지 않다. 고대 앞 차도에 출현한 것으로 보아 학생이었거나, 적어도 학생으로 보이고자 했던 것만은 분명하다. 카메라를 들었던 것으로 보아 젊은 예술가들이 벌이는 일종의 퍼포먼스였을 가능성도 있다. 이튿날 『경향신문』에서는 다른 사정은 불문에 부친 채 "스트리킹이라는 광태가 급기야 서울 거리에 출현하고 말았다. 참으로 통곡할 일이다"라고 썼다. 같은 날 경찰청에서는 '나체 질주'를 경범죄로 처벌할 것을 예고했다. 미국 및 유럽에서 스트리킹이 처음 출현했을 때 처벌 조항을 둘러싸고 골치를 앓았던 것을 의식했던 듯싶다. 바로 이날 일본에도 최초의 스트리커가 등장했다. 히로시마 시내를 질주한 이 스트리커는 맨몸인 채로 헬멧을 쓰고 망치를 든 채 등에는 '강소(強訴)'라고 크게 적어두었다. 전공투를 연상시키는 차림새에, 한국으로 치면 '격쟁(擊錚)'이라 쓰고 시내를 뛴

「스트리킹」서울 上陸…20代靑年 추위속에 200m 알몸疾走

'스트리킹 서울 상륙'이란 제하의 기사에 등장한 20대 청년의 알몸 질주 사건.

"스트리킹 刑事處罰

治安局, 음란죄 適用 토록

치안국의 형사처벌 방침을 다룬 『경향신문』의 보도(3월 18일자).

셈이다. 타이완에서는 아시아 지역 최초로 며칠 앞서 스트리킹이 출현했다.

　3월 14일 파주서 미군 두 명이 스트리킹을 벌인 데 이어 15일에는 전국적으로 세 군데서 스트리킹 사건이 있었다. 역시 동두천에서 미군들이 벌인 스트리킹을 논외로 하면, 서울 한남동에서는 20대로 보이는 장발 청년이 알몸으로 도로를 질주했고 충무에서는 27세의 구두닦이 청년이 충무극장에서 통영여고까지 시내 한복판을 달렸다. 후자의 경우는 현장에서 체포당해 구류 7일 처분을 받았다. 경범죄가 적용되었던 만큼 가벼운 처벌이었다. 17일 밤에는 서울 금호동에서 20대 인쇄공이 스트리킹을 하려고 옷을 벗다가 체포됐다. 그의 말에 따르면 친구들과 어울려 술을 마시다가 스트리킹을 하면 2차를 사겠다는 말에 즉흥적으로 벌인 일이었다고 한다. 이튿날 경찰청에서는 스트리킹을 경범죄로 처벌한다는 방침을 바꾸어 공공장소에서의 음란행위 조항을 적용하겠다고 발표했다. 형법 245조로 다스려 1년 이하 징역에 처하겠다는 것이었다.

이 즈음 전국적으로 다시 장발단속령이 내렸는데, 이것도 스트리킹 유행 때문이라는 소문이 떠돌았다. 안암동 스트리커를 체포하기 위해 전담 수사반까지 편성된 가운데 28일에는 여수에 최초의 여성 스트리커가 출현했다. '대전집'이란 술집의 종업원으로, 매춘 강요에 시달리는 데다 딴 곳으로 팔아넘기겠다는 말을 들은 탓에 항의차 벌인 일이었다고 한다. 이 여성은 도로를 질주하는 대신 사람들이 다투어 모여드는 중에 시민극장 앞길을 천천히 걸었다.[5]

기세로 보아선 가속도가 붙어 전국을 휩쓸 기세였던 스트리킹은, 그러나 이후 신문지면에서는 보이지 않는다. 기자의 회고를 참조하면 그 놀라운 전파력 때문에 주요 신문사들이 스트리킹 보도 자제에 합의했다고 한다. 아마 여러 건의 스트리킹이 더 있었겠지만 "신문 보도가 중지되자 스트리킹도 중지"됐다.[6] 확인되진 않지만 아마 보도되지 않은 스트리킹 사건들도 20대, 남성, 구두닦이나 인쇄공 같은 직업을 가진 이들에 의한 것이었기 쉽다. 해외에서도 스트리킹은 남성의 사건이었다. 여성 스트리커는 조롱과 모욕과 폭력의 대상이 되기 십상이었다. 미국에선 여성 스트리커가 남성 군중에게 쫓겨 기둥 위에서 여러 시간을 버틴 일이 있었고, '윤간당한 스트리킹'이란 제목이 보여주듯 최악의 성폭력으로 귀결된 스트리킹도 있었다. 드물게 등장한 여성 스트리커들은 남성 동료들 사이에 섞여 뛰거나 남자친구와 함께 달렸다.

충무에서 스트리킹을 벌인 27세 인쇄공은 막판에 통영여고로 뛰어들었다고 한다. 스트리커가 속칭 '바바리맨'과 달라 보이지 않는 지점이다. 성 해방과 여성 해방이 동시에 부상하던 시절이었으나 스트리킹은 그런 화제와는 간접적으로만 조응했다. 스트리킹이라고 하면 떠오르는 온갖 자유와 충격의 일화— 1968년 격변의 한복판, 어느 여학생이 "당신은 뭘 하고 있느냐"라고 따지면서 노학자 아도르노 앞에서 옷을 벗어던졌다거나 하는 소문과도 1970년대 한국의 스트리킹은 거리가 멀다.

사회적이거나 문화적인 파장도 크지 않았다. '스트리킹 시대의 청년문화'라는 선전문구를 내건 영화가 등장했으나 별반 관심을 끌지 못했고, 당대의 인기 작가 최인호가 『바보들의 행진』 말미에 '병태의 스트리킹'이란 장을 할애했으나 그것은 옷 입은 채 달리는 "토착화된 스트리킹"을 선보이는 데 그쳤다. 그뿐이었다. 1974년이라면 청년문화 논쟁이 대대적으로 일었던 해다. 그럼에도 해외와 달리 한국에서 스트리킹이란 유행은 대학생이나 청년층과 접속하지 않았다. 성문화의 개방성 정도도 달랐고 '질주하고 털어버리는' 해프닝으로 잊어버릴 만큼 현실이 만만치도 않았다. 대신 스트리킹에 빠르게 반응한 것은 '청년'이란 단어에서 소외돼 있던 젊은 남성 노동자였다. 스트리킹 뉴스는 1980년대 초반까지 간헐적으로 출현하지만, 그때 역시 스트리킹의 주역은 주변부 노동에 종사하던 젊은 남성이었음을 확인할 수 있다.

체제를 넘어서고 싶은 주변부 삶의 욕망

이른바 '도시 하층 남성', 이들은 『선데이서울』의 주요 독자층이었고 호스티스 문화의 광범한 저변이었으며, 광주대단지 사건과 부마항쟁에서 저항의 도화선이 된 집단이었다. 1980년 광주민주화운동에서 '해방'을 일궈냈던 것도 이들이다. 이들은 아마 1960년대 중·후반부터 1970년대 초·중반을 거쳐 도시에 정착했을 테고, 주변부 노동에 종사하면서 인구밀집 지역에 자리 잡았을 것이며, 이후 1980년대를 거쳐 가장이 되는 한편 계층 상승에 성공하거나 실패했을 터다. 학생과 지식인층을 중심으로 한 광범위한 불만에도 불구하고 유신체제가 유지될 수 있었던 것은 이들의 존재에 힘입은 바 크다. 이들의 불만은 학생들의 그것보다 오히려 컸지만, 인정과 상승에 대한 갈망 또한 그만큼 컸고 다급했다.

이들은 온 힘을 다해 개발의 속도를 따라잡으려 했으며, 열악한 노동환경에 좌절하고 100배나 치솟는 도시 땅값에 낙담하면서도 '곧, 언젠가'에 대한 환상을 버리지 않았다. 이들 대부분은 아직 가족에게 속박당하지 않았고 그런 만큼 더더구나 미확정의 미래시제 속에서 살지 않았을까 싶다. 『난장이가 쏘아올린 작은 공』에 나오는 영철 같은 인물은 아직 드물디드물었다. 전태일이라는 존재는 상징적인 동시 예외적이었다. 성공에 대한 헛된 꿈을 포기할 때까지 남성 노동자들은 욕구 불만에 시달리고 스스로와 주변을 학대하고 날로 난폭해지면서도 정권에 대한 지지를 최종적으로 철회하지 않았다.

'질주'가 상징하듯 불만은 최고에 달했었고 궐기는 산발적으로
나마 출현하기 직전이었다. 1974년에는 대형 금융대출 사기극인 '박영
복 사건'■이 터졌고, 연탄값이 큰 폭으로 오른 위에 일종의 배급제가
실시되어 민심을 흉흉하게 했다. 경기도 시흥군에서는 수백 명 주부가
연탄집게를 들고 몰려나와 항의를 벌인 일도 있었다. 학생과 지식인의
저항은 점차 조직화했다. 서울 시내 대학 총궐기가 계획되고 언론수호
투쟁이 벌어지기 시작한 것이 바로 이해다. 두 흐름이 조우하기 직전
이었다. 일상생활에서의 불만이 익을 대로 익고, 그런 불만에 '이름' 붙
일 것을 갈망하게 될 때, 그리고 먼저 절망하고 먼저 궐기했던 이들이
지은 '이름'을 대중이 허락할 때— 봉기는 그런 순간 일어난다는 것을
역사는 되풀이 보여준다.

　　민청학련사건 관련자 중 7명에게 사형이 구형된 날, 그날 어느
신문 한켠에 「안개」라는 시가 실렸다. "누군가 안개 속에서 우리 이름
을 부르고 들어오라, 들어오라 손짓하지만 (……) 안개는 우리들 사이
를 갈라놓는다"(이준관, 「안개」). 누군가, 이 자욱한 현실의 저편 누군가,
누군가가 계속 사람들을 간절히 호명하고 있었다. 나는, 우리는, 사람
들은 멈칫거렸다. 때는 1960년대 후반의 들뜬 호황기와는 달랐고,
1971~1972년경 불만이 막 솟아오르려다 호되게 타격을 입었을 때와
도 또 달랐다.

■　금록통상이라는 기업의 대표였던 박영복이 은행장 등의 권력층을 매수해 문서를 위조하는 수
법으로 총 71억 원의 부정대출을 받았다가 권력형 비리로 드러난 사기 사건이었다.

언론이나 집회나 선거가 무력화되고 있는, 불만을 합법적으로 표출할 수 있는 방법이 하루가 다르게 봉쇄되던 시절이었다. 개발의 열매를 서민에게 돌리겠다는 약속은 점점 믿을 수 없게 돼가고 있었다. 박영복 사건이 보여주듯 정부는 대기업에 한없이 관대했고, 연탄 파동 당시에도 저질탄 생산자들에겐 아량을 베풀었다. 그 반면 서민들은 수출 중심, 재벌 중심 경제구조의 부채를 짊어지고 허덕여야 했다. 주변부일수록 그 고통은 더 심했다. 스트리킹 사건의 주역들, 구두닦이며 인쇄공이며 서적판매상 등은 바로 이 주변부 삶에 위치한 이들이었다. 동일방직에서 여성 노동자들에게 똥물을 퍼부은 것도 아마 이들이었을 터이다. 『선데이서울』의 음란증에 킬킬대고, 호스티스 영화를 보며 휘파람을 불고, 난폭한 성적 환상에 흥분할 때 이들은 개발독재 정권에서 '강자'의 몫과 자신을 동일시하고자 했던 듯 보인다. 그러나 돌아서면, 막막한 삶 앞에서 그 허세는 사라졌다. 그들은 강자가 아니었고 체제는 결코 그들 편이 아니었다. 폭발하듯 질주하여 체제를 넘어서고 싶은 욕망이 저 너머에서 꿈틀거렸다. 자기와 똑같이 보잘것없는 이들과 손잡고 싶은 마음도 솟아나지 않았을까. 한국의 스트리킹은 바로 그 사이, 갈림길에서 벌어진 사건이다.

1974년 그해, 이른바 '긴급조치'가 발동되기 시작했고 주민등록제가 실시되었으며 정국은 얼어붙었다. 터질 듯 자라나던 불만도 움츠러들었다. 박정희 정권은 개발독재와 다른 길을 선택하려면 목숨을 걸어야 한다는 사실을 선포한 셈이었다. 그것은 일종의 대국민 선전포고였다. '스트리킹'의 심성, 덜렁거리는 신체를 전시하면서 저도 남성임을 과시하고 한순간 뭇사람을 놀라게 하고 끝날까, 혹은 온 힘으로 질주해 경계를 넘어설까 하는 분기점에서의 심성은 빠르게 위축됐다. 도시-하층-남성으로 불릴 법한 주체는 그 후에도 한동안 '정권의 골칫덩이'이자 '권력의 하수인'으로서만 출현했다. 이들의 얼굴이 다시 눈에 띄는 것은 1979년 10월의 부마항쟁에 이르러서다.

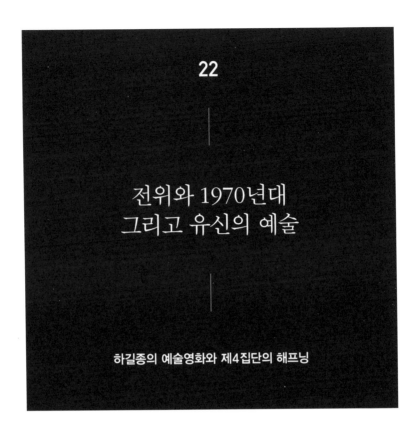

22

전위와 1970년대 그리고 유신의 예술

하길종의 예술영화와 제4집단의 해프닝

전위(前衛) 또는 아방가르드(avant-garde)란 군대에서 앞서 나가는 선발대를 가리키는 말이다. 전선에서 남들보다 한 발 더 나아간 이들은 목숨을 대가로 전황을 살피고 이로써 부대 전체의 운명을 좌우한다. 전위예술 역시 삶을 위협하는 현실을 극복하고 새로운 인식 가능성을 찾아 관습의 벽을 넘어섰다. 특히 두 차례의 세계대전을 겪은 후 전위예술은 추상이라는 보편언어를 바탕으로 국경을 넘어 퍼져나갔다. 이 전위성은 1960년대 말, 일련의 정치적 저항과 예술 양식의 변화를 겪으며 68혁명으로 불린 정신사의 장관을 만들어낸다.

변혁의 풍문과 예술

혼란과 격변에 이어진 전위예술의 사례는 한국에서도 찾아볼 수 있다. 한국전쟁 이후 앵포르멜, 즉 비구체성을 중심으로 한 추상미술의 흐름이 4·19의 혁명적 분위기를 타고 한국에도 급격히 밀려왔다. 추상미술은 구상미술의 전통에 반기를 듦으로써 전위적 지향점을 겨눌 수 있었다. 그러나 한국의 추상 혹은 전위의 급진성은 국가와 민족이라는 가치의 굴곡을 거치지 않으면 안 되었는데, 그 중심에는 어김없이 박정희 군사정권이 있었다. 1950년대 말까지 미술사의 변두리에 지나지 않던 전위적 작풍은 5·16 주체에 의해 현대적이며 진취적인 예술 양식으로 한껏 치켜세워졌다. 군인들의 미적 기호가 전위적 추상회화에 닿아 있을 리 만무했지만, 군사정권이 내세운 식민지 청산이니 새 시대의 개혁성이니 하는 구호와 전위예술의 급진성이 묘하게 잘 맞아떨어진 덕분이었다. 결과적으로 구악의 일소를 강조한 군사 정부의 의도는 젊은 세대의 전위적 추상미술과 적절하게 오버랩되었다.[1]

하지만 추상미술이 기획한 전위성은 빛이 바랠 처지에 놓여 있었다. 너도나도 군사정권이 지지하는 추상에 매달리고 이들 작품이

'국전'을 휩쓸면서 한국의 전위예술은 적어도 미술계에서만큼은 극복되어야 할 새로운 보수성의 상징이 된 것이다. 이는 군사 정부가 가져다 붙인 국가와 민족이라는 표지에 내재한 운명이라고도 할 수 있다. 전위적 추상예술이 가진 보편언어로서의 가능성과는 이율배반이거나 모순이 되기 때문이다.[2] '한국적인 것', '민족적인 것'에 대한 요구가 국민을 호명하는 이데올로기적 기제로 작동했던 것이고 보면, 보편언어에 기초한 예술의 전위성은 군사정권의 국민국가 만들기의 기획 속에서 퇴행할 수밖에 없었다.[3]

이로 인해 서구의 혁명적 변화를 이끌었던 젊은 세대의 저항과 변혁의 실험이 한국에 도달하는 데는 적잖은 시간이 걸렸다. 새로운 예술의 흐름은 바다를 건너는 사이 그 날카로움이 무뎌지거나 엉뚱한 호기심으로 채색되기도 하고, 때로는 검열과 통제 앞에 스러져 풍문이 되기도 했다. 1960년대 미국 사회를 뒤흔든 히피문화도 그러했다. 그 여파 내지 풍문이 한국에 도달하지 않은 것은 아니나, 히피문화의 정치적 맥락과 정신사적 지향점이 오롯이 전달되기 어려웠다. 히피라 하면 일군의 불량 청년들이 해괴한 복색을 갖추고 난잡한 관계를 맺고 이해하기 난삽한 언어로 쾌락을 좇는 난동 정도로만 보였다. 히피에 대한 반응도, 고대 비문에도 쓰여 있다는 '젊은것들'을 나무라는 지탄에 그쳤다. 혹은 '나체', '프리섹스' 같은 제목을 단 화보의 선정성 뒤에 가려지기도 했다. 몇몇 사회학자는 여기에 '스튜던트 파워', '젊은이들의 반항' 혹은 '현대사회의 고독과 소외감' 같은 학구적 해설을 붙였지만, 청년들이 추구했던 사상의 실체와 사회에 끼칠 영향력을 엄밀하게

〈성난 얼굴로 돌아보다〉, 전위적 히피문화
를 영화문법으로 풀어낸 하길종 감독의
30주기 추모전 포스터.

진단해내지는 못했다.

영화감독 하길종은 당시 서구의 급진적 변화상을 충실히 지켜
본 몇 안 되는 한국인이었다. 그가 영화학과에 유학하고 있던 1960년
대 말의 캘리포니아는 히피문화가 한창 맹위를 떨치던 곳이었다. 그는
이 광경을 새로운 언어, 즉 영화문법으로 번역하려 했다. 그는 퇴폐적
으로 보이지만 그만큼 전위적인 히피문화가 말하려는 것에 진지하게
귀 기울였다. 하길종은 마약에 찌들고 사랑에 도취된 히피들에게서 변
혁의 희망을 읽었다. 히피문화를 통해 권력의 억압과 그에 대한 새로
운 형태의 저항을 발견할 수 있었기 때문이다. 벌거벗은 화보의 주인

공으로 변형되든 청년들의 치기로 오역되든 상관없이 그 속에서 국경을 넘는 보편성을 보았다.

> 그들의 생각과 행동이 과격하고 현시점에서 사회적 두통꺼리[sic]가 되고 있는 것은 사실이라고 인정하더라도 근본적으로 왜 이러한 히피나 이피가 생겨나서 그들의 영향이 점차로 전 세계에 잠식해 들어가고 있는가에 대한 이해가 있어야 한다고 본다. 방법은 다르더라도 우리 땅에도 미국의 젊은이들의 생각을 한국의 젊은이들은 어떤 다른 방법으로 나타내기를 시도하고 있는지 모른다. 또 오늘날 모든 국가적 종교적인 울타리를 떠나 젊은이들의 생각은 항시 빠르게 소통되고 같은 것에 대한 고민을 하고 있다.[4]

하길종이 찾은 다른 방법이란 영화였다. 영화에서 보편언어의 가능성을 발견한 그는 영화의 가능성을 실험하는 길로 나아간다. 그가 가지고 온 초현실주의적 실험영화는 이전의 한국 영화와는 전혀 다른 종류였다. 그는 학창 시절 거둔 성과와 열정을 무기 삼아 한국 영화계를 들쑤시며 충무로의 '두통거리'가 되기를 마다하지 않았다. 하길종은 1979년 요절하기까지 7편의 영화만을 연출했다. 소위 흥행작으로 불린 〈바보들의 행진〉, 〈병태와 영자〉 등을 제외하고 나면 유학시절에 보여준 영화적 실험성을 발견할 수 있는 작품은 〈화분〉, 〈수절〉, 〈한네의 승천〉에 한정된다. 그럼에도 그는 가장 격렬하게 기성세대와 싸워나간 감독으로 기억된다. 하길종은 "철저하게 아비를 부정한 감독"[5]이었으며, 돈키호테식으로 충무로 영화판에서 좌충우돌하며 1970년대를 살아갔다. 새 세대의 기수 혹은 영상의 광인으로 불린 그는 히피를 경험하고 새로운 영화문법을 찾아나가며 인식의 지평을 열고자 했었다. 요컨대 그는 기존의 한국 영화에서 한 발 앞으로 나아간 사람이었다.

제4집단과 한국의 전위예술

새로운 예술 양식은 기존 질서에 도전함으로써 논란을 일으킨다. 특히 세계사의 격변 속에서 생겨난 청년예술 양식은 존재 그 자체가 도전이며 도발이었다. 1970년대 한국 미술계도 이 도전에 맞닥뜨린다. 앵포르멜로 대표되는 추상미술이 극복의 대상이 되면서 새로운 형식의 전위예술이 등장한 것이다. 과거화된 진보성에서 한 걸음 나아간 전위예술은 퍼포먼스, 행위예술, 해프닝, 대지예술 등의 낯선 형식을 통해 선보였다. 이는 추상과 구상의 대립 같은 체제 내 양식의 문제가 아니었다. 보수적 미술계를 비판하며 등장한 전위예술은 1970년대 청년문화가 가지는 인식과 실천의 문제와 연결되어 있었다. 백남준은 일찍이 이 흐름을 선도한 이였다. 백남준은 플럭서스▪의 일원으로서

▪ 1960~1970년대에 걸쳐 일어난 국제적 전위예술운동으로, 플럭서스(Fluxus)라는 용어는 '변화', '움직임', '흐름'을 뜻하는 라틴어에서 유래했다. 리투아니아 태생의 미국인 마키우나스(George Maciunas)가 1962년 독일 헤센 주(州)의 비스바덴 시립미술관에서 열린 '플럭서스-국제 신음악 페스티벌'의 초청장 문구에서 처음 사용하며 널리 알려졌다.

해외에서 이름을 날렸지만 한국에서는 다루기 곤란한 인물이었다. 1974년 모스크바에서 열린 차이콥스키 음악제에서 2위를 수상한 정명훈이 훈장을 받고 카퍼레이드를 벌인 것에 비하자면[*] 백남준은 명성에 한참 모자란 대접을 받았다. 백남준의 이름은 해외토픽이나 단신을 통해 알려졌으며, 나체 공연으로 경찰서 신세를 졌다는 소식이 사회면에 등장하기도 했다. 세계적으로 유명한 한국인이 귀하던 시절이었는데도 백남준의 소식은 정신병자인지 예술가인지 구분하기 어렵다는 평가[6]와 함께 주로 해외에만 머물렀다.

한국에서 전위적 시도가 따돌림을 받은 것은 작가들이 세계적 흐름을 외면했기 때문이 아니다. 하길종이 목격하고 백남준이 실연한 예술의 전위성은 1960년대 말부터 꾸준히 시도되었다. 제한적이긴 해도 새로운 예술 형태의 세계적 흐름이 한국에도 영향을 끼친 것이다. 김구림, 정강자, 손일광 등은 1960년대 말부터 해프닝을 시도하면서 전위적 예술의 가능성을 타진했다.[**] 간간이 주목받던 이들 전위예술가들은 1970년 '제4집단'을 창단하면서 본격적으로 1970년대 한국 사회와 맞부딪치기 시작했다. 행위예술을 본격적으로 표방한 제4집단은

[*] 정명훈의 귀국에 맞춰 예총이 주최하고 한국음협이 주관하는 정명훈환영회가 열렸으며 김포공항에서부터 카퍼레이드를 벌인 뒤 시청 앞 광장에 당도했을 때는 거기에 군악대까지 동원하여 정명훈을 맞이했다. 『동아일보』(1974. 7. 12).
[**] 한국 최초의 행위예술은 1967년 12월 14일 오광수가 기획한 〈비닐우산과 촛불이 있는 해프닝〉이다. 이듬해에는 강국진, 정강자, 정찬승 등이 국전을 비판하기 위해 기획한 〈한강변의 타살〉을 비롯하여 〈화투놀이〉, 〈색비닐의 향연〉, 〈투명풍선과 누드〉 등의 다양한 행위예술-해프닝 공연을 펼쳤다. 『동아일보』(1968. 8. 3) 참조.

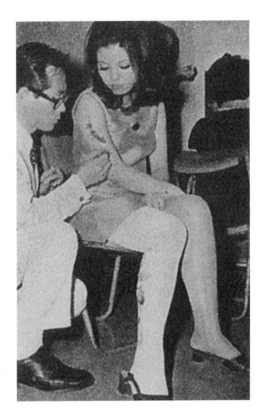

1969년 김구림의 보디페인팅 퍼포먼스. 몸도 캔버스가 될 수 있음을 보여주었다. 2012년 12월 영국 '테이트모던'에서 폴록, 호크니, 쿠사마 등과 함께 전시됐다.

한국에서 예술의 전위를 집단적으로 시도한 보기 드문 사례이다. 김구림, 정찬승, 손일광, 정강자, 방거지, 김벌래 등 다양한 분야의 예술가들이 참여한 제4집단은 1970년 6월 20일 을지로 소림다방에 모여 인간해방과 한국문화 독립을 선언하며 본격적인 전위실험에 나섰다.[7] 제4집단의 예술 정신은 노장사상에서 비롯된 '무체주의(無體主義)'라는 용어로 집약될 수 있다. 해프닝이란 실체가 없이 흔적만 남는 예술이다. 그리고 무체란 기존 예술 장르의 해체를 전제로 해야만 성립될 수 있는 것이다. 따라서 무체주의를 가장 효과적으로 실천할 수 있는 예술 형식이 해프닝이라는 논리가 성립되었다. 이들의 행위예술은 오랫동안 대상의 지위에 머물렀던 몸의 주체적 가치를 회복한 예술이자 각 예술 장르가 유기적으로 통합된 총체예술이었다.[8] 1970년 6월 한국미술대상전에 출품한 작품이 무단 철거되는 곡절을 견디면서 제4집단은 본격적 집단행동을 선언하기에 이른다. 이들이 어디로 향할지는 아무도 몰랐지만, 경계를 넘어 한 걸음 나아갔다는 점은 분명했다.

문제는 그들의 자유로운 몸이었다. 벌거벗은 채로 대중에게 던져진 이들의 몸은 대중의 통속적 관심과 권력의 억압을 차례로 만난다. 1970년 광복절에 제4집단은 창단 두 번째 퍼포먼스로 〈기성 문화예술과 기존 체제의 장례식〉을 치른다. 흰 깃발을 선두로, 모래를 채우고 꽃으로 장식한 관을 메고 뒤이어 삽을 들고 뒤따르던 행렬이 광화문에 이르렀을 때 경찰은 이를 가로막고 묻는다.

경찰 당신들은 도대체 무슨 예술을 한단 말이오?

답 우리가 하는 것은 해프닝이라고 합니다.

경찰 해프닝이라는 건 또 뭔데?

답 즉흥예술인데 지금 우리들은 이 재료를 가지고 작품 발표를 하려는 것입니다.

경찰 이게 관이지 어째서 작품입니까?

답 모래와 꽃입니다. 작품의 재료가 됩니다.

1970년 광복절에 '제4집단'이 사직공원에 모여 태극기와 백기, 꽃관을 들고 '문화의 독립'을 외치며 한강으로 향했다. 제4집단이 기획한 〈기성 문화예술과 기존 체제의 장례식〉은 지금의 서울시청 부근에서 도로교통법 위반으로 붙잡히며 중단됐다. 당시 『선데이서울』은 '관 메고 예술하니 경관이 웃기지 마'라는 제목의 가십 기사로 다뤘다.

경찰 뭐요?

답 대지예술이라고도 합니다. 우리들은 모든 기성의 문화예술에 반기를 드는 겁니다.[9]

여기 등장한 경찰은 권력의 대리인이면서 동시에 무관심한 대중의 민낯이기도 했다. 사실 제4집단을 비롯해 당시의 전위예술가들은 주류 언론으로부터 외면당했다. 이들을 반긴 것은 대중문화의 총아인 주간지였다. 1960년대 말 행위예술을 비롯하여 제4집단의 결성부터 해단까지 상세한 소식을 전해준 주간지는 제4집단에는 여간 반가운 매체가 아닐 수 없었다. 주간지로서도 '쇼킹'한 가십거리와 화보를 만들어준 제4집단이 고마울 따름이었다. 그러나 당국의 탄압에 발맞춰 주관지의 관심은 이들의 예술적 의도보다는 벌거벗은 몸에 더 큰 관심을 보였다. 주간지 기사는 이들이 옷을 벗었다거나 경찰에 끌려갔다거나 하는 사소한 데 집중해 선정적 흥미만을 부추겼을 뿐이다. 지배문화를 거부하고 청년의 대항의식을 드러낸 제4집단의 하위문화적 성격은 주간지의 선정적 시선에 융해되고 말았다.

유신, 프로크루스테스의 침대

이보다 더 큰 문제는 권력의 반응이었다. 제4집단 구성원들은 중앙정보부로 경찰서로 불려 다녔고 주변 인물마저 감시의 대상이 되었다. "백기를 든 것이 북괴를 향한 항복이냐"라고 묻는 취조에서 알 수 있듯이 이들은 어느새 체제를 위협하는 불온의 혐의를 뒤집어쓰고 있었다.[10] 권력의 탄압을 거치면서 제4집단은 결과적으로 예술의 전위성이 억압과 저항이라는 주제와 직결될 수 있음을 몸소 실천한 셈이다.

제4집단이 불온의 혐의를 얻게 된 이상 권력의 대응은 가혹했다. 해프닝 직후 내무부는 이내 사회풍조 일소 방안을 마련하여 직접

1970년 '제4집단'이 명동에서 벌인 또 다른 거리 퍼포먼스. 기성 문화의 장례식을 거행하려다 교통방해죄로 긴급 체포되었다.

적으로 전위예술을 겨냥했다. "전위미술(나체화, 보디페인팅, 나체쇼, 성행위쇼), 전위연극(거리에서의 연극, 성행위 연극 등), 전위의상(종이나 비닐 등으로 옷을 만들어 입거나 누더기 옷 입기), 전위영화(줄거리 없는 영화나 도색영화)" 등이 단속 대상이 되었고 히피나 장발족은 물론 남자 미장원까지 전위집단에 포함되어 처벌 대상이 되었다.[11] 장발 가수 조영남의 출연분이 통편집된 것을 시작으로 전국에서 장발 단속이 시행된 날이 1970년 8월 29일이었다. 장발이라면 외국인도 입국이 불허될 정도였으니,[12] 제4집단의 여파가 상상 이상이었던 것이다.

　　억압은 갈수록 증폭되어 1970년대 내내 지속되었다. 1976년에는 급기야 대통령이 직접 나서서 "우리 문화를 오염시키는 외래문화를 선택적으로 받아들여 택할 것은 택하고 퇴폐적이고 백해무익한 것은 과감하게 버리는 노력이 있어야 한다"라며 "전위예술인이니 하면서 대담하게 하는 것이 머리가 앞선 사람인 것처럼 아는 풍조가 있는데 이는 위험하다"라는 교시를 내렸다.[13] 전위는 이제 예술 양식 논란에서 벗어나 체제와 권력에 대한 도전이자 불온의 실체가 되었다. 한국에서 전위예술은 설 자리가 없게 되었다. 제4집단의 주축이던 김구림이 일본으로 떠난 뒤 또 다른 멤버 정강자가 칵테일바 마담이 되었더라는 주간지 기사만이 후일담으로 남았을 뿐이다.[14]

1970년대 벽두부터 단발령의 폭거를 이끌어낸 전위예술은 유신정권이 얼마나 민감하고 폭력적인 촉수를 가지고 있었는지를 보여준다. 대통령이 강조한 '우리 문화'란 역사적 실체와는 거리가 먼 것이었다. 황병기의 〈미궁〉은 말할 것도 없고 전통연희에서 출발한 가면극이나 사물놀이도 불온의 혐의에서 자유롭지 못했다. 단속 규정에서 보듯 가장 큰 문제는 예술을 성립시키는 매체 자체가 금지의 대상이 되었다는 점이다. 내용과 형식은 물론 소재와 소통 방식마저 문제 삼을 때 예술은 존립 근거를 잃을 수밖에 없다. 창조적 소통의 가능성을 폐쇄하고 오직 '한국적인 것' 하나만 강요한 것은 프로크루스테스의 침대와 다를 바 없는 폭력이었다. 정해진 틀에서 조금이라도 어긋나는 것은 무참히 잘라내고 추방하는 괴기(怪奇)가 1970년대를 주름잡은 '한국적인 것'의 정체였다. 이러한 상황은 1975년에 이르러 더 급격히 악화된다. 대마초 파동을 기화로 벌어진 '정화운동', '사회풍조 일소' 등의 정치 이벤트는 프로크루스테스의 침대를 문화계 전반에 들이대는 형국이었다. 바니걸스가 토끼소녀로 창씨개명을 해야 할 만큼 권력의 억압은 집요했다. 제4집단이 억압의 도화선이 된 후 유신체제의 문화예술은 1970년대 내내 그 자리에 얼어붙어 있었다.

▌유신 시기 예술가의 초상

여기서 1970년대를 혹은 1970년대만을 살아간 하길종의 초상을 다시 그려보자. 암울한 시대를 겪고 있던 하길종은 스스로를 '피고'라 불렀다. 억압의 대상이면서 무기력한 처지를 자조한 이 표현은 이 시기 예술가에게 무척 잘 어울렸다. 그의 자조는 검열에 대한 분노인 동시에 자기 작품에 대한 불만이었다. 그는 자기 작품에 대해서도 냉혹했다.

> 〈별들의 고향〉, 〈영자의 전성시대〉, 〈겨울여자〉 또는 〈바보들의 행진〉류가 영화란 말인가. 단연코 아니다. 단지 영화에 접근하려는 노력에 불과하다. 기록적인 관객을 동원하여 영화의 사회적 역할 기능을 했는데 왜 영화가 아니란 말인가. (중략)
> 나는 영화 미디어가 지향해야 할 길은 현실세계의 아름다움 혹은 추악한 행위를 진실하게 보여주는 데 있다고 믿는 편이다. 즉 작가의식을 가지고 현실을 투시하는 안목과 현실의 내면을 투시할 수 있는 시혼(詩魂)이 깃든 보는 자로써의[sic] 냉철함이, 하나의 순수한 의미에서 창작의 목적인 '테마'를 선명하게 대동하고 코스모폴리탄적 질

서를 이루는 데 성공했을 경우 나는 그것을 영화라 부르고 싶다.[15]

　　현실 너머에 있는 '코스코폴리탄적 질서'란 실현 불가능한 것인지 모른다. 그럼에도 그의 영화가 영화로서 의미를 갖는 것은 끊임없이 그러한 이상을 향해 가는 노력으로서의 가치가 내재하기 때문일 것이다. 하길종은 냉혹한 자기비판을 거치며 영화로 가는 발걸음을 멈추지 않았다. 영화적 실험이 실패한 후 흥행작으로 힘을 얻었다가 다시 실험적 시도가 좌절되는 과정을 거치면서 그의 영화세계는 조금씩 앞으로 나아갔다. 사실 제4집단이나 하길종의 실험이 지고한 예술적 경지에 도달했던 것은 아니다. 무리한 재평가로 신화를 만들 필요는 없다. 오히려 이들은 실패함으로써 예술의 가능성을 확인했고, 실패를 극복하는 과정으로서 예술의 전위성을 추구할 수 있었다. 1970년대에 펼쳐진 전위성 혹은 파열음은 현실의 한계를 드러내는 것으로 의미를 갖는다. 그러므로 1970년대 전위예술을 억압의 증거로서만 재구성하는 일은 경계해야 할 것이다. 이는 검열과 탄압이 없었다면 훨씬 완성도 높은 결과를 냈으리라는 탄식만큼이나 부질없다. 전위예술가들은 억압을 통해 새로운 인식으로 나아가려 했다. 이는 이데올로기 구도를 깨고 새로운 보편성을 지향하려는 사상적 가치와 연결된다. 그리고 청년문화의 고유한 의미이기도 하다. 검열은 어느 시대에나 있다. 검열의 물질적 억압은 희생양을 만들지만 그로 인해 청년문화의 '노력'이 빛을 발한다. 검열로 훼손당한 영화의 신체를 영화 속에 직접 새겨 넣음으로써 비로소 영화적 실험이 시작되는 것이다.[16] 전위예술이 검열을 당할수록 비판정신의 토양은 더욱 단단하게 다져졌다.

비극은 검열과 탄압이 아니라 이들의 의지를 무의미한 것으로 만드는 망각에 있었다. 제4집단의 구성원들은 추방당하듯 한국을 떠나 한동안 돌아오지 못했다. 전위예술이 엘리트 미술을 거부하고 대중에게 다가가려 했을 때 정작 대중이 벌거벗은 육체 너머를 외면함으로써 그들의 의지도 함께 사라졌다. 그리고 전위예술이 '없는 존재'로 취급받음으로써 진짜 비극이 시작되었다. 전위예술에 대한 대대적 탄압 이후 언론과 미술계는 전위예술과 해프닝의 기억을 지워나갔다. 실험예술이라는 용어가 그 자리를 대신하면서 전위예술은 공식 담론에서 자취를 감췄다.[17] 전위는 이제 유령이 되어 풍문과 기억 속에만 떠돌게 된 것이다. 그러는 사이 예술가의 초상은 '피고'인 채로 굳어져버렸다. 그 혐의를 벗기까지 오랜 시간이 걸렸고, 전위예술가들이 이 땅에 돌아오기까지는 더 긴 시간이 필요했다. 세계적 정신병자 백남준은 〈굿모닝 미스터 오웰〉을 들고 1984년에야 한국에 돌아올 수 있었지만, 제4집단과 하길종은 여전히 돌아오지 못한 듯 보인다. 새로움에 대한 강박과 신화 사이에 놓인 전위예술가들은 지금도 별 논쟁 없이 한국 사회를 겉돈다. 그래서 피고인 그들에 대한 피소가 우리 사회에서 완전히 사라졌다고 확언하기 어렵다. 권력은 국가와 민족의 이름으로, 대중의 무관심은 단순한 호기심으로 예술가를 고소하고 있지 않은가. 유신 시기의 전위를 묻는 이유가 여기 있다.

5부

유신을 뛰어넘어, 꿈틀거리는 대중

허름한 작업복 차림의 노동자는 물론,

다방 아가씨와 호스티스까지 거리로 나왔을 때

사람들은 '세상은 이미 달라졌다',

'유신도 박정희도 이젠 갔다'라고 생각했다.

도시 하층민들이 다시 거리를 메운 것은

부마항쟁 때에만 나타난 현상은 아니다.

4 · 19혁명과 1980년 광주도 이와 같았다.

23

전태일과 열사 그리고
김진숙의 외침

새 세상을 꿈꾸는 사람들의 영원한 영웅

2013년 7월 서울역사박물관에서 열린 'made in 창신동' 전시회. 옛 모습이 점차 사라져가는 창신동에는 전태일과 시다들의 기억이 오롯이 새겨져 있다. 전시장 한구석에서 한 남자의 목소리가 들렸다. "이병철[삼성 그룹 창립자 지칭-인용자]은 전시 안 하고 전태일만 전시하남……." 그분에게 전태일의 기억은 여전히 불편했나 보다.

1973년 열악한 환경의 청계천 봉제공장에서 여성 노동자들이 일하는 모습.

　　박광수 감독의 영화 〈아름다운 청년 전태일〉(1995), 전태일을
기리기 위해 시민 성금을 모아 만든 이 작품은 뭔가 개운치가 않았다.
여성 노동자들이 보호와 배려의 대상으로 그려진 게 영 불편했다.[1] 물
론 그토록 지식인 친구를 원했던 전태일과 이에 대한 지식인들의 부채
의식은 이해할 수 있지만, 전태일 주변 여성 노동자들이 그런 식으로
묘사되는 것은 불만스러웠다. 1990년에 상영된 독립영화 〈파업전야〉
도 전태일을 떠올리게 해주는 이야기다. 주인공이 기계를 끈 다음 스
패너를 들고 공장 밖으로 달려 나가는 마지막 장면은 강렬한 기억을
남겼다. 주인공 한수가 든 스패너는 1980년대 노학연대의 상징인 동

시에, 1987년 노동자대투쟁 이후 전태일 정신을 계승하고자 한 노동운동이 지향한 '노동자상'이었다. 이처럼 우리들 안에는 '여러 개의 전태일'이 있고 그것은 지금도 만들어지고 있다.

▌ '유신' 속의 전태일

창신동 인근, 과거 평화시장 주변에 해당하는 전태일의 삶의 공간은 노동자들로선 잊기 어려운 장소다. 청계천 일대에 시장 개설 허가가 나온 것은 1962년 2월이다. 이곳에 형성된 평화시장, 통일상가, 동화상가는 당시 의류 내수시장의 80퍼센트를 공급하며 가난한 시절을 감싸 안았다. 전태일 분신 이후 청계피복노동조합의 투쟁은 여기서 시작되곤 했다. 이소선 여사의 투쟁, 청계피복노동교실을 지키기 위해 목숨을 건 9·9투쟁, 청계피복노조 정상화 그리고 1980년 신군부에 의한 강제적 해산 이후 투쟁도 이곳에서 일어났다.

전태일과 청계피복노조의 투쟁[2]

(1) 1972. 4. 22. 여성 노동자 권익 신장을 목적으로 '평화 새마을 교실'을 설립·운영.

(2) 1975. 2. 7. 노동교실 운영권을 사용주들이 일방적으로 뺏으려는 데 맞서 7시간 동안 농성투쟁 끝에 요구 조건을 전면 관철해 유림빌딩 3, 4층을 임대해 노조 관리하에 노동교실을 지속적으로 운영.

(3) 1976. 9. 10. 풍천화섬 노동자 500여 명이 추석 작업을 거부하고 기숙사에서 시위 농성.

1976. 9. 16. 풍천화섬 시위 주모자 박숙녀의 범인도피죄로 양승조 총무부장이 구속되자 석방될 때까지 활발한 투쟁 전개.

(4) 1977. 7. 10. 협신피혁 폐수처리장에서 경비 절감을 위해 폐수시설을 가동하지 않고 민종진으로 하여금 폐수처리를 시키다 가스 중독으로 질식사하자, 한강성심병원에서 장례식을 거행한 후 서울과 인천 등지의 200여 노동자들이 유해 작업장 감독 철저, 임금인상 시행, 근로기준법 준수, 노동 3권 보장을 요구하며 영구차 시위 도중 경찰과 충돌, 노동청 앞마당에서 연좌 농성. 이소선 등 42명 연행.

(5) 1977. 7. 22. 이소선이 장기표의 재판정에서 노동문제가 거론되자 구타 자국을 보이며 법정에서 항의. 이에 태릉경찰서 형사들이 이소선을 연행하려 했으나 조합원 50여 명이 격투 끝에 물리치고 노동교실로 모여 대치.

(6) 1977. 9. 9. 9·9투쟁. 이소선 석방과 노동교실 반환을 요구하며 결사 투쟁. 민종덕 투신. 신승철과 박해창 할복 기도, 전순옥과 임미경 투신 기도.

다만 유신 시기 전태일의 죽음이나 열사로서의 의미가 1980년대의 그것과 똑같지는 않았다. 1970년대에 전태일은 주로 예수의 부활이나 민중의 한 등으로 이야기됐다. 당시 반유신에 앞장섰던 함석헌, 도시산업선교회 지식인들은 전태일의 분신을 이웃을 위해 자기 목숨을 바친, 세상 죄를 짊어지고 가는 예수의 십자가 사건에 비유했다. 전태일의 죽음을 어렵고 고통스러운 삶을 살던 주위의 어린 여성 노동자들을 보호하기 위한 희생으로 이해했던 것이다.[3]

전태일과 관련한 이미지에서 중요한 것은 여공들을 대변하고 보호해주는 모습이었다. 실제로 평화시장 일대 노동자의 대부분을 차지했던 여공들의 삶은 간난했다. 고사리 같은 손으로 미싱을 돌리고 가위를 잡고, 희미한 눈동자로 졸음을 참는 비참한 노동환경이 어린 소녀들의 삶의 공간이었다. 전태일이 쓴 글을 모은 『내 죽음을 헛되이 말라』(돌베개, 1988)는 다음과 같이 기록하고 있다.

> 아침 8시부터 저녁 11시까지 하루 15시간을 칼질과 아이롱질을 하며 지내야 하는 괴로움. 허리가 결리고 손바닥이 부르터 손목과 다리가 조금도 쉬지 않으니 정말 죽고 싶다. (……) 육체적 고통이 나를 죽음을 생각하게 하는 것은 아니다. 정신적 고통이 더욱 심하기 때문이다. 두 가지 가운데 한 가지만 없어도 좋겠다.

전태일의 죽음 이후 청계피복노조가 조직됐고 1970년대에 정부와 어용노조 한국노총에 맞서 투쟁했던 동일방직, 원풍모방, 반도상사, 콘트롤데이터 등에서 이른바 '민주노조'가 만들어졌다. 유신 정부, 고용주, 노동자의 권리를 보장해주지 않던 한국노총에 맞서 이들은 최대로 힘을 내서 싸웠다. 그 과정에서 전태일이란 세 글자는 노동자들에게는 새로운 세상을, 전태일에게 대학생 친구가 되어주지 못했던 지식인들에게는 '노학연대'를 촉구하는 것으로 남겨졌다.

■ '열사'로 되살아나는 전태일

　1970년 전태일의 죽음은 이후 1980년대에 여러 '열사'로 이어졌다. 이들 중 상당수는 전태일과 마찬가지로 자기 몸을 불사르는 분신이라는 방법을 택했다. 분신은 다른 사회에서는 발견하기 어려운 매우 독특한 저항 방식인데, 비슷한 예를 1960년대 베트남에서 찾아볼 수 있다. 응오딘지엠(고 딘 디엠) 남베트남 대통령의 불교 탄압과 독재, 부정부패 그리고 시위자 학살에 저항하고자 1963년 불교 승려들의 침묵 가두시위가 있을 당시 틱꽝득 스님은 주변 승려들의 도움을 받아 가부좌를 튼 상태에서 소신공양(燒身供養)을 감행했다. 놀랍게도 그는 가부좌를 튼 채로 한 치의 움직임을 보이지 않았고 불타는 와중에도 통곡하는 제자와 시민 들을 향해 불경을 읊었다. 심지어 제자들과 시민들에게 곤봉을 휘두르며 제지하던 경찰들마저 무언가에 홀린 듯 바라보았다. 당시 응오딘지엠은 반공주의를 기치로 내걸며 미국을 끌어들여 베트남을 전쟁터로 만들었고, 가톨릭을 기반으로 국내의 다수 종교인 불교 및 신자들을 탄압했다. 그뿐 아니라 종교 박해에 저항하는 불교도에게 무력을 행사해 시위가 점점 더 고조되었다. 이런 상황에서 틱꽝득 스님의 분신은 불제자로서 할 수 있는 최상의 항거였다. 서구적 관점에서 스스로 생명을 끊어버리는 일은 종교적·사회적 윤리에

평화시장 재단사로 일하던 시절의 전태일.

위배된다. 하지만 틱꽝득의 분신이 세상을 일깨운 소신공양으로 평가되는 것은 다른 생명을 위해 몸을 버리는 경우였기 때문이다.[4] 한국에서도 분신은 변화를 추구하는 강력한 열망에도 지배권력의 압도적 폭력성으로 인해 이를 실현할 수단을 갖지 못했을 때 약자가 최대한의 도덕적 힘을 발휘할 수 있는 무기였다.[5]

한국에서 일어났던 분신에서 공통적으로 발견되는 특징은 은폐된 자살이 아닌 공개된 자살이자 자신의 요구를 관철하기 위해 군중을 의식한다는 점이다. 이렇게 분신이 잇달아 일어나며 그 안에 '열사 전태일'의 이름이 각인되었다. 특히 1980년대 들어서는 '노동열사'의 죽음이 그 이전 시기와 구분되는 독특한 정치적 의미를 지니게 되었다. 1980년대 노동운동의 저항을 정당화하는 맥락에서 노동열사가 자리 잡게 되어서다. 1986년 신흥정밀에서 '근로기준법을 지켜라, 살인적인 부당노동행위를 철회하라, 노동 3권을 보장하라'를 외치며 분신한 박영진 열사도 "전태일 선배가 못다 한 일을 내가 하겠다. 1000만 노동자의 권리를 찾겠다. 끝까지 투쟁해야 한다"라는 유언을 남기며 죽어간 '열사'의 투쟁을 산 자들에게 남겼다.[6]

전태일이 1000만 노동자의 상징이자 열사로 자리 잡은 본격적 계기는 1988년 11월 13일 '전태일 열사 정신 계승 및 노동법 개정을 위한 전국노동자대회'였다. 당시 분위기를 한 노동자는 다음과 같이 선하고 있다. "(……) 그 누가 상상이나 했겠는가. 지난해 11월 13일 전태일 열사 추모일의 그 장엄한 광경을 (……) '노동악법 철폐하고 노동해방 앞당기자' (……) 전태일은 그렇게 살아 있었다. 두 눈을 시퍼렇게 뜨고 우리 노동자의 투쟁이 있는 곳이라면 그 어디든지 달려가 그 한가운데 서서 목이 터져라 외치고 있었다. '형제들이여! 내 죽음을 결코 헛되이 하지 말라'고……."[7] 이를 반영하듯 1988년 전국노동자대회를 정점으로 거의 모든 노제가 "전태일 열사여"라는 부름으로 시작될 정도로 노동열사로서 전태일의 죽음이 갖는 의미는 컸다.

노동열사는 전체 노동자들을 위해 투쟁하는 전사와 투사의 행위를 정당화했다. 더 나아가 노동열사의 죽음은 재야와 보수 정당 등 제도화된 정치로 해소되는 좁은 의미의 정치가 아닌, 새로운 공동체에 대한 상상과 경계를 재설정하는, 다시 말해 열사에 대한 태도는 정당한 공동체의 구성원으로서 자격을 지니느냐를 판별하는 문제였다. 바로 열사의 죽음, 죽은 자를 따르는 동지들은 새로운 협약을 통해 공동체의 재탄생을 희구함으로써 보다 근원적인 의미에서 정치적인 것의 지평을 확장하고 부당한 국가권력이나 자본가의 권력을 기각함으로써 국가공동체를 '정화(淨化)'하고자 했다. 이 과정에서 등장하는 것이 열사를 중심으로 공동체의 역사를 새로 써나가는 작업이었다.[8]

새로운 역사 쓰기 가운데 한 가지가 국가권력, 자본가의 폭력과 연루된 열사의 '영웅화'다. 이때 열사는 한 가족의 자식이 아닌 '천만 노동자의 아들'로 재현된다. 전태일 열사 추모비의 앞면 아래에 새겨진 "세월이 흐를수록 더욱 생생하게 되살아나는 죽음이 있어 여기 한 덩이 돌을 일으켜 세우나니 아아 전태일, 우리 민중의 고난의 운명 속에 피로 새겨진 불멸의 이름이여"처럼 열사의 영웅화를 통해 '위대한 노동자'로서의 각성을 촉구했다.

노동자들은 "나는 절대로 타협하지 않을 것이다"라는 내용의 등사물을 읽고 자신의 인생을 변화시켰으며, "내 죽음을 헛되이 하지 말라"라는 전태일의 유언을 분노와 각성의 계기로 삼았다. 학교에서 교사로부터 들은 전태일 이야기가 이후의 학생운동에, 그리고 학생들이 공장에 들어가게 만드는 데 계기가 되기도 했다. 1991년 겨울 마창노동자문학회 참글 작품집에 실린 「어느 종교에 관한 보고서」는 전태일에 대한 노동자들의 신념이 종교에 가까울 만큼 절대적이었음을 드러낸다.

······한 노동자가 3교대 근무 때문에 대낮에 자취방에서 잠을 청하려 하고 있었다. 그때 어떤 남녀가 찾아와 신흥 종교를 전도한다. 노동자는 반대로 이들에게 전태일이 교주인 '전태일교'를 설파한다. 그리곤[sic] 매년 11월마다 전국의 신도들이 한 번 모이는 집회가 있다면서, '전태일 열사 정신 계승 및 노동법 개정을 위한 전국노동자대회'를 알리는 선전 포스터를 펼쳐 보인다. 황망하게 돌아가는 두 사람의 등에 대고 노동자가 소리친다. "다른 집엔 다 찾아가도 내같이 젊은 총각이 혼자 배곯아가며 자취하는 방엔 가지 마소. 그 사람은 십중팔구 우리 신도일 거요······."⁹

열사에 대한 애도와 일체화는 여기서 끝나지 않았다. 각종 운동 의례로 드러나기도 했다. 열사의 영웅화 없이 대중을 열사와 일체화하고 전사와 투사를 불러내는 일이란 너무도 어렵기 때문이었다. 이는 대규모의 '애도' 의례인 열사의 노제에서 잘 드러난다. 익히 알려진 바와 같이 1980~1990년대 거리는 '정치적 공간'이었다. 거리는 시민과 대중의 일상생활의 장인 동시에, 대중이 시위 등으로 사회적 공간인 거리에 참여함으로써 그 자체로 특정한 정치적 효과를 발휘하기도 했다. 특히 1980~1990년대에는 거리가 지배권력과 저항세력 간의 투쟁의 장이었으며, 따라서 지배권력에 도전하는 저항세력의 지속적 '점거' 시도가 이어져왔다.¹⁰ 거리에서 '연좌' 혹은 '연와'하고 '정권 타도'를 외치는 구호·노래·행진을 거듭하고, 전투경찰과 백골단을 향해 짱돌과 화염병을 던지며 전쟁 혹은 내전과도 같은 파괴적 행동을 통해

최병수, 〈노동해방도〉, 1988년.

대중은 '해방구(解放區)'를 경험했다.

　그 대표적인 것이 노제(路祭)다. 1987년 6월항쟁과 7~9월 노동자대투쟁을 기점으로 열사에 대한 노제와 추모식 그리고 그때 내걸린 걸개그림, 깃발, 만장, 대형 영정 등을 통해 열사의 영웅화가 지속적으로 이뤄졌다. 해방 직후 김구 장례식에서 볼 수 있었던 노제가 1980년대 전태일과 그 후예들에 의해 복원된 것이다. 1988년에 제작된 〈노동해방도〉(최병수 작)는 대형 앰프 위에 올라선 3명의 노동자를 통해 전태일의 후예들이 지향하는 노동자상을 그려낸 작품이다.[11] 이 걸개그림에는 남성 노동자들의 집단성, 형제애, 전투성 등이 묘사되었으며,

억센 팔뚝과 호미와 망치 등은 노동자의 건강성과 남성성이 담긴 육체노동에 대한 자긍심을 강조하는 것이었다. 이는 1988년 미술운동 집단 '가는패'가 〈전태일 열사 정신 계승과 노동법 개정을 위한 전국노동자대회〉에서 첫선을 보인 〈노동자〉라는 걸개그림에서도 확인할 수 있다. 붉은 띠를 두른 남성 노동자가 정면을 향해 거침없이 뻗은 팔, 결연한 표정을 하며 무엇인가를 외치는 그림 속 장면은 전진하는 노동자 상을 재현하는 동시에 투쟁하는 투사로서 전형적인 남성 노동자의 모습을 드러낸다.[12]

전태일, '역사'가 될 것인가?

다시 평화시장, 창신동으로 돌아가보자. 'made in 창신동' 전시 공간에선 민중가요 노래패 '노래를찾는사람들(노찾사)'의 〈사계〉가 울려 퍼졌다. 그리고 복원된 다락방, 미싱, '시다 구함'이라 쓰인 전단지 등이 전시돼 있었다. 그렇다면 이제 전태일은 '과거의 역사'가 되어야 하는가? 1970년 어린 여공들을 위해 자신의 몸을 불살랐고, 1980년대 노동운동의 상징이자 노동자들이 바랐던 인간형이었던 전태일을 우리는 1970년대 산업화 과정의 어두운 그림자 한 자락 혹은 어두운 시대의 아이콘으로 남겨야 할까?

하지만 오늘날에도 전태일은 '다른 죽음'으로 이어지고 있다. 2010년부터 2011년까지 쌍용자동차 정리해고 반대투쟁 과정에서 3년간 22명의 죽음의 행렬이 이어졌다. 2010년 1월 우울증에 시달리던 아내가 자살한 임무창은 이듬해 2월 심근경색으로 사망했고 그의 시신은 어린 자녀들에 의해 발견됐다. 2010년 12월 황대원 사망, 2011년 10월 일곱 번째 사망자 김철강 그리고 2012년 3월 "주위에서 나랑 대화를 잘 안 하려고 한다. 쌍차 다닌 것을 알면 그렇다"라고 이야기하던 이윤형이 죽었다. 이들을 위한 심리치유 공간 '와락'이 만들어졌지만 죽음의 그림자를 온전히 지워내지는 못한 것으로 보인다. 해고 5년이 지나면서 극단적인 생각을 한두 번쯤 해보지 않은 사람이 없었기 때문이다. 조합원 김남오는 두 번씩이나 자살을 시도했다. 번개탄을 피워놓고 "꿈속에서 행복"했다면서, 정신과 상담으로 받은 수면제를 한꺼번에 먹기도 했다.[13]

하지만 인간으로서 존재하려면 죽음의 공포를 넘어서서 죽음을 무릅써야 한다는 임계점에, 전태일과 노동열사들은 서 있었다. 유신은 그런 임계점을 통해 국민을 위협하는 체제였고, 그것을 넘어섰을 때 비로소 저항이 전면화될 수 있었다. 1980년대가 전태일을 한 사람의 노동자가 아닌 열사 혹은 투사로 만들었듯이, 2015년의 전태일은 죽음을 이어주는 열사의 아이콘에 그치지 않는, 반복적으로 등장하는 죽음을 강요하는 사회와 국가에 맞서야 함을 보여주는 '윤리적 모델'이 되어야 할 것이다. 김진숙이 김주익의 죽음에 분노하며 '85호 크레인'에 올라가 울부짖었던, 죽음을 무릅써야 한다는 그 '윤리'에 귀 기울여야 하지 않겠는가.

"(……) 1970년에 죽은 전태일의 유서와 세기를 건너뛴 2003년 김주익의 유서가 같은 나라. 두산중공업 배달호의 유서와 지역을 건너뛴 한진중공업 김주익의 유서가 같은 나라. 민주당사에서 농성을 하던 조수원과 크레인 위에서 농성을 하던 김주익의 죽음의 방식이 같은 나라. 세기를 넘어, 지역을 넘어, 업종을 넘어, 자자손손 대물림하는 자본의 연대는 이렇게 강고한데 우린 얼마나 연대하고 있습니까? (……) 비정규직을, 장애인을, 농민을, 여성을 외면한 채 우린 자본을 이길 수 없습니다. 아무리 소름 끼치고, 아무리 치가 떨려도 우린 단 하루도 그들을 이길 수 없습니다. 저들이 옳아서 이기는 게 아니라 우리가 연대하지 않음으로 깨지는 겁니다. (……) 이 억장 무너지는 분노를, 피가 거꾸로 솟구치는 이 억울함을 언젠가는 갚아줘야 하지 않겠습니까?"

— 김진숙, '전태일과 김주익의 유서가 같은 나라:

김주익 열사 추모사' 중에서

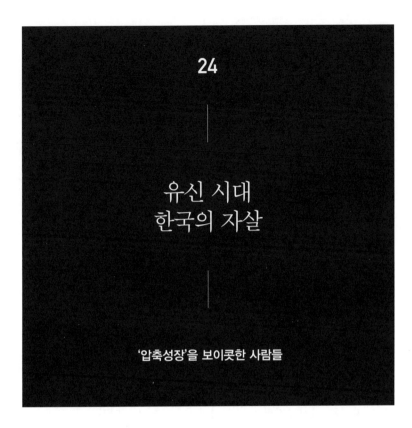

24

유신 시대
한국의 자살

'압축성장'을 보이콧한 사람들

언젠가부터 박정희 시대가 무척 행복하고 살기 좋은 때였다는 착각이
퍼졌다. 누가 이런 거짓 신화를 만들어 유포했겠는가. 아무래도 공범
중 하나는 성장제일주의인 듯하다. 이 이데올로기는 평균 3퍼센트대
의 국내총생산(GDP) 성장률 때문에 일제강점기를 찬양하는 뉴라이트
뿐 아니라 '경제학 이데올로기' 지지자들도 광범위하게 공유하고 있는

바다. 관료나 기업가뿐 아니라 국민들 중에도 이 선전에 감염돼 있는 사람이 많다. 그러니까 이명박의 747공약 같은 사기술도 가능하지 않았겠는가.

2014년 전 세계와 한국에서 열풍을 일으킨 피케티의 『21세기 자본』은 역사적으로 3퍼센트 이상의 '고도 성장'은 20세기 중엽의 극히 예외적 현상이었음을 말해준다. 개발도상국가라도 고성장을 지속하기란 불가능하다.

더구나 문제는 성장 그 자체가 아니라 어떤 성장인가다. '누구를 위한 어떤 성장인가'가 이슈가 아닐 때 성장의 의미는 퇴색한다. 경제학자 아마티아 센(Amartya Kumar Sen)의 말대로 민주주의와 함께하지 않을 때 성장은 진정한 삶의 질 향상과는 거리가 있다. 그러니 결국 문제는 정치와 계급관계다. 어떤 방향의 경제 정책을 누구의 힘으로 결정하고, 성장의 과실 또는 손실을 어떻게 배분할 것인가. 바로 지금 우리가 목도하고 있는 것처럼 금융이나 재벌이 유일한 '갑'이면 대다수 일자리를 비정규직화하고 철저히 1~10퍼센트 인간만을 살찌우는 방식의 '성장'도 언제나 가능하다. 대다수 인간은 재벌이나 특권계급이 먹고 남은 성장의 부스러기를 떨어뜨려주기(trickle down)만을 기다리는 신세가 된다. 대신 경기 후퇴나 불황의 혹독한 대가는 언제나 가난한 사람들이 치른다.

박정희 정권은 노동자·청년학생·야당·지식인 그리고 일반시민 들을 무지막지하게, 거의 북한이나 나치를 방불케 할 수준으로 탄압했다. 그러나 유신 시대의 사람들은 일상화된 억압과 감시 그리고 상상을 초월하는 반공 공안통치뿐 아니라 가난과 사회변동 때문에도 허덕였다. 박정희는 유신 말기에 자신의 주종목이라는 경제에서도 크게 실패했다. 1979~1980년 한국경제는 마이너스 성장을 기록했고, 전두환은 입버릇처럼 박정희 말기의 '망친 경제'를 제가 부흥시켰다고 말했다.[1] 물론 박정희 통치 기간을 통틀어 실질임금이나 실질소득이 증가하기는 했으나 '불행'은 별로 개선되지 않았고 사람들의 마음은 피폐해졌다.

박정희 시대에 사회 심층은 아노미 상태

1960~1970년대의 한국도 지금처럼 세계에서 가장 높은 수준의 자살률을 유지했다. 실업률이 낮고 사회적 통제가 강력했는데도 말이다. 연세대 의대 신경정신과 이호영 교수팀은 1965년부터 1988년까지 치안본부가 집계한 총 21만 6374명의 자살 기록을 분석한 「한국의 경제발전 과정에 있어서 자살률의 추이」란 논문을 발표한 적이 있다.

이에 따르면 박정희 집권 초기인 1965년의 자살률은 29.81명(이하 10만 명당)으로 대단히 높았다가 1968년에는 24.56명으로 약간 떨어졌다. 그러나 박정희가 한 손으로는 독재의 광기 어린 칼을 휘두르고 다른 한 손으로는 공업화와 고도 경제성장을 구가한 유신 시대에 자살률은 오히려 높아졌다. 1973년에는 자살률이 27.61명이었고 1975년에는 31.87명으로 정점을 이루었다. 이는 극심한 양극화와 무한경쟁 때문에 세계에서 가장 자살률이 높은 오늘날의 통계(2011년 31.7명, 2012년 28.1명)와 비슷한 수준이다.

1970년대 중후반에는 가족의 집단동반자살 사건이 늘기 시작했다. 이는 대개 생활고나 가정불화에 지친 남성 가장이나 주부가 아이들과 함께 죽은 사건이다. 1976년 6월 2일 서울 관악구 신림4동에 살던 채소 행상 최모 씨(32)의 부인 김모 씨(26)가 6·4·2세의 세 딸과 함께 쥐약을 먹고 자살을 기도했다. '쥐잡기 날'을 맞아 통장에게 받은 쥐약을 카스텔라 빵에 섞어 아이들에게 먹였다. 쥐잡기운동 때문에 정부가 전 국민에게 나눠 준 쥐약은 곧잘 자살 도구로 사용되었다. 남편은 숨진 김 씨가 평소 생활고로 고민해왔다고 말했다.

1977년 11월 24일에는 부산 동래구 칠산동에 살던 이모 씨(38)의 부인 장모 씨(30)가 여섯 살인 장녀, 네 살배기 딸, 그리고 한 살배기 아들에게 극약을 먹이고 자기도 자살했다. 장 씨는 무려 일곱 가구가 함께 세든 집에 살고 있었는데, 생활고 때문에 다른 셋방 이웃들의 물건을 훔치곤 했던 모양이다. 죽기 이틀 전에는 콩 몇 되를 훔쳤다가 들켜 죄를 자인했다 한다. 1978년 4월 28일에는 경기 평택군 팽성면 이모 씨(56) 집 건넌방에 세 들어 사는 이모 씨(45)가 방에다 연탄불을 피워놓고 큰딸(10), 둘째딸(8), 셋째딸(4), 막내아들(2)과 집단자살을 기도했다. 아버지는 자식들을 먼저 연탄가스로 죽게 하고 자신은 목매 자살했다. 죽은 이 씨는 2개월 전에 실직했고 가정불화 끝에 부인 최모 씨(34)가 3일 전 가출하자 이를 비관해왔다 한다.

박정희 정권 통치 기간 내내 자살률은 상당히 높았지만, 정권은

西紀1963年5月1日 (水曜日)　　B

拒絶당한 저승同伴

아빠橫暴서 여섯食口살

힘내어살자.고

男妹의申告로飲毒直前

집단자살을 시도한 아버지를 경찰에 신고해 죽음에서 벗어난 딸들에 관한 『경향신문』 보도(1963년 5월 1일자).

이 문제에 대해 정책 수준의 관심을 갖지 않았다. 오히려 사회학자 정승화의 연구에 나타나 있는 것처럼 자살률을 숨겼다.[2] 자살률을 감추는 것은 냉전기 동구 사회주의 국가들이 한 일과 같다. 전체주의는 자살을 사회의 모순을 드러내고 국가에 저항하는 행위로 간주하고, 자살 통계나 사건 자체를 숨기려 들었다.

　　자살률이 높은 만큼 사회사업 차원에서 자살 예방과 상담 등에 대한 관심과 실행은 늘었다. 가톨릭교단은 1960년대부터 상담센터를 설립해 자살을 생각하는 사람들을 도왔다. 1976년 9월 '서울 생명의 전화'가 설립되면서 처음 상담전화가 설치되고 1978년에는 '도움의 전화'에 이어 코미디언 심철호가 만든 '사랑의 전화'가 생겼다.

▌ '사랑'이나 완성하려 했던 정사(情死)

1960~1970년대 사회에서 오늘날과 확연히 다른 자살의 상황이 있다면 비극적 사랑에 빠진 남녀가 동반자살하는 정사 사건이 그것이다. 1963년 쿠데타를 일으킨 박정희 각하가 대통령이 되어 힘차게 새 출발을 한 바로 그해에 (유난히) 정사 사건이 많았다. 다양한 '이루어질 수 없는' 사랑의 주인공들이 '민족중흥'과 '경제개발'에 나서지는 않고 죽어서 '사랑이나' 완성하려 했던 것이다.

그해 2월 9일자 『경향신문』에 의하면, 유부녀이며 무려 "5남매의 어머니인" 34세의 정금자 씨와 그의 어린 정부 21세의 대학생 이모 군이 정사했다. 반대로 그해 11월에는 4남매의 아버지인 30대 중반의 직장인이 20대 초의 "바걸"과 정사한 사건도 있었다. 또한 "처가 버젓이 있는 30대 남자가 6촌 처제와 서로 사랑해오다가 결혼 못함을 비관 끝에" 같이 음독한 사건이 일어나기도 했다. 1965년에는 현직 검사가 다방 마담과 함께 정사한 사건이 일어나 꽤 큰 충격을 주기도 했다. 서울지검 수원지청에 근무하던 33세의 김모 검사는 대구 경북고와 고려대 법대를 나와서 사시 8회로 임관했고 6년 전에 중매 결혼한 아내와 두 아들이 있었다. 그리고 다방을 경영하던 '애인'이 있었다.

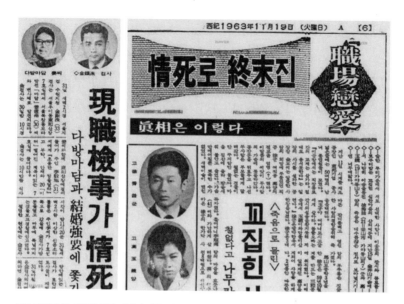

다방 마담과 함께 죽은 현직 검사에 관한 당시 『경향신문』 보도(왼쪽, 1965년 5월 31일자)와 직장 연애를 금지하자 함께 죽은 기업의 남녀 동료에 관한 『경향신문』 보도(오른쪽).

검찰·군·국세청 등 권력기관의 남성 관료란 남성들 중에서도 웬만해서는 자기를 방기하지 않는, 자기관리와 보신에 확고한 부류의 인간 아닌가. 오늘날 지배계급 남성이 룸살롱 마담과의 사랑 때문에 목숨을 함께 버리는 사건을 상상하기란 어렵다. 물론 가정을 가진 고위 관료나 현직 검사 또는 중년의 교육자 중에 '이루어질 수 없는' 진실하고도 비극적인 사랑을 하는 사람들이 있을지 모른다. 그러나 우리에게 더 상식에 가까운 것은 사랑은커녕 성상납을 받는 검사와 경찰, 술자리 후 함께 성매매에 나서는 관료와 장교, 부하직원이나 제자를 성추행하는 공직자와 교육자다.

분명한 것은 정사한 남성들에게 규범을 벗어난 '사랑'과 그것을 고통으로 화하게 했을 '가정'은 오늘날의 그것과 의미가 미묘하게 달랐을 가능성이 높다는 점이다. 그런 시대는 1970년대 초까지 이어진다. 1966년 1월 아내와 5남매를 둔 집권 공화당의 경상남도 지부 사무장(당시 42세)이 애인과 함께 자살했고, 1971년 11월에는 50대 초반의 초등학교 교감이 딸뻘인 20대 여교사와 함께 학교에서, 1971년 8월에는 사랑에 빠진 40대 교사와 여고생이 함께 설악산에서 정사한 일도 있었다.

인간적 삶의 비상 상태가 만들어낸 '탈락 인간'

물론 앞에서 말한 계층만이 '정사'의 주체는 아니었다. 진정 '사랑밖엔 난' 모를 것 같은 청순한 존재들이 그러했다. '이루어질 수 없는 사랑'에 대한 인식의 역사와 관련된 중요한 자료가 있다.

첫째는, 1964년에 개봉하여 한국 영화사를 바꾼 영화 〈맨발의 청춘〉이다. 이 영화에서 신성일과 엄앵란이 각각 분한 '청춘'들은 완전히 서로 다른 계급에 속한 젊은이들로, '이루어질 수 없는 사랑'을 이루기 위해 극약을 먹고 동반자살한다. 김기덕 감독이 만든 이 영화 덕분에 주연배우 신성일과 엄앵란은 일약 대스타가 되었고 '청춘영화'라는 새로운 장르가 1960년대를 풍미하게 됐다. 이 영화는 당시 한국 사회와 젠더의 상황에 걸맞은 어떤 '현실적 판타지'를 갖고 있었던 것이다.

둘째, 〈맨발의 청춘〉 흥행 10년 뒤에 행해진 것으로 1974년 2월 15일자 『경향신문』에 실린 설문조사 결과다. 고려대학교 교육대학원이 서울과 경북 상주의 남녀 고교생 1000명을 대상으로 한 조사였다. "부모가 결혼을 반대할 경우 어떻게 하겠느냐"라는 설문에 약 33퍼센트의 고교생이 "단념한다"라고 답변했다. 그러나 "(반대를) 무릅쓰고 결혼", "집을 떠나서 결혼" 등 부모의 뜻을 거역하겠다는 취지의 답도 꽤 많아 46.24퍼센트였다. 눈길을 끄는 것은 "정사한다"는 답변이다. 설문 대상 전체 청소년의 4.54퍼센트, 그중 경북 지역 여성 청소년의 8.2퍼센트나 "정사한다"라는 답을 했다는 것이다.

2008년에도 비슷한 설문조사가 있었다. 오늘날 대학생은 결혼을 부모가 반대할 경우 "반대를 무릅쓰고 한다"(43퍼센트)라는 대답이 "끝까지 설득해보고 안 되면 포기한다"(40퍼센트)라는 응답보다 조금 많았다. 여기까지는 비슷하다 할 수 있다. 그러나 "정사한다"라는 설문 문항 자체가 없다. 이 차이는 단지 10대들 사이의 차이가 아니라 총체적인 것일 터이다. 사랑과 삶에 관한 태도가 한 세대 전과 확연히 달라졌기 때문이다. 오늘날 '동반자살'이 없는 것은 아니지만, 정사는 사라졌다고 봐도 된다.[3]

고도성장과 함께한 초고도 자살률은 박정희식 근대화가 '인간의 피'를 동력으로 했다는 사실을 새삼 깨닫게 해준다. 정치적으로 북한과 다를 바 없는 전체주의나 전전 일본식 총동원체제와 유사한 통제 상황이 펼쳐졌지만, 기실 사회의 심층에서는 '아노미'적 상황이 존재했음을 재확인해주는 수치가 아닌가 싶다. 사회학자 뒤르켐은 "사회질서가 심각하게 재적응해야 하는 상황에서는 그것이 갑작스러운 성장이든 예기치 않은 재난이든 사람들이 자살하기 쉽다"라며 자살이 증가하는 이유는 "위기(고비)" 때문이라 했다. 유신 시대에는 자살률뿐 아니라 살인·강도·강간 등 강력범죄 발생률도 1960년대보다 훨씬 높았다. 경제 문제 때문이든 가족이나 농촌 전통사회의 해체 때문이든 유신 시대는 일종의 위기 국면이자 인간적 삶의 '비상 상태'였던 것이다.

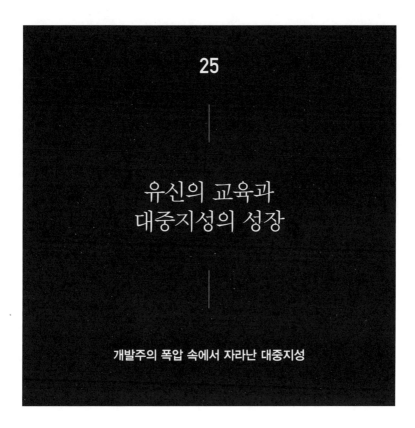

25

유신의 교육과
대중지성의 성장

개발주의 폭압 속에서 자라난 대중지성

유신의 모더니즘과 광속도 개발은 새마을노래가 주절거리는 것처럼 "초가집도 없애고 마을 길도 넓히고" "소득증대 힘써서 부자마을 만드"는 데서만 일어난 일이 아니었다. 시기를 좀 넓게 잡아 1960년부터 1980년대까지의 개발 연대에서 가장 의미 깊은 개발과 그 큰 과실은 '인간개발'이었다고 생각한다. 이 점은 아무리 강조해도 지나치지 않다. 이 시대에 우리는 말 그대로 세계 수준의 인적자원과 교육 인프라 그리고 문화적 수준과 지적 깊이를 갖추기 시작했다.

근대가 개막된 이래 누적되어온 '포텐(잠재력)'이 터졌다고 해야 할까? 대중은 적어도 이 면에서는 지극히 자발적이고 적극적으로 '개발'에 동참했다(물론 딸들을 상급 학교에 보내지 않아도 된다고 생각하는 못나고 가난한 가부장이 여전히 많긴 했다). 물론 그 과정은 쉽지 않았다. 이는 온갖 제도적 불합리와 방해나 모순을 뚫고, 아래로부터의 힘으로 이뤄진 과정이었다. 배는 곯아도 공부는 해야 한다는 그 열의와 욕망은 새로운 버전의 학벌사회를 만드는 필연적이고도 부수적인 효과를 내기도 했지만, 뭘 바라서가 아니라 그 자체로, 시니피앙과 시니피에가 혼연일체가 된 채로, 신앙처럼 불꽃처럼, 모든 계층과 남녀 사이에서 타올랐다고 하는 편이 더 사실에 맞는 듯하다. 그렇지 않으면 산업체 특별 학급에 다니거나 검정고시 전선에 서 있던 수많은 평범한 사람과 노동자·농민과 그 아들딸들의 열정을 이해할 수가 없다.

학벌사회와 재수생 문제

1960~1980년대의 고도성장기 동안 한국인들은 중학교에 진학하지 않는 사람이 거의 없게 되었으며, 1970년대에는 중학 교육의 '의무교육화'가 외쳐지고 고교 교육도 "국민교육화되어가고 있"었다. 1978년도에 초등학교를 졸업한 전국 총 88만 7000여 명 중 89퍼센트

가 중학교에 입학했다. 1970년대 중반 이후의 중학교 무시험전형제가 영향을 끼쳤고 교육에 대한 지역민과 영세민층의 관심이 그처럼 진학률을 높인 것이었다.[1] 박정희 통치가 시작된 1961년 고교 진학률은 전국 평균 41퍼센트였는데, 그로부터 10년이 지난 1970년에는 63퍼센트에 달했고, 다시 10년이 지난 1980년에는 82.6퍼센트에 이르렀다. 10년간 10퍼센트씩 높아진 셈이다.[2]

배움에 대한 위대한 한국적 열정은 물론 유신 시대에도 부작용을 낳았다. 1970년대 내내 '재수생 문제'가 심각했는데, 대학 입시에 낙방한 재수생뿐만 아니라 고교 입시나 중학 입시에서 낙방한 청소년들도 문제였다. 서울 광화문(공평동과 내수동) 뒷길은 세칭 '재수로'라 불릴 정도로 대입 학원이 밀집된 지역이었다. 이 동네 대폿집과 맥줏집에는 대낮부터 남녀 재수생들이 담배를 꼬나물고 시시덕거리며 청춘의 '고민'을 불태웠으며 이 동네는 당구장은 물론 카바레까지 재수생들 덕에 경기가 좋았다 한다.

중학 입학 무시험제도와 고교 평준화 및 학군제도가 도입되면서 1970년대 중반 중입·고입 재수생 문제가 차츰 해소되었으나 1976학년도 대입에서 25만 3000여 명의 응시자 중 무려 16만 명가량의 '불합격자'가 발생하자 다시 재수생 문제가 크게 사회문제화했다. 특히 박정희가 1월 문교부 업무 순시 중 학원가 주변에 유흥장이 많아 걱정된다면서, '올해 내로' '재수생 대책'을 마련하라 지시하는 바람에 1976년 내내 한국 사회 전체가 '재수생 대책'을 고민하고 논쟁했다. 가뜩이나 서러운 삼수생에게 대입 전형 과정에 불이익을 줘 삼수생 수를 줄이자

1970년대 종로 학원가를 가득
메운 학생들.

거나 재수생을 졸업한 고교에 등록하게 해서 진학 및 생활지도를 받게
하자는 황당한 방안이 검토되기도 했다.

　　이 시절 비좁은 대학문 앞에서 와글거리며 서 있었던 것은 바로
베이비붐 세대였던 것이다. 결국은 대학 입학 정원의 증원이 '근본적인'
대책으로 선택됐다. 다시 말해 대학을 더 세우고 인가해 진학률을 높이

는 방안이 실행된 것이다. 한국 사회를 확 바꿔놓게 되는 이 대책은 1978년 10월에 나왔다. 문교부는 당시 33.1퍼센트였던 대학 진학률을 53.5퍼센트선까지 끌어올려 대학 교육을 '보편화'한다는 원대한 계획을 발표했다. 당장 1979학년도 대학 입학 정원을 무려 4만 9,490명이나 증원하고 1980년에도 5만~7만 명을 대폭 증원하기로 했다. 2년 만에 대학생 수를 10만 명이나 한꺼번에 늘린다는 이 계획은 군사독재가 아니면 집행하기 어려운 놀라운 '밀어붙이기'가 아닐 수 없다. 이 증원 계획은 주로 지방 대학을 대상으로 했는데 사실 지방 대학에는 당장 교원과 교실이 부족했다.

　문교부는 '우수' 교수요원 확보를 위해 서울대 등의 대학원을 대폭 확충하기로 했으며 대학교수 연구비를 20억 원 증액하고 연간 200명의 교수를 해외에 파견할 계획도 세웠다. 비록 갑자기 늘어난 학생 수를 감당하기가 쉽지는 않았으나 대학교수의 '리즈 시절'이 아닐 수 없었다.

　아무튼 이 시책으로 많은 대학교가 새로 태어나고 재편·승격됐다. 경기도에 인천공과대학, 전북에 우석여자대학, 부산 사상공단 내에 인제의과대학이 신설됐고, 서울 소재 대학 중 '경영 능력이 우수한 대학에 지방 분교를 허가'하여, 한양대는 반월공업단지에, 중앙대는 안성에, 동국대는 경주에 각각 분교를 설립하게 됐다. 또 기존의 초급대학제도를 없애고 6개교를 대학으로 승격시켜 경동공업전문학교는 동의대학으로, 안동초대는 안동대학, 목포초대는 목포대학으로, 마산초대는 마산대학으로, 군산여자초대는 군산대학으로, 강릉초대는 강릉

1976년 대학 신학기의 수강신청 풍경. 등록과 수강신청은 1970년대까지만 해도 학생이 직접 학생회관이나 학과 사무실에서 직접 카드를 써 제출하는 방식으로 행해졌다. 1976년 당시 등록금은 사립대학 20만 원대, 국립대학 15만 원 내외였다. 이러한 풍경은 학교 외부에서도 등록금 납부가 가능해진 1984년까지 계속되었다.

대학으로 각각 승격되었다.

그리고 지방 대학의 야간 정원도 크게 확대했다. 제주대, 원광대, 경남대, 관동대, 울산공대가 증원했고 또 국가경제 발전에 필요한 인력을 양성한다는 명분으로 기초과학 및 외국어 학과 등에서 1만 7860명을 증원했다. 수도여사대와 청주여사대는 각각 세종대학과 청주사대로 바뀌어 남녀공학이 됐다. 따라서 전두환 정권의 졸업정원제는 실질적으로는 이때 시작된 셈이다.

독서운동과 '지하 독서'

한편 1960~1970년대에는 출판자본주의가 계속 성장하고 '국민개독운동'도 벌어졌다. 기독교를 믿자는 운동이 아니라, 국민 한 사람 한 사람 모두[皆]가 독서인이 되자는 전국 규모의 책 읽기[讀] 운동이다. 원래 민간에서 시작된 마을문고운동, 자유교양운동 등을 정부가 지원하고 '관변화'함으로써 독서운동에 학생과 지역민이 강제로 '동원'되기도 했다. 특히 1968년부터 1975년까지 이어진 '대통령기쟁탈 전국자유교양대회'는 거대한 규모였다. 절정에 달한 1974년에는 전국에서 8900여 개교, 즉 전국 학교의 96퍼센트, 학생의 90퍼센트가 대회에 참가했다 한다.

정권도 관심이 많았다. 제1회 자유교양대회 시상식부터 정일권 국무총리가 치사를 했을 뿐 아니라 매해 문교부 장관이나 국회 문공위원장이 대회에서 치사를 했다. '육 여사'께서도 1970년부터 해마다 상위 입상자와 학부모를 청와대로 불러 격려했다. 『자유교양』지에 따르면 1971년 '육 여사'께서는 수상자와 학부모가 모인 자리에서 "큰딸 근혜 양이 대학 입시 준비를 하는 것을 지켜보면서 고전을 잘 이해하는 것이 무척 어려운 일임을 느끼셨다고 어머니로서의 체험담을 들려주셨는데 그때의 표정은 '퍼스트·레이디'라는 말에서 풍겨나는 위엄보다는 자애와 우애로써 가득 차 있었다" 한다. 제목에서 보듯 이 좋은 취지의 운동은 다분히 '유신스럽게' 진행됐다. 청룡기나 황금사자기 또는 전국체전 같은 군부독재 시대의 스포츠대회를 연상시키는 '대통령기쟁탈전국자유교양대회'에는 전국 각 시도 "선수들이" 학교별로, 초·중·고·대학생들이 각각 학년별로 참가했다. 득점이 높은 학생에게 금·은·동 메달을 수여했고 학교별로 딴 메달 수를 합계하여 시상하고, 시도별 참가 학교의 점수와 독후감 제출자 수를 합산하여 시도별 상도 주었다. 그래서 '자유'로운 고전 읽기는커녕 예상문제 풀이와 선수 합숙 훈련 같은 군사독재식 동원과 성과주의가 이 독서운동을 오염시켰다.[3]

그러나 이런 관변 독서운동이 아니라도 1970년대 대중의 독서력과 독서인구는 확대·확장 일로에 있었다. 1970년대 중반부터는 '지하 독서인구'가 생겨났다. 영부인 육영수가 자이니치 청년 문세광의 총에 맞던 바로 그날, 1974년 8월 15일 서울역에서 청량리를 오가는, 지하철 1호선의 첫 번째 구간이 개통되었다. 연이어 지하철 1호선의 다른 구간도 개통되어 근대 대중교통과 도시사의 새 시대가 열린 것이었다.

1976년 8월 13일자 『경향신문』은 서울 지하철 1호선 개통 2주년을 맞아 지하철이 바꾼 일상 풍속을 명랑한 어조로 소개했다. 종로 등 지하철역 주변 상권이 커지고 지하철역이 새로운 데이트와 약속 장소로 쓰인다는 것 그리고 지하철에서는 다른 대중교통 공간보다 공중도덕이 잘 지켜져 담배를 피우는 사람도 "거의 없다"라는 것이었다. 또한 지하철은 버스처럼 흔들리지도 않고 조명도 밝아 책뿐 아니라 일간지나 잡지 읽기에도 좋아 서울시민들이 지하철을 탈 때면 으레 포켓북이나 읽을거리를 소지하기 시작했다는 것이다.

그러니 이 '지하 독서'의 미풍은 2000년대 말 잡스와 갤럭시의 전면 내습을 받아 전면 퇴락하기 전까지 근 40년간 한국 독서문화의 한 축을 담당했다.

▌민중주의의 지적 · 예술적 진전

박정희와 그 체제가 점점 이성을 잃어갈 때 이처럼 새로운 대중지성과 민중주의의 지적이고 윤리적인 토대가 만들어졌다. 박정희의 폭압과 개발주의는 대중지성과 민중주의의 성장과 불균등하고 비대칭적인 변증법적 관계를 만들었던 것이다.

1975년 이후 소위 긴급조치를 발동하면서 박정희 정권은 검열과 반공의 칼을 휘두르며 더욱 날뛰었지만, 함석헌·리영희를 위시한 몇몇 저자의 책들이 청년·대학생층에 크게 영향을 미치고, 유신체제에 대한 이반의 힘도 점차 커졌다. 노동자들이 세상을 향해 두 눈을 파랗게 뜨는 이야기를 담은 황석영이나 조세희의 소설도 잘 팔렸다. 대학생들은 단지 '쪽 수'만 늘어난 것이 아니라 한국 사회의 모순과 그 해결 방법에 대한 인식도 날카로워지고 있었던 것이다.

1970년대 후반에는 야학운동과 노동자들을 향한 지식인의 투신이 시작되었다. 광주민중항쟁의 한 주역이었던 윤상원·박기순 등의 '들불야학'이나 최근 영화로 만들어져 새롭게 조명된 부산의 '부림' 사건 주역들도 이때부터 독서운동에 나섰던 것이다. 그리하여 전태일의 후배들이 드디어 책을 읽고 자기 글을 쓰기 시작했다. 유동우·석정남처럼 전국 각지의 공장과 교회 그리고 야학에서 노동자로서, 나아가 민주주의자이며 인간으로서 가난과 소외를 이기며 읽고 쓰는 노동자들이 생겨났다.

　도시와 노동의 경험을 담은 각종 논픽션과 수기가 1960년대부터 매체에서 슬슬 유행했고 '모범 근로자 수기'는 『노동』 같은 관변 잡지에도 실렸다. 그런데 1970년대 중반부터는 『대화』, 『샘이 깊은 물』 같은 잡지에서 노동자·민중의 삶과 투쟁을 담은 진솔한 수기와 이를 묶은 단행본도 나오기 시작했다. 예를 들면 「어느 돌멩이의 외침」 (1978) 같은 글이 지면을 얻으면서 독자들의 큰 반응을 얻었다. 저자 유동우는 1949년 경북 영주의 가난한 농가에서 태어나 열아홉 살인 1968년 상경하여 노동자가 되었다. 그런 뒤 유림통상, 방성산업, 삼원섬유 등에서 노동자로 일했다. 여기까지는 산업화 시대를 산 대한민국의 장삼이사 누구나 겪었을 법한 평범한 스토리인데, 이 젊은 노동자는 인권 유린과 임금 착취를 일삼는 회사와 마치 돌멩이처럼 맨몸으로 싸운다. 그 고단한 싸움의 과정에서 '돌멩이'는 한국 사회의 모순을 온몸으로 체험하게 된다.

　또 그런 일을 겪고 수기를 쓴 여성 노동자도 있었다. 나중에 『공장의 불빛』이란 책으로도 묶인 이 글을 쓴 이는 동일방직 여성 노동자 석정남이었다. '문학소녀'였던 그녀는 동일방직 사건을 겪었다. 이 사건은 1970년대 노동운동과 노사관계를 상징한다. 민주노조를 세우려는 여성 노동자들의 노력을 사용자와 공권력이 공공연히 무시하고 비

石정남이 쓴 글을 묶은 책 『공장의 불빛』. 석정남이 1970년대 중반 『대화』 지에 투고한 수기이다. 그는 동일방직노동조합 투쟁이 끝나고 나서 1984년에 이 책을 냈다. 한 여성 노동자가 공장에 들어가 노동조합을 알게 되고, 사람들과 만나고 함께 노동운동을 하며 인간으로서 개안하는 이야기들을 세밀하게 담았다.

열하고도 무자비한 탄압을 행하자 여성 노동자들이 알몸으로 저항했다. 이 싸움은 많은 것을 남겼다.

　　그렇게 처절하고 생생한 노동자들의 체험 수기는 한국문학의 지평을 크게 넓힐 예정이었다. 황석영·조세희·윤흥길 등 1970년대 작가의 글쓰기는 그런 '현장'의 영향을 흡수하거나 상호작용한 것이었으니까 말이다. 또한 문학뿐 아니라 예술 전반의 새로운 지평과 질료가 되기도 했다. 예컨대 천재 싱어송라이터 김민기는 1978년 동일방직 사건을 소재로 삼아 노래극 〈공장의 불빛〉을 만들었다. 이 노래극의 노래들은 한국교회사회선교협의회의 후원으로 송창식의 녹음실에서 비밀리에 제작되었다. 2000여 개로 '불법' 복사된 이 테이프는 대학가로 공단으로 퍼졌다. 그리고 젊은 노동자들과 학생들의 의식에 크게 영향을 끼쳤다. 노동자와 학생의 이런 상호작용이 역사의 진전을 만들어낸 것이다.

　　개발 연대 한국의 대중지성은 폭압 속에서도 이처럼 잘 커나갔다. 그리하여 1980~1990년대의 한국 민주주의운동과 민주화의 초석이 되었다. 무식한 군사독재 · 반공체제가 없었다면 한국인의 지적 · 문화적 역량은 더 깊고 넓어지지 않았겠는가. 만약 1972년 유신이 없었더라면, 그리고 1980년에 또 전두환 군부가 집권을 연장하지 않았다면 어땠을까? 군부독재는 학문과 사상의 자유, 언론과 출판의 자유에 대한 근본적 걸림돌의 하나였다. 도서관에서 읽을 수 있는 책, 외국에서 수입되는 책과 잡지, 외국 유학생과 외국인 유학생들을 검열하고 통제했기 때문이다.

26

'저항의 시혼' 김남주의
'사상의 거처'는 사라졌는가?

죽을 때까지 '전사'로 불리고 싶었던 시인 김남주

2014년 2월 12일 경향신문사 강당에서 김남주 20주기 심포지엄이 열렸다. 문학평론가 염무웅은 '역사에 바쳐진 시혼'이라는 제목의 기조 발제에서 "군사독재와 외세 지배에 대한 불굴의 저항, '광주 코뮌'이라 이름 붙일 수 있는 짧지만 강렬한 해방의 경험, 그리고 이 경험의 민중적 확산을 통한 역사의 반전—이러한 광주항쟁의 정신을 온몸으로 전

1980년 2월 3일 신향식(앞줄 왼쪽), 이재문(앞줄 일어선 사람), 김남주(이재문의 왼쪽) 등 남민전 사건 관련자 73명에 대한 첫 공판이 열렸다. 불행히도 이재문은 사건 2년여 만인 1981년 11월 23일 옥중에서 고문 후유증으로 세상을 떠났고 신향식은 1982년 10월 8일 사형이 집행돼 형장의 이슬로 사라졌다.

생애에 걸쳐 살았던 인물로서 김남주를 빠뜨릴 수 없다는 것은 너무도 명백하다"라고 말했다.[1]

    전남대학교 '함성'지 사건과 남조선민족해방전선(이하 남민전) 사건으로 오래 투옥된 김남주는 1988년 전주교도소에서 나온 직후 "착취와 억압이 있는 곳에 시인은 항시 있어야 하고 저 또한 있을 생각입니다" 하며 결의를 다졌다. 그리고 그는 1994년 세상을 뜰 때까지 스스로가 '전사'로 불리길 원했다.

    하지만 그가 세상을 등졌던 1994년에도 현실은 김남주의 뜻과 달랐다. 김남주는 혁명적 조직을 원했으나 1991년 현존 사회주의권 붕괴와 1993년 문민정부 등장 등 변해버린 현실과 그의 외침 간의 거리는 멀었다. 1988년 영어의 몸에서 자유로워진 이후에도 그는 자신을 필요로 하는 곳마다 찾아갔으며 투사이자 전사의 역할을 감당했다. 하지만 "혁명은 패배로 끝나고/조직도 파괴되고/나는 지금 이렇게 살아있다 부끄럽다/제대로 싸우지도 못하고 징역만 잔뜩 살았으니/이것이 나의 불만이다"라는 시 「혁명은 패배로 끝나고」(1991)에서 짐작할 수 있듯이, 그는 일상과 투사의 삶 간의 간극으로 적지 않게 힘들어했던 것으로 알려졌다.

1994년 김남주 사후 그의 직설적이고 명징한 언어들의 의미는 점차 잊혀갔다. 시인의 길보다 혁명을 꿈꾸는 전사의 길을 걸었고 문학은 변혁의 무기라며 시인들이 피하던 용어를 자신의 시에 썼던 그의 자취는 갈수록 변화돼가는 세계와는 잘 조응하지 않는 것처럼 보이기도 한다.

위수령 이후의 활동가들

1971년 말부터 학생운동은 곤경에 처했다. 위수령 때문에 많은 활동가가 대학에서 제적돼 학생회 기능이 멈춘 상태였기 때문이다. 단적인 사례로, 유신 정부는 서울대 문리대를 없애려고 했지만 실패했다. 그 대신 서울대가 관악 캠퍼스로 이전한 뒤 정문 앞에 지상 2층, 지하 1층에 기동경찰 300여 명이 휴식과 대기가 가능한 '동양 최대의 파출소'를 만들었다. 또한 1971년 10월 15일 위수령과 더불어 고려대에 진입한 수경사 병력은 흡사 전투를 벌이듯 학생회관에 뛰어들어, 대의원 회의를 하던 학생들을 머리채 잡고 끌고 나왔다. 그뿐 아니라 수업 중인 강의실에 난입해 개머리판을 휘두르는가 하면 연구실과 도서실에 최루탄을 쏘아대고, 전교생 3분의 1에 해당하는 2000여 명이 일명 '대가리 박아'를 한 채 개 잡듯 두들겨 맞았다.[2]

하지만 이 기간에도 활동가 양성은 이어졌다. 정윤광(민청학련 관계자)의 증언에 따르면, 1970년대 초반 서울대에는 한국사회연구회(한사연), 농업경제연구회(농경연) 등 '이념서클'이 5개 정도였다. 서울대는 법대, 상대, 문리대 세 군데, 고대와 연대에 하나씩이었다. 경북대, 전남대, 부산대 등만 해도 전통적으로 내려오던 서클은 취약했다. 하지만 1년에 한두 차례 고려대 한맥 주최로 5개 서클에 속한 사람들이 모여 토론 및 행사를 했던 덕에 전국 대학들의 이념서클 구성원 사이에 친분이 존재했다. 이들은 세미나 형식으로 사회문제를 학습·토론하고, 농촌참여 활동, 청계천이나 성남 일대 빈민촌의 실태조사, 개별적으로 '마치코바' 같은 소규모 공장에 취업해서 노동하는 과정을 겪었다.[3]

당시에는 사회과학 서적이 귀했지만 동대문·청계천 등 서울뿐 아니라 대구, 광주, 부산의 헌책방을 뒤지면 『고요한 돈 강』『세계사교정』『낙동강』『임꺽정』 등 해방 직후 발간된 잡지나 서적이 널려 있었다. 학생들은 이 책들을 어렵지 않게 접할 수 있었다. 김남주 시인의 회고에 따르면 전남대에서는 문학 계간지 『창작과 비평』, 박현채와 리영희의 저서 그리고 금서로 취급되던 『들어라, 양키들아』 『스페인 내전』 『레닌의 생애』 『붉은 10월』 『인간의 세속재산』 등이 널리 읽혔다. 대학 시절 자신에게 가장 큰 영향을 미친 인물로 김남주는 김수영과 신동엽을 들었고, 민족해방을 가장 중요한 과제로 삼았던 남미 문학의 네루다 등으로부터 큰 영향을 받았다고 한다. 그는 선배 박석무가 김수영의 시를 낭송하던 때를 회고하며, 그것은 "차라리 분노였고 절규였다"라고 기억했다.[4] 유신 시절 서클 활동을 경험한 주대환도 이런 지적 전통을 다음과 같이 기억하고 있다.

> …… 김수영의 치열한 자기반성을 따라가면 결국 어디론가 하나의 극단에 다다르게 된다. 더불어 새로운 전후세대의 감성에 맞는 서구적, 합리적인 사고를 심어주었다. 또 리영희의 지적인 모색으로부터 대부분의 진보적 인식이 나올 정도로, 그의 철저한 합리주의, 인간이성에 대한 신뢰는 남한 좌파의 철학적 기초를 이루었다.[5]

한편 민청학련 사건 직전 1973년 서울대 문리대는 학생운동 역량이 풍부하고, 상대적으로 덜 훼손된 편이었다. 문리대를 기반으로 상대와 법대를 포괄하던 '후진사회연구회'(후사연), 67·68학번 복학생을 포괄하던 '문우회', '낙산사회과학연구회', 이철의 서클 그리고 이들 네 서클을 통합해 일부 역량을 공개하고 이를 바탕으로 공식적인 서클 활동과 학생회를 장악했다. 학생서클의 대표 유형은 '후사연'으로 이론적 탐구보다는 행동을 중시한 데 비해, '한사연'은 독특한 위상을 지

넘는데 학생운동에 무조건 참여하기보다는 이론적 탐색을 중시했으며 심지어 관념적 색채까지 띠었다.[6] 1973년 '한사연'에 가입한 주대환의 증언에 따르면, 당시 한사연은 거의 지하화돼 있어 많은 것에 대해 '묻지 마' 분위기였다고 한다. 이후 그는 고 정운영(경제학자, 경기대 교수)이 후배들을 모아 한사연을 처음 조직했고 이로써 뭔가 기존 학생서클과는 다른 새로운 이론을 탐구, 축적하고 과거의 전통에 얽매이지 않겠다는 생각을 갖게 되었다고 한다. 당시 한사연에서는 40명 넘는 1학년생이 참석해 세미나를 두세 팀으로 나누어 진행했다.[7] 이처럼 1970년대 초반 학생운동은 대규모 조직을 만들기보다는 장기적으로 운동주체를 키우는 준비론의 경향을 지녔다.

반면 김남주가 관여했던 전남대 학생운동은 1972년 즉각적인 반유신 투쟁을 촉구했던 지하신문 '함성' 제작을 위해 1929년 광주학생운동 당시 지하신문과 러시아혁명기의 지하신문 배포에 관한 연구를 시작했다. 유인물을 만드는 데 필요한 도구인 가리방(등사판), 철필, 묵지를 마련하기 위해 주머닛돈을 털고 갖고 있던 책을 팔기도 했다. 지하신문 '함성'은 유신체제에 사형을 내린다는 의미에서 '죽을 사(死)' 자를 써 유신을 비판했고 유신체제에 동조하는 행동을 죽음의 행렬, 노예의 길로 묘사했다. 또한 반공 이데올로기에 대해 직접적 반박은 하지 않되, 철저한 민족주의·민주주의 노선, 예를 들면 갑오농민전쟁에서 출발, 4·19혁명에 이르는 민족주체성을 강조했다. 이렇게 8절 갱지에 500매 정도를 등사한 '함성' 지는 변장한 학생들이 야밤을 틈타 전남대 이외 시내 5개 고교에 배포되었다.[8]

1972년 전남대 영문과 재학 중 전국 최초로 반유신 투쟁을 위한 지하신문 '함성'과 '고발' 지를 제작했으며, 이로 인해 8개월 동안 투옥됐으며 학교에서도 제적당했다. 그 후 1979년 10월 남민전 사건으로 재투옥돼 15년형을 언도받아 9년 3개월 옥살이를 했다.

이후 김남주와 동료 김상윤은 카프카서점과 녹두서점을 운영하며 일본어 사회과학 학습팀을 이끌었다. 그리고 1978년에는 본격적으로 노동문제에 관심을 가져 박관현, 안진, 박병섭 등을 중심으로 들불야학을 조직했으며, 1979년 광천공단에서 야학 활동을 하던 학생들은 공단 실태조사를 위해 '사회조사연구회'를 만들기도 했다.

긴급조치 9호와 남민전 그리고 '사상의 거처'

1976년 2월 29일 서울 중구 청계천 3가의 '태성장'이라는 중국음식점에서 이재문, 신향식, 김병권 3명은 잭나이프를 포개 잡고 '남민전 준비위원회'를 결성했다. 이들 발기인 3명은 강령과 규약, 선서문 등을 검토하고 지도부를 형성했다. 실제 지도부는 남민전이었고 반유신 민주화 투쟁에서는 '한국민주화투쟁국민위원회(민투)'를 중심으로 활동했다. 그래서 검거된 후에도 남민전이란 조직의 존재 자체를 모르는 성원이 있었다.

하지만 남민전이 그저 몇몇 지도부의 결단이 낳은 산물은 아니었다. 아직 누구도 유신체제가 붕괴되리라고 믿지 않던 때, 곧 긴급조치 9호 이후 대부분의 조직운동이 활동을 정지한 그 시기에 민주주의와 변혁을 지향하는 개인이 선택할 수 있는 길은 많지 않았다. 긴급조치 9호는 운동인자로 하여금 전향 혹은 재구속과 도피 및 활동이라는 양단간의 선택을 강요했으며, 그 결과 준비론을 거부한 사람들 사이에서는 싸우다 죽자는 분위기가 형성되었다. 남민전에 참여했던 신향식은 1968년 통혁당 사건■으로 투옥되었다 출소한 뒤 공식적 사회 참여의 길이 막혔고 석유·연탄 배달, 월부 책장수, 복덕방 직원을 전전해야 했다. 당시 신향식이 월부 책을 팔고자 만난 한 후배는 "분노를 느끼지 않을 수 없었다"라고 당시를 회고한다. 그만큼 유신체제는 선의의 지식인을 고통스럽게 만들었던 것이다. 특히 비전향으로 만기 출소한 신향식은 사회안전법 아래서 언제나 죽음의 투망에 걸려들 수 있었으며, 이것이 이들을 결국 투쟁으로 이끌었을 것이다.[9]

■ 1968년 발표된 통일혁명당 사건을 지칭한다. 김종태, 김질락 등이 북한과 연계되어 있으면서 남한 지역 지식인과 엘리트를 규합해 혁명을 추진했다고 알려진 전위조직운동이다.

남민전이 표방한 투쟁 방향은 먼저 유신독재정권을 타도하고 민주적 연합정권을 수립하는 것이었다. 남민전은 한국 사회를 신식민지로 규정했다. "식민지 사회에서는/단 한 사람도 자유롭지 못하다고"(「각주」)나 "사상은 노동의 대지를 그 밭으로 삼는다"(「사상에 대하여」)라는 김남주의 시 구절은 당시 남민전 구성원의 현실 인식을 간접적으로 드러내준다. 김남주는 "신식민지 사회에서의 민족해방이란 제국주의로부터의 고리를 끊어내고 최종적인 변혁을 이룰 때까지 민족모순의 과정을 계속해 나아가는 것이지 부르주아 민주주의 단계를 경과한다든가 하는 것은 있을 수 없다는 것이지요"라고 당시를 회고했다.[10] 즉 1978년 김남주 자신이 번역한 파농의 「자기 땅에서 유배받은 자」에서 언급한 것처럼 탈식민화란 폭력 투쟁을 통해 어떤 '종(種)'의 인간을 다른 '종'의 인간으로 변화시키는 것을 의미했다. 특히 1970년대 후반과 1980년대 초반에 이르러 제3세계 민족해방 투쟁의 성과가 가시화되었다. 대표적 예가 1975년 4월 베트남혁명, 1979년 2월 '산디스티나' 민족해방전선,＊ 1979년 이란 샤 정권의 몰락＊＊이었다. 이러한 제3세계 민족해방운동의 급격한 고양은 활동가들로 하여금 투쟁의 대상이 단지 독재정권이 아니라 반통일·반민주·반외세라고 보도록 요구했다.

■　1979년 미국이 지원하는 친미정권을 붕괴시키고 니카라과에서 사회주의혁명을 시작한 전위 조직을 지칭한다.

■■　1979년 서구화와 친미적 길을 걷던 이란 팔레비 샤 왕조가 호메이니를 중심으로 하는 원리주의혁명에 의해 붕괴되었다.

특히 1978년은 남민전 활동이 적극적으로 이뤄졌던 해다. 남민전에서는 유신체제를 반대하는 삐라를 살포했다. 10월 4일에는 속칭 '파라슈트 작전'을 통해 '김치도 마음대로 먹을 수 없게 만든 박정희 유신독재체제'라는 내용의 논설이 실린 「민중의 소리」 2호를 발간했다. 2호의 주요 내용은 반독재 학생운동을 강화하자는 내용의 논단, '독도 영해권을 왜 팔아먹느냐'라는 논지의 사설, 김남주가 가십난에 쓴 '백성의 마음은 속일 수 없다: 돈과 권력의 궁합', 대학가 소식과 동일방직 투쟁 소식 등이 실렸다. 이뿐 아니라 남민전 내 무장 투쟁조직이었던 '혜성대'는 무장 폭동을 준비했다는 당국의 음해와 달리 선전·선동 주도 및 자금 확보와 체력 단련을 하는 수준이었다고 전했다.[11] 혜성대에서 김무송이란 이름으로 활동했다고 알려진 김남주는 이런 말을 했다. "나는 남민전에 들어갈 때에 이름도 없이 죽어가야 한다고 생각했어요. 다른 사람이 죽어주기를 내가 바랄 수 있겠어요. 해방은 죽음 없이는 오지 않는다는 것을 인식하면서 그 인식을 왜 내가 실천하지 않고 남이 해주기를 기다려야 되겠어요."[12]

이처럼 김남주가 사상과 조직을 만들고 전사이자 투사가 되기를 결의했던 시기는 헌법으로 보장된 기본권을 국가가 유신이란 이름으로 무력화한 때였다. "총구가 나의 머리 숲을 헤치는 순간"에 대한 고백으로 시작하는 김남주의 시 「진혼가」의 한 구절처럼, 폭력과 죽음의 두려움에 맞서 스스로를 새로운 인간으로 만들기 위해 안간힘을 쓰던 결단의 시점이었다. '무기가 될 수 있는 모든 것'을 가지고 김남주는 유신에 맞섰던 것이다.

하지만 잊혀가던 김남주와 전사들은 반유신에 머무르지 않았다. 이들은 1980년 '광주'를 거치며 근본적 사상을 실천하고 운동을 시작한 1980년대를 이어주는 징검다리였다. 남민전은 '반독재'나 '반유신'을 넘어 '반제국주의'와 '반(신)식민주의'를 제창했고 혁명적 정치투쟁의 필요성을 제기했다. 1980년대를 거치면서 남민전의 그 같은 노선을 후배들이 계승했다. 그러나 그 어느 때보다도 2015년 현재 김남주가 기억되어야 하는 것은 그가 죽음을 강요하는 유신이라는 체제에 맞서, '죽음을 무릅쓰고 인간이고자 했기' 때문이다. 죽음을 각오하지 않고서는 저항도 인간도 이뤄낼 수 없던 시기에 김남주는 그 한계까지 나아갔다. 김남주 20주기에 그가 마지막까지 놓치지 않으려 했던 '사상의 거처'에 대해 다시 생각하는 것은 유신과 신군부라는 폭력에 맞섰던 그의 '사상에 대한 예의'일 것이다.

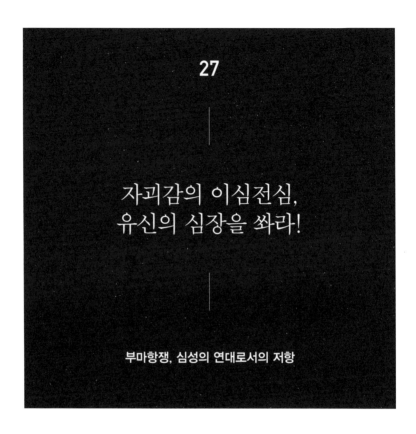

27

자괴감의 이심전심,
유신의 심장을 쏴라!

부마항쟁, 심성의 연대로서의 저항

1979년 10월 16일부터 20일 사이에 벌어진 부마항쟁은 유신독재에 종지부를 찍은 사건이었지만 사망자 확인조차 제대로 되지 않은 채 잊혔다. 부산과 마산의 저항이 이듬해 광주로 이어진 역사성에서 보듯이,* 부마항쟁은 1970년대와 1980년대를 잇는 중요한 연결고리이지만, 사람들의 기억에서 그리고 현재의 역사 속에서도 존재감은 미미해 보인다. 이 지역의 박정희에 대한 향수가 집권당의 정치적 자산으로 부활했기 때문일지 모른다. 아니면 신군부가 김재규의 배신을 우발적 사건으로 덮어버리면서 항쟁의 의의도 함께 묻어버렸기 때문이기도 하다. 박정희 한 목숨이 어이없이 스러지면서 그의 죽음을 재촉한 민중의 항쟁도 함께 사라져버린 것일까. 부마항쟁이 김재규의 총탄으로 갈무리되지 않고 전국적 저항과 민주화의 결실로 이어졌더라면, 부마항쟁은 한국 현대사에서 가장 극적인 사건으로 기록되었을지도 모른다. 그러나 박정희가 사라진 자리에 전두환이 들어섰고, 부마항쟁의 흔적이 광주의 비극으로 반복됨으로써 현대사의 아픔은 시작되었다. 광주가 1980년대의 화두였던 것처럼, 1970년의 최후를 상징하는 사건으로서 부마항쟁을 되묻지 않으면 안 된다.

잊혀버린 항쟁

부마항쟁이 유신독재의 몰락을 이끌었다는 일반적 이해에는 도달한 상태지만 항쟁의 성격에 대한 평가는 아직 하나로 일치하지 않

■　한홍구는 부마항쟁과 광주항쟁은 사상자의 차이에도 불과하고 하나의 전환기의 시작과 끝을 이루는 결절점으로, 하나의 국면으로 이해되어야 한다고 강조한다. 즉 "광주학살은 어쩌면 부산과 마산에서 벌어졌을지 모를 학살이 김재규의 박정희 사살이라는 변수 때문에 시간을 미루고 공간을 바꿔 일어난 것이다." 한홍구(2009), 「놀라운 붕괴, 거룩한 좌절」, 『부마민주항쟁의 역사적 재조명』, 대성, 218쪽.

1979년 10월 16일, 시민과 대학생들이 부산 광복동에서 유신 철폐를 주장하는 시위를 벌이고 있다. 박정희 정권은 10월 18일 0시를 기해 부산에 비상계엄을 선포하고 공수부대를 투입했다.

는다. 부마항쟁은 관점에 따라 민주항쟁, 민중항쟁, 도시 봉기로 각기 달리 해석된다.[1] 학생을 비롯한 지식인이 중심에 놓일 경우 부마항쟁은 1960년대부터 이어져온 민주화운동의 연장선에서 이해된다. 그러나 실제 항쟁의 주체로서 노동자, 도시 하층민, 룸펜 프롤레타리아 등이 집중 조명된다면 부마항쟁은 민중항쟁의 성격을 띤다. 수도권의 민주화운동과 달리 부산·경남 지역의 항쟁은 새로운 주체와 새로운 방식의 저항이라는 점이 두드러진다.[2] 이는 기존의 민중·민주화 운동으로 수렴될 수 없는 도시 하층민의 이질성과 복합성을 고려한 결론이다. 그런 점에서 부마항쟁은 4·19와 광주대단지 사건의 계보를 잇는 박정희 시대 최후의 도시 봉기라 명명할 수도 있다.[3]

그러나 어디에 초점을 맞추든 항쟁에 그만큼 다양한 계층이 가담했다는 사실은 변하지 않는다. 대학생부터 노동자, 도시 하층민까지 각양각색의 사람들이 짧은 순간 한공간에서 해방적 에너지를 폭발시켰던 것이다. 저마다의 바람과 이유는 달랐겠으나 그들이 저항하고 맞부딪친 것은 결국 1970년대를 장악한 유신독재, 박정희라는 권력이었다는 점에서 합일된다. 그리고 그곳이 한반도 남쪽의 끝, 부산과 마산이었다는 사실이 부마항쟁 정체성의 요체다.

우리는 부마항쟁을 두고 4·19와 5·18을 떠올린다. 독재를 몰아낸, 반쯤이나마 성공한 혁명으로서의 4·19와 거대한 좌절로서 시대의 길을 연 5·18 사이에 부마가 놓여 있기 때문이다. 두 사건의 시작과 끝에 박정희 정권이 있었으며, 그중 1970년대를 통째로 거덜낸 유신독재에 대한 저항으로서 부마항쟁은 1970년대를 규정하는 마지막 사건으로 이해될 수밖에 없다. 그러므로 우리는 부마항쟁이 무엇이었는지를 다시 묻고자 한다. 그때 누가 있었으며 왜 그들은 일어설 수밖에 없었던가.

서울에서 온 '가위'

부마항쟁을 이끈 최초의 주체는 대학생이다. 10월 16일 부마항쟁의 시작점에 있던 대학생들은 누구였나? 1970년대 말 부산 대학가에 떠돈 가위의 소문을 떠올려보자. 시위도 못할 바에야 거시기를 잘 라버리라는 조롱의 뜻으로 이화여대에서 가위를 보냈더라는 소문은 당시 부산 대학생들의 자괴감을 우화적으로 보여준다. 이런 소문을 접할 때마다 학생들은 가위를 받아도 싸다는 심정이었을 것이다. 부산대도 그러했다. 1974년 이래 교내 시위가 끊긴 탓에 '유신 대학'이라는 오명을 쓰고 있던 부산대 학생들은 가위의 수신자를 자처하면서 자괴감을 곱씹었다. 이는 다른 대학들도 마찬가지였다. '피스톨 박', 즉 전직 대통령 경호실장 박종규가 장악한 마산의 경남대도 가위로부터 자유롭지 않았다. 이처럼 부산과 마산의 대학생들은 가위를 통해 공분의 표출 방식을 생각하게 되었고 그 자괴감이 한순간에 폭발하면서 부마항쟁은 시작되었다.

부산대에서는 부마항쟁을 '10·16'으로 부르지만 * 사건의 시작은 정확히 말해 10월 15일이었다. 경찰의 저지선을 뚫고 도심 한복판으로 진출한 가두시위가 있기 전날에도, 주동자들은 도서관 앞에서 유인물을 뿌리고 시위를 선동했다. 그러나 그날의 반응은 미지근했다. 아무도 따라나서지 않았고 교내에 상주한 경찰의 대응으로 오히려 시위는 흐지부지된다. 그렇지만 이날의 실패는 이튿날 전혀 다른 양상으로 전개된다. 주동자들은 비록 전날의 반응에 실망하긴 했지만 절박한

■   부마항쟁은 각 대학에서 시위가 본격 시작된 날을 기점으로 달리 불린다. 부산대는 10·16으로, 동아대는 다음날인 10·17, 경남대는 10·18 등으로 부마항쟁을 기억하고 있다.

심정으로 다시 한 번 유인물을 뿌리고 학생들에게 "저 유신독재 정권에 맞서 우리 모두 피 흘려 투쟁"하자고 호소했다.[4] 구호나 유인물의 내용이 바뀐 것은 없었지만, 학생들의 반응은 어쩐지 달랐다. 강의실에서 뛰쳐나온 학생 수백 명은 시위대의 구호에 맞춰 운동장으로 나와 스크럼을 짰고, '교투'가 벌어졌을 때는 전교생의 절반에 가까운 수천 명이 동참했다. 상황은 완전히 바뀌었다.

극적인 상황 변화는 전날의 실패가 도화선이 되었기에 가능했다. 10월 15일 도서관 앞에 무심하게 흩어진 선언문은 시위 실패를 의미한 것이 아니라 유신 대학생의 내면에 가라앉았던 자괴감과 분노를 되살리는 불씨가 되었다. 10월 16일 수천 명의 학생이 모인 것은 세련된 조직력 덕분이 아니라 저항의 심성이 서로에게 전염되듯 전해졌기 때문이었을 것이다. '유신 대학생'의 항쟁은 이렇게 시작되었다. 시위대가 시민들의 지지를 받으며 남포동과 광복동 일대의 도심으로 진출하자 그 소식은 근처 동아대와 고신대 학생에게도 전해졌다. 자신들의 앞마당을 빼앗길 수 없다는 묘한 자존심과 함께 유신체제 내내 억눌려 있던 부끄러움 혹은 자기모멸의 심성이 대량으로 분출되었다. 고립되어 있던 개인의 내면은 해방된 공간에서 서로 극적으로 접속하면서 커다란 항쟁을 만들어내기에 이른다.

이런 상황은 시위가 부산에서 마산으로 옮아가는 과정에서도 반복되었다. 부산의 상황이 가라앉던 18일에 결집한 경남대 시위대가 맨먼저 향한 곳은 4·19의 시발점이 된 3·15의거 기념탑 앞이었다. 그곳에서 경남대생들은 자기들의 부끄러움을 고백한다. "선배님, 못난 후배를 꾸짖어주십시오. 우린 전국 대학생들이 유신헌법 철폐 시위를 벌일 때 학교 당국의 농간으로 '유신 찬성 데모'를 해버린 못난 후배들입니다." 이 고해성사는 부마항쟁을 일으킨 청년들의 심성이 어떠했는지를 잘 보여준다. 오랜 기간 묵혀두었던 자존심이 사라지지 않고 되살아난 것이다. 이러한 심성을 서로가 확인함으로써 이들은 거대한 저항을 만들어낼 수 있었다. 부마항쟁의 시위는 부끄러움과 분노라는 심성의 전도(傳導)와 연대가 없었다면 불가능했을 것이다. 심성의 연대는 조직적인 기획 없이도 시·도의 경계를 넘어 북상할 준비를 마친 상태였다.

유신의 떨리는 심장

권력이 두려워한 것은 심성의 전도 현상이다. 통제와 억압에 무기력했던 청년학생의 자괴감이 이심전심으로 확인될 때 저항은 급격히 타올랐다. 부마항쟁 기간에 이 전도 현상은 가히 폭발적이었다. 학생운동이 쇠락한 지역에서 항쟁이 시작될 수 있었던 이유도 이로써 설명될 수 있을 것이다. 김상봉은 10·16의 시작은 운동조직에서 논의된 것이 아니라 '고독한 개인의 실존적 결단'에 의해 촉발된 것이라고 분석했다.[5] 자괴감 혹은 부끄러움의 크기는 저항의 크기와 비례했다.

하지만 왜 그 일이 하필 가장 조용했던 부산과 마산에서 일어났던 것인가? 그것은 부끄러움 때문이었다. 그곳에서 너무도 오랫동안 아무 일도 일어나지 않았다는 사실에 대해 부산과 마산의 학생들이 느꼈던 부끄러움이 도리어 그곳에서 그처럼 커다란 봉기를 가능하게 했던 까닭인 것이다.[6]

위의 언설은 다분히 문학적 해석처럼 보이긴 하지만, 유신 대학생의 내면에 존재하는 부마항쟁의 진실에 조금 더 가닿은 것일지 모른다. 당시 대학생들의 부끄러움은 지난 몇 년간의 무기력에 대한 반성이자 저항의 원동력이 될 수 있었다.

현장을 목격한 중앙정보부장 김재규는 부마항쟁의 열기가 5대 도시에서 재현될 것으로 판단했다. 사태는 심각했다. 대통령은 자신이 직접 발포 명령을 내리겠노라 말했고, 100만 명쯤 죽여도 별일 없다고 경호실장이 부추겼지만, 이는 오만보다도 본능적 두려움의 표현이었는지도 모른다. 특히 공화당 텃밭으로 다져진 부산·경남 지방에서 반정부 소요 사태가 벌어진 것에 대한 충격이 컸던 모양이다. 1960년대 박정희 정권에 대한 지지가 도농의 경계를 따라 남북으로 나뉘었다면, 1970년대 들어 이 경계는 교묘하게 동서 간의 지역감정으로 전환되었다. 이런 상황에서 벌어진 부산·경남의 항쟁은 믿는 도끼에 발등 찍힌 꼴이나 다름없었다. 부산에서 마산으로 전도된 것같이 대구를 거쳐 서울로 전해지는 것은 시간문제였다. 실제로 부마항쟁이 종료된 후 대구의 경북대와 영남대에 휴교령이 내려졌지만, 10월 25일 계명대에서 시위가 발생했다.[7] 부산의 시위에 놀라 다급하게 휴교를 알린 경남대 교

부마항쟁으로 인해 비상계엄이 선포되었음을 알리는 1979년 10월 18일자 『경향신문』 1면 기사.

내방송이 오히려 집결신호 역할을 한 사실에서 드러나듯 저항은 휴교령 정도로 막을 수 있는 수준을 넘어서 있었다. 결국 부마항쟁을 거치면서 박정희 정권은 자신의 지지 기반이 붕괴하고 있음을 직감했다. 부마항쟁은 독재정권의 핵심을 겨냥한 치명적 사건으로 떠올랐다.

부마항쟁이 전적으로 우발적 사건의 중첩으로 발생한 것은 아니지만, 그렇다고 치밀하게 기획된 사건도 아니었다. 부산대에서 벌어진 시위는 이 커다란 저항의 발상이었고 실제 항쟁은 그 이상의 내용으로 전개되었다. 부산에서 마산으로 이어진 대학생들의 심성의 연대에 거리의 시민들도 공감할 만큼 저항은 전 방위적이었다. 정권은 언론을 통해 YH사건을 '적군파', '빨갱이'의 소행으로 매도했지만 시민들은 이 사건이 무엇을 뜻하는지 직감했다.

도시 하층민의 저항

부마항쟁의 또 다른 주체는 도시의 하층민이었다. 이들은 경제
성장의 혜택에서 가장 멀리 떨어져 있었기에 그 저항이 훨씬 격렬했
다. 대통령은 '식당보이'나 '똘마니'가 난동을 피운다고 단정했다. 목격
자의 기억에 따라서는 그 모습이 웃통을 벗어젖힌 깡패처럼 보이기도
했다. 부산시경은 20세 전후 때밀이, 식당종업원, 공원, 구두닦이 등의
'불량 성향자'가 대학생으로 가장했다고 분석했다. 그러나 다수의 시
민들은 오인하지 않았다. 허름한 작업복 차림의 노동자는 물론, 다방
아가씨와 호스티스까지 거리로 나왔을 때 사람들은 '세상은 이미 달라
졌다', '유신도 박정희도 이젠 갔다'라고 생각했다. 항쟁 초반을 주도한
대학생들이 점차 흩어지고 도시 하층민들이 다시 거리를 메운 것은 부
마항쟁 때에만 나타난 현상은 아니다. 4·19혁명과 1980년 광주도 이
와 같았다. 이 '똘마니', '깡패' 들은 유신체제 아래서 억압받고 착취당
한다는 사실에 동의하고 같은 심성으로 엮인 사람들이었다. 학생시위
에 대한 호응을 바탕으로 자발적이며 전투적인 성향의 도시 하층민의
등장으로 비로소 저항공동체가 형성될 수 있었다.[8]

전면적 항쟁이 서울이 아닌 집권당의 정치적 텃밭에서 일어났
다는 사실은 내면으로부터의 저항이 이미 대세가 되었음을 의미한다.
이로써 부마항쟁은 1980년 광주와도 직접 연결될 수 있었으며 민주화
운동으로서 보편적 가치를 얻는다. 앞서 말한 바와 같이 부마항쟁은
학생 중심의 민주항쟁 성격과 도시 하층민에 의한 도시 봉기의 성격이

혼재되어 있었다. 낮에는 대학생이 도로를 점령하는 시위를 주도했고, 밤에는 사진이 찍힐까 두려워 "불 꺼라"라고 외치는 도시 하층민이 익명성에 기대어 항쟁을 이끌었다. 어느 쪽에 초점을 맞추든, 부마항쟁은 독재권력이 종국에 이르러 무엇과 맞닥뜨리게 되는지를 보여준 역사의 필연으로 귀결되었다.

비록 유신독재의 마지막 장면은 '야수의 심정으로 유신의 심장을 쏜' 탄환으로 장식되고 말았으나 그 탄환에는 없었던 민중적 저항의 폭발력을 부마항쟁이 증명했다. 1970년대 들어 처음으로 시위대가 도심을 점령한 사건이 부마항쟁이었다. 시위대는 파출소, 세무서, 공화당사 등 착취기구와 권력에 굴복한 언론사를 공격했지만 약탈 행위 같은 난동은 일어나지 않았고 병원이나 기독교방송국은 공격 대상에서 제외할 만큼 이성적 판단이 작동했다. 김영삼을 연호하는 목소리가 비난받을 정도로 항쟁의 지향점은 정치적 이해관계까지 넘어서 있었다.[9] 계엄령이 내려지고 공수부대가 급파되기까지 이 짧은 시기 부산과 마산에는 혁명적 저항의 분위기가 감돌았다.

10월 16일 저녁 이후 항쟁을 실질적으로 이끈 것은 도시 하층민이었다. 대학생들이 지녔던 민주주의 관념이 도시 하층민에게는 희박했다. 혹은 노동자로서의 계급의식도 분명하지 않았다.[10] 대신 이들에게는 절박한 현실이 있었다. 당장의 고난에 대한 분노, 그동안 억눌려온 착취에 대한 분노가 부산과 마산에서 짧은 기간 동안 폭발적으로 표출된 것이다.

도시 봉기가 이 지역에서 가능했던 이유는 여러 가지로 설명될 수 있다. 이 지역의 대표적 정치인이었던 김영삼과 야당에 대한 직접적 탄압이 지역의 정치적 정서를 자극했으며, YH사건 등으로 이어진 일련의 민중저항이 부산과 마산까지 제대로 전해진 것도 빼놓을 수 없는 요인이다. 그리고 경제적으로 중화학공업 중심의 경제 정책에서 소외된 부산·경남의 경제 상황도 한몫을 했다. 거기에다 과중한 부가가치세로 인해 불만이 누적된 것도 원인으로 찾아볼 수 있을 터이다. 세무서 공격에 중소 상인까지 합세한 것은 이 때문이다.

그러나 경제적으로 어려운 이런 상황이 부마항쟁의 모든 것을 설명하지는 않는다. 부도율이 높다거나 수출증가율이 둔화된 사실은 분명 심각한 경제 상황의 지표일 수 있지만, 1979년 제2차 오일쇼크에 이어진 전국적 불경기의 한파는 부산·경남에만 몰아친 것은 아니기 때문이다. 물론 하층민의 현실은 어느 시점에 이르면 폭발할 만큼 억눌린 상황이었다는 점은 분명하다. 다만 이들이 폭발하기 위해서는 특별한 계기가 있어야 했다. 그 도화선 역할을 한 것이 '유신 대학' 학생들이었다. 물론 이들 뒤에는 끊임없이 성장해온 대학생·시민사회의 민주화운동 기반이 있었다. 시위가 끊긴 대학가에서도 지하서클 활동은 계속되었고, 교회를 중심으로 한 지역사회운동과 독서 모임도 역량을 키워나갔다. 1981년 '부림사건'으로 엮인 이들의 독서·학습 모임도 1970년대 후반부터 성장해온 민주화운동 세력의 중추였다. 이들이 더해져 부마항쟁의 뜨거운 열기는 한순간 급격하게 타오를 수 있었다.

변두리의 힘

　부마항쟁은 대학생, 노동자 그리고 도시 하층민의 화학적 결합의 결과였다. 경찰이 상주하던 1970년대 대학의 살풍경 속에서, 게다가 유신 대학의 고분고분한 학생시위대가, 경찰의 저지선을 뚫고 도심으로 진출해 시민과 합세하는 장면을 상상하기란 쉽지 않다. 학내 시위를 준비한 조직이 존재한 것은 분명하나 이것이 대규모 시민항쟁으로까지는 기획되지 않았던 점에 비추어 본다면 부마항쟁의 해방적 장면은 자발적 동기부여를 빼놓고는 설명이 불가능하다. 민주주의에 대한 열망과 열악한 경제 사정이 과연 저항의 모든 것을 설명할 수 있을까. 이 지역의 저항이 유신독재의 종말을 부른 결정적 사건이 될 수 있었던 까닭은 무엇일까. 이 같은 사태가 서울에서 벌어졌다면 상황 전개는 어떻게 달라졌을까.

　여당의 텃밭 혹은 집토끼쯤으로 여겼을지라도 부산·경남은 항상 한국의 변두리였다. 그러나 부마항쟁은 시위가 변두리에서 벌어졌기 때문에 오히려 더 큰 항쟁으로 발전할 수 있었다. 정권의 감시와 통제도 주변부 내면의 저항은 소멸시키지 못한다. 소외가 짙어질수록 지역의 심성은 민주주의라는 보편적 가치에 더 집중한다. 다양한 체험을 통해 형성된 민주주의와 계급적 이해관계에 대한 에토스적 심성은 결정적 국면에서 보이지 않는 연대를 확인하게 함으로써 누가 시키지 않아도 저항의 불길을 댕긴다. 부산에서 마산으로, 대학생에서 노동자로 이어지는 반유신의 심성들은 주변부의 한계를 뛰어넘었다. 그 점에서 부마항쟁은 서울의 투쟁보다 더 큰 저항의 의미를 갖는다. 중심을 향하는 주변부 힘의 전복적 가능성은 주변을 억누르는 중심의 지배적 힘보다 훨씬 거대했다.

부마항쟁의 의의가 여기 있다. 4·19와 5·18 그리고 1987년의 6월항쟁을 잇는 민주화운동사에서 부마항쟁은 지역적 특이성이 아니라 민주주의가 가진 가치의 일반성을 증명한다. 앞서 말했듯 자발적 저항의 집결 장면은 부끄러움과 분노라는 심성의 연대를 통해 가능했다. 이 연대가 계층의 차이와 지역의 경계를 넘을 수 있음을 보인 사례가 부마항쟁이었다. 유신은 이때 이미 끝나 있었다고 보는 게 옳다.

다시, 왜 하필 부산·마산에서 항쟁이 일어났느냐고 물어보자. 우리는 그곳이었기에 일어날 수 있었다고 답하겠다. 그리고 사람들이 서로의 억압과 소외를 깨닫고 부끄러움과 분노를 나누었기 때문에 스스로 일어설 수 있었다고 말하고 싶다. 그곳이 부산과 마산이었다면 이 부산과 마산은 '지방'의 의미가 아니라 저항과 민주주의의 보편성을 상징하는 공간인 것이다. 변두리에서 해방의 공간이 만들어진 것은 가난한 이들의 심성의 연대가 있었기에 가능했다. 지금도 변두리의 주체들은 곳곳에 흩어져 있다. 그때보다 더 나을 것이 없는 상황인데도 지금 사람들은 왜 이렇게 상냥할까. 부마항쟁의 의의를 현재에 대입하기 전에 먼저 마음을 물어야 할 것이다. 서로의 '안녕'을 물을 때 저항은 비로소 시작될 수 있기 때문이다.

392

주

1부 유신의 모더니즘

1 박정희 시대를 사유할 다른 시선이 필요하다

1 허은(2015),「냉전과 지역사회」, 한국냉전학회 창립 국제학술대회 '한국의 냉전연구' 발표문, 서울대학교 아시아연구소, 2015년 2월 13일.

2 서중석(2011),『6월항쟁』, 돌베개 참조.

3 백낙청(2005),「박정희 시대를 어떻게 생각할 것인가」,『창작과 비평』 2005년 여름호 등.

4 한홍구(2014),『유신 — 오직 한 사람을 위한 시대』, 한겨레출판.

5 문영심(2013),『바람 없는 천지에 꽃이 피겠나: 김재규 평전』, 시사IN북; 김성태 엮음(2012),『의사 김재규』, 매직하우스 참조.

2 유신, 자본과의 공모 혹은 대결

1 『동아일보』(1978. 9. 9~13).

2 「신년사: 거대한 변화에 대응하는 길」,『동아일보』(1978. 1. 1).

3 F. 하이에크, 정도영 옮김(1973),『예종에의 길』 상·하, 삼성문화재단 출판부 참조.

4 『매일경제』(1978. 9. 12).

5 박길성·김경필(2010),「박정희 시대의 국가: 기업 관계에 대한 재검토」,『아세아연구』 53권 1호, 143쪽.

3 "너, 참 텔레비전이로구나"

1 한수산(1977), 『부초』, 민음사, 293쪽.

2 최정호(1993), 「텔레비전 방송과 한국인의 생활양식」, 김동철 교수 정년퇴임 기념 논문집 간행위원회 편, 『언론과 커뮤니케이션의 제문제』, 나남, 379쪽.

3 임종수(2004), 「텔레비전 안방문화와 근대적 가정에서 생활하기: 공유와 차이」, 『언론과 사회』 12권 1호.

4 황우겸(1963), 『바보상자, 방송가의 뒷이야기』, 보진재, 214쪽.

5 박무승(1970), 「텔레비전 문명은 세계를 삼킬 것인가」, 『세대』 1970년 12월호, 232쪽.

6 『동아일보』(1979. 3. 16).

7 『조선일보』(1973. 5. 16).

8 이규혁(1974), 「TV문화의 망령들: TV프로의 병리와 문화환경의 규제」, 『세대』 1974년 5월호.

9 김우종(1972), 「우리를 슬프게 하는 전파」, 『월간방송』 1972년 2월호, 27쪽.

10 마동훈(2011), 「한국 텔레비전 방송 시청자의 형성과 성격: 1962~1964년의 '국민', '공민', 그리고 '소비자'의 경험」, 한국언론학회 편, 『한국 텔레비전 방송 50년』, 커뮤니케이션북스 참조.

11 『경향신문』(1971. 12. 15).

12 신상일 외(2014), 『한국 TV 드라마 50년사』, 한국방송실연자협회, 193쪽.

13 조항제(1994), 「1970년대 한국 텔레비전의 성격에 대한 연구: 정책과 자본 간의 관계를 중심으로」, 『언론과 사회』 제4권.

4 권력의 시선, 스크린을 지배하다

1 유선영(2007), 「동원체제의 과민족화 프로젝트와 섹스영화–데카당스의 정치학」, 『언론과 사회』 제15권 2호 ; 주창윤(2007), 「1975년 전후 한국 당대문화의 지형과 형성 과정」, 『한국언론학보』 제51권 4호.

2   박승현(2005), 「대중매체의 정치적 기제화: 한국 영화와 건전성 고양(1966~ 1979)」, 『언론과 사회』 제13권 1호.

3   박영우·김은하·이대연(2009), 「국가 재건의 시대와 근대적 여성 주체성의 구성」, 『한국문학이론과 비평』 제13권 2호(제43집).

4   이길성 외(2004), 『1970년대 서울의 극장산업 및 극장문화 연구』, 영화진흥위원회.

5   박유희(2012), 「박정희 정권기 영화 검열과 감성 재현의 역학」, 『역사비평』 여름호.

6   정성일(2003), 『임권택이 임권택을 말하다 1』, 현실문화연구.

7   박유희(2010), 「문예영화와 검열: 유현목 영화의 정체성 구성 과정에 대한 일고찰」, 『영상예술연구』 제17호.

8   강성률(2005), 「영화로 보는 우리 역사① 〈바보들의 행진〉과 유신 시대: 이길 수 없는 시대에 저항한 두 젊음」, 『내일을 여는 역사』 제19집.

9   권은선(2010), 「1970년대 한국 영화 연구: 생체정치, 질병, 히스테리를 중심으로」, 중앙대학교 박사학위 논문.

10   송은영(2005), 「대중문화 현상으로서의 최인호 소설」, 『상허학보』 제15집, 2005년 8월.

11   이호걸 외(2004), 『한국 영화사 공부 1960~1979』, 한국영상자료원.

12   박유희, 앞의 글.

13   김윤미(2008), 「〈한네의 승천〉에 나타난 한국적 영상의 의미 연구: 오영진의 시나리오와 하길종의 영화를 중심으로」, 『드라마연구』 제28호, 2008년 6월.

14   송은영, 앞의 글.

5   기능올림픽, 패자 부활의 잔혹사

1   한국개발연구원 국민경제교육연구소(1994), 『한국인의 장인의식』, 40~42쪽.

2   『한국인의 장인의식』, 45쪽.

3   『한국인의 장인의식』, 48쪽.

4   『경향신문』(1977. 7. 19).

5   『경향신문』(1966. 11. 10).

6   『경향신문』(1966. 10. 31).

7   『동아일보』(1967. 8. 10).

8   『한국인의 장인의식』, 90~91쪽.

9   앞의 책, 85~197쪽.

10   앞의 책, 87~88쪽.

11   앞의 책, 91쪽.

12   「횡설수설」, 『동아일보』(1970. 11. 19).

2부   박정희, 일그러진 영웅

6   대중은 박정희의 성공을 욕망했다

1   정재경(1995), 『박정희 대통령 전기』 1권, 동서출판사, 50쪽.

2   안경환(2013), 『황용주: 그와 박정희의 시대』, 까치.

3   정재경, 앞의 책, 51쪽.

4   이병주(1991), 『대통령들의 초상』, 서당, 92~93쪽.

5   후지이 다케시(2012), 『파시즘과 제3세계주의 사이에서: 족청계의 형성과 몰락을 통해 본 해방 8년사』, 역사비평사.

7   '퍼스트레이디' 육영수

1   이민정(2008), 「퍼스트레이디의 역할 정립에 관한 연구」, 이화여자대학교 석사학위 논문 참조.

2   국립 소록도병원 홈페이지(http://www.sorokdo.go.kr/sorokdo/board/sorok

doHtmlView.jsp?menu_cd=060101).

3   여기서 국민의 '감정'이나 유가족의 '슬픔' 등도 정치의 대상인가를 물을 수 있다.
     그렇다. 감정은 정치의 요체이기 때문이다. 강준만,『감정 독재』같은 작업을 참조.

8   억압과 부조리를 겨눈 '분노의 총성'

1   『경향신문』(1970. 3. 21).

2   『선데이서울』(1972. 1. 23), 21쪽.

3   『동아일보』(1979. 7. 29).

4   이종대의 유서 발췌 내용은 신문사마다 조금씩 다르지만 공통된 내용을 정리하면
     이와 같다.『경향신문』(1974. 7. 27);『동아일보』(1974. 7. 27) 기사 참조.

5   박완서(1977),「비정」,『꼴찌에게 보내는 갈채』, 평민사, 90~91쪽.

6   최인호(1980),『지구인』2, 예문관, 139쪽.

7   「두 강도의 최후」, 블로그 '산하의 썸데이서울'(http://nasanha.egloos.com/
     10919888).

8   김현장(1977),「무등산 타자의 진상」,『대화』1977년 8월, 129쪽.

9   김현장, 앞의 글, 126쪽.

10   한홍구(2014),「'무등산 타잔'의 비극」,『유신』, 한겨레출판, 240~241쪽.

9   충성과 반역 그리고 배반

1   조갑제(1998),『내 무덤에 침을 뱉어라』, 조선일보사.

2   손충무(1986),『김형욱 최후의 날』, 문학예술사, 16쪽.

3   김재홍(1998),『박정희의 유산』, 푸른숲, 52~53쪽.

4   조갑제, 앞의 책, 57~58쪽.

5   김재홍(1998), 앞의 책, 20쪽.

6   조갑제, 앞의 책, 56~57쪽.

7   조갑제, 앞의 책, 117쪽.

8   김경재(2009), 『혁명과 우상』 1~5, 인물과사상사. 이 책은 김형욱의 회고록으로 1960년대 중앙정보부와 김형욱의 행적을 가장 자세하게 알려준다.

9   김재홍(1998), 앞의 책, 79~81쪽.

10   다른 나라, 다른 지도자 사이에서

1   N. Ferguson, "Crisis, what crisis?", N. Ferguson et al., ed, *The Shock of the Global: The 1970s in Perspective*, London & Cambridge: The Belknap Press of Harvard Univ. Press, 2010, pp. 3~6.

2   R. Stephens(1971), *Nasser: A Political Biography*, London: Allan Lane.

3   박정희(1963), 『국가와 혁명과 나』, 향문사, 182~198쪽.

4   J. Taylor(2001), *The Generalissimo's Son: Chiang Ching-Kuo and the Revolutions in China and Taiwan*, Harvard Univ. Press, pp. 21~70, pp. 191~196.

5   김정렴(1991), 『한국 경제 정책 30년사: 김정렴 회고록』, 중앙일보사, 239쪽, 302쪽.

6   톰 플레이트(2013), 박세연 옮김, 『리콴유와의 대화』, 알에이치코리아, 90쪽, 147쪽.

3부   '국민 만들기', 공포정치와 포퓰리즘 사이

11   민족사의 재발견과 국민 만들기

1   해외 교과서 논쟁에 관해서는 최갑수(2008), 「국가, 과거의 힘, 역사의 효용―이른바 '역사 교과서 갈등'에 부쳐」, 『역사비평』 겨울호 참조.

2   광주대단지 사건은 김원(2011), 「황량한 '광주'에서 정치를 상상하다: 광주대단지 사건」, 『박정희 시대의 유령들: 기억, 사건 그리고 정치』, 현실문화연구 참조.

3   당시 '국적 있는 교육'의 자세한 배경에 관해서는 장영민(2007), 「박정희 정권의 국
    사 교육 강화 정책에 관한 연구」, 『인문학연구』 제34권 2호 참조.

4   당시 연구회 설립 과정에 관해서는 한국사연구회 편(1992, 좌담자는 차문섭, 권태억,
    윤병석, 조이현, 김용섭, 손보기, 강만길, 한영우, 이재룡, 한긍희, 이창혁, 정창렬), 「한국
    사연구회 창립 25주년 기념 좌담회」, 『한국사연구』 79 참조.

5   내재적 발전론의 학설사에 관해서는 김용섭(2011), 『역사의 오솔길을 가면서 : 해방
    세대 학자의 역사연구 역사강의』, 지식산업사; 김인걸(1997), 「1960·1970년대 '내
    재적 발전론'과 한국사학」, 『한국사 인식과 역사이론』(김용섭 교수 정년기념 논총 1),
    지식산업사 참조.

6   동아시아 차원에서 자본주의 맹아론의 형성 문제에 관해서는 신주백(2013), 「1950
    년대 한국사 연구의 새로운 경향과 동북아시아에서 지식의 내면적 교류」, 『한국사
    연구』, 제160호 참조.

7   Lee Hye Ryoung(2011), "Time of Capital, Time of a Nation : Changes in
    Korean Intellectual Media in the 1960s~1970s", *Korea Journal* Vol. 51. No.
    3(Autumn) 참조.

8   김주현(2006), 「실학 수용과 1960년대 민족문학론의 전개」, 『어문연구』 34권 4호
    통권 132호.

9   1960년대 중반 지식인의 '위치 짓기' 문제는 Lee Hye Ryoung(2011), "Time of
    Capital, Time of a Nation : Changes in Korean Intellectual Media in the 1960s
    ~1970s", *Korea Journal* Vol. 51. No. 3(Autumn) 참조.

10 한국 문학계의 흐름에 관한 증언은 강진호 편(2003), 『증언으로서의 문학사』, 깊은
    샘 참조.

11 김주현, 앞의 글, 335~336쪽.

12 김주현, 앞의 글.

12   발굴의 시대, 왜 하필 경주였나?

1   「제2의 경제 육성 지향」, 『경향신문』(1968. 1. 4) 참조.

2   최광승(2012), 「박정희의 경주고도개발사업」, 『정신문화연구』 제35권 1호 참조.

3   국사편찬위원회 구술자료: 정재훈, 2006년 9월 11일(면담자: 은정태, 장소: 한국전통
    문화학교).

4   대통령 비서실(1971), 「경주 개발의 작성의 지침」.

5   자세한 발굴 과정은 김정기 외(2008), 『일곱 원로에게 듣는 한국 고고학 60년』, 사
    회평론 참조.

6   「통일전은 삼국 통일의 위업을 기리는 우리 겨레의 성전」, 『경향신문』(1977. 9. 7)
    참조.

7   이하 내용은 김원(2014), 「발굴의 시대―경주발굴, 개발 그리고 문화공동체」, 『한국
    사학회』 제116호, 495~539쪽에 근거한 것이다.

8   경주개발동우회(1998), 『그래도 우리는 신명 바쳐 일했다』, 고려서적.

9   이후 서술된, 망각된 기억들은 경주개발동우회의 책에 실린 관련자 증언에 기초한
    것이다.

13   '돈의 맛', 욕망하는 농민을 생산하다

1   박정희(1978), 『민족중흥의 길』, 광명출판사, 104~106쪽.

2   김영미(2009), 『그들의 새마을운동』, 푸른역사.

3   좌담 〈농촌소설과 농민생활〉(1977), 『창작과 비평』 제12권 제4호.

4   존 시거드슨·김영철(1981), 「한국의 농촌 새마을운동에서 농업 기계화와 농촌 공
    업화 문제에 관한 연구」, 서울대학교새마을종합연구소, 『새마을운동의 이념과 실
    제』, 240쪽.

5   한국농촌경제연구원(1999), 『한국농정 50년사』, 908쪽.

6   이문구(2005), 『우리 동네』, 민음사, 50~51쪽.

14   고교 평준화, 불평등을 위한 평등한 경쟁

1   『경향신문』(1978. 5. 23).

2   서명원(2005), 『알면 알수록 더 모르겠네』, 정민사, 384쪽.

3   『동아일보』(1976. 11. 23).

4   박정희(1962), 『우리 민족의 나갈 길』, 동아출판사, 18~20쪽.

5   『동아일보』(1976. 8. 28).

6   『동아일보』(1971. 3. 3). 서울시내 169개 중학교 중 우열반 편성을 하지 않은 학교는
     2~3개 학교에 불과한 실정이었다.

7   『경향신문』(1975. 5. 7).

8   『경향신문』(1976. 2. 7).

15   정부재정 한 푼도 안 쓰고 시작한 '의료보험'

1   의료보험관리공단(1980), 「발간에 즈음하여」, 『의료보험연보』, 11쪽.

2   『동아일보』(1972. 8. 9); 『경향신문』(1972. 8. 9~10); 남찬섭, 「1970년대의 사회복
     지」, 『복지동향』(2006. 5), 33쪽.

3   『경향신문』(1975. 12. 16).

4   보건사회부, 『보건사회통계연보』, 각 연도 판 참조.

5   이광찬(2009), 『국민건강보장쟁취사』, 양서원, 69쪽[우석균(2010), 「박정희가 '건강
     보험의 아버지'인가?」, 『르몽드 디플로마티크』 22호에서 재인용].

6   보사부 사회보장심의위원회(1968), 『사회개발』 제1집: 기본구상, 8~9쪽.

7   의료보험연합회(1997), 『의료보험의 발자취』, 82쪽.

16   연탄의 추억

1   「광산재해 늘어나 인명피해 연 7천」, 『매일경제신문』(1970. 12. 14).

2   「광부 700여 명 유혈난동」, 『동아일보』(1980. 4. 24). 사북사태에 대한 기록은 조세

희(1985), 『침묵의 뿌리』, 열화당이 상세하다.

3   김정렴(1991), 『한국경제정책 30년사: 김정렴 회고록』, 중앙일보사, 130~131쪽.

4   「이변의 드라마: '74 경제(2)」, 『경향신문』(1974. 12. 24).

5   전반적 상황에 대해서는 오원철(2006), 『박정희는 어떻게 경제강국 만들었나』, 동
    서문화사, 270~287쪽 참조.

6   「시내버스 한때 운휴」, 『동아일보』(1973. 11. 21).

7   「연탄 아우성(5): 농어촌 지역」, 『동아일보』(1974. 10. 22).

8   「용케도 하루하루 살아왔다」, 『경향신문』(1974. 12. 30).

9   「횡설수설」, 『동아일보』(1974. 10. 17).

10 「'가정연료' 현대화 시급하다」, 『경향신문』(1979. 1. 10).

11 「사흘 동안 600여 명 중독」, 『경향신문』(1975. 12. 9).

4부   1970년대, 유신의 스펙터클

17   「선데이서울」과 유신 시대의 대중

1   전상기(2008), 「1960년대 주간지의 매체적 위상: 『주간한국』을 중심으로」, 『한국학
    논집』 36집.

2   「천지현황」, 『선데이서울』(1968. 9. 22).

3   최창용(1970), 「『선데이서울』, 『주간경향』, 『주간여성』: 주간지 시대의 선두를 차지
    하기 위한 3파전」, 『세대』 1970년 10월, 332쪽.

4   한 석사학위 논문의 분석에 따르면, 『선데이서울』과 『주간경향』은 '흥미 본위의 종
    합오락지'다. 분야별 내용의 비중은 물론, 광고 성격에서도 두 잡지의 유사성은 선
    명했다. 박광성(1972), 「한국 주간지의 성격 연구」, 『신문과방송』 40호, 1972년 6월.

5   임종수·박세현(2013), 「『선데이서울』에 나타난 여성, 섹슈얼리티 그리고 1970년

대」, 『한국문학연구』 제44집, 2013년 6월, 116쪽.

6   「쇼킹보고 술집 숫처녀 20세를 못 넘겨」, 『선데이서울』(1970. 6. 7), 12쪽.

7   「숙녀다방 퇴폐현장에 여순경 잠입」, 『선데이서울』(1974. 4. 7).

8   「광주바닥 발칵 뒤집은 형수와 시동생 소동」, 『선데이서울』(1979. 8. 5).

9   『선데이서울』(1974. 4. 21), 38쪽.

10   「대재벌로 자라난 예비재벌들」, 『선데이서울』(1972. 8. 6), 34쪽.

11   「쇼킹화제, 집 사고 차 산 구두닦이 4형제」, 『선데이서울』(1971. 1. 31), 13쪽.

12   『선데이서울』(1977. 8. 14), 20쪽.

13   『선데이서울』(1977. 7. 10).

18   권력의 품에 안겨 지배에 봉사한 문인들

1   "김남조(시인), 김원일(소설가), 김윤성(시인), 김주연(문학평론가), 김후란(시인), 문
     덕수(시인), 박희진(시인), 신경림(시인), 오세영(시인), 유안진(시인), 유종호(문학평
     론가), 이근배(시조시인), 이어령(문학평론가), 이호철(소설가), 정연희(소설가), 정현
     종(시인), 최일남(소설가), 한말숙(소설가), 홍윤숙(시인) 선생 등"이다. 한국문인협회
     홈페이지(http://www.ikwa.org).

2   위 홈페이지의 인사말(http://www.ikwa.org/category/?cid=21090100&no=2).

3   『현대문학』 홈페이지(www.hdmh.co.kr) 참조.

4   김수영(1981), 「문단추천제 폐지론」, 『김수영전집2』, 민음사 등을 참조.

5   이봉범(2014), 「1960년대 등단제도 연구: 문단적·문학적 의의와 영향을 중심으
     로」, 『상허학회』 제41집, 2014년 6월 참조.

19   '유신의 금기'를 넘어선 청년문화

1   김병익이 기자 시절에 쓴 「거짓, 안일, 상투성, 침묵을 슬퍼하는 통기타, 블루진, 생
     맥주의 청년문화」, 『동아일보』(1974. 3. 29) 참조.

2 한대수(1998), 『물 좀 주소 목 마르요』, 가서원.

3 송은영(2011), 「1960~1970년대 한국의 대중사회화와 대중문화의 정치적 의미」, 『상허학보』 제32집, 2011년 6월.

4 이상록(2013), 「1970년대 소비억제 정책과 소비문화의 일상정치학」, 『역사문제연구』 제29호.

5 주창윤(2006), 「1970년대 청년문화 세대담론의 정치학」, 『언론과 사회』 제14집 3호.

6 이상록, 앞의 글.

7 「가시잖은 퇴폐행락 풍조」, 『동아일보』(1975. 6. 3).

8 송은영(2005), 「대중문화 현상으로서의 최인호 소설: 1970년대 청년문화/문학의 스타일과 소비풍속」, 『상허학보』 제15집, 2005년 8월.

9 신중현(2003), 『나의 이력서: 록의 대부(代父) 신중현』, 한국일보사.

20 청년문화를 제압한 '대마초 파동'

1 신중현(2006), 『내 기타는 잠들지 않는다』, 해토, 118~119쪽.

2 http://www.personweb.com/articles/70?page=6.

3 「신판아편전쟁(新版阿片戰爭)」, 『동아일보』(1953. 5. 23); 「적(敵), 교묘(巧妙)한 마약 전술(麻藥戰術)」, 『경향신문』(1953. 2. 4).

4 하길종(1971), 「장발과 기타와 마약의 세대: 현지에서 본 히피의 생태」, 『세대』 1971년 7월, 287쪽.

5 「대마 섞인 담배 밀매」, 『동아일보』(1968. 5. 27).

6 이인수·이철규(1971), 「대마초 흡연의 자가 실험」, 『신경정신의학』 10권, 41쪽.

7 「마약 성분이 든 담배 미군 부대 주변에 해피 스모크」, 『경향신문』(1968. 5. 27).

8 1970년대 중반 대학생의 33퍼센트가 대마초 경험이 있었지만 이들 대다수는 대마초가 불법인지도 모르는 상황이었다. 주왕기·허문영(1982), 「한국 지방 대학생들의 마리화나 흡연 실태, 1974」, 『학생생활연구』 제7권, 강원대학교학생생활연구소, 115~123쪽.

9 『경향신문』(1976. 2. 2).

10 『매일경제』(1976. 2. 6).

11 「고바우영감」, 『동아일보』(1975. 12. 9).

12 조석연(2013), 「마약법 제정 이후 한국의 마약 문제와 국가통제(1957·1976)」, 『한국근현대사연구』 제65집, 2013년 6월 참조.

13 『경향신문』(1964. 12. 28).

14 박정희(1964. 12. 24), 「근면과 부흥을 보고 와서」, 『동아일보』.

15 변용욱(1976), 「왜 대마초를 피우는가: 사회문제화한 대마초 흡연의 정식의학적 분석」, 『세대』 1976년 2월, 88쪽.

16 문성호(2008), 『마약은 범죄가 아니다: 영국』, 한국학술정보(주), 9쪽.

17 신현준(2004), 「이장희와 1970년대: 실종된 1970년대 퇴폐 혹은 불온」, 『당대비평』 제28호, 2004년 12월 참조.

18 『동아일보』(1978. 2. 25).

21 '벗은 몸', 유신 시대 주변부의 남성과 여성

1 김병익(1978), 『문화와 반문화』, 문장.

2 「나체 질주 광풍 세계에 파급」, 『경향신문』(1974. 3. 11).

3 B. Kirkpatrick(2010), "It Beats Rocks and Tear Gas: Streaking and Cultural Politics in the Post-Vietnamese Era", *Journal of Popular Culture* vol.42 no. 5, 2010. Oct.

4 「스트리킹 한국 상륙」, 『동아일보』(1974. 3. 13).

5 「접대부가 첫 여자 스트리킹」, 『경향신문』(1974. 3. 28).

6 「호랑이등 365일」, 『경향신문』(1974. 12. 30).

1   김미정(2004), 「한국 앵포르멜과 대한민국미술전람회: 1960년대 초반 정치적 변혁
     기를 중심으로」, 『한국근대미술사학』 제12집, 2004년 8월, 321쪽.

2   박소현(2010), 「일본에서의 추상미술과 전통 담론: '한국적' 추상미술 논의를 위한
     시론」, 『미술사학보』 제35집, 2010년 12월, 서론 참조.

3   이에 관해서는 이인범(2010), 「1960년대 한국 추상미술과 국민국가 형성」, 『미술사
     학보』 제35집, 2010년 12월의 논의를 참조함.

4   하길종(1971), 「장발과 기타와 마약의 세대」, 『세대』 1971년 7월, 291쪽.

5   이효인(1996), 「하길종 감독」, 『영상문화정보』 제2호, 영상자료원, 29쪽.

6   「반음악(反音樂)이라는 이름의 음악」, 『동아일보』(1962. 12. 4).

7   '제4집단' 구성원은 김구림(35, AG 회원), 정찬승(29, 화가), 정강자(28, 화가), 강국
     진(28, 화가), 최붕현(31, 화가), 방거지(31, 본명 방태수 3, 극단 에저또 대표), 손일광
     (31, 패션디자이너), 고호(22, 판토마임 배우), 전유성(21, 극단 에저또 회원), 강석희
     (36, 작곡가), 이익태(24, 영화작가, 필름70 대표), 임중웅(시나리오 작가), 탁영(음악
     가), 석야정(28, 승려, 전각예술가), 이자경(27, 기자), 김벌래(29, DBS 동아방송 음악효
     과 담당, 소림다방 주인)이다. 제4집단의 활동에 관해서는 조수진(2013. 6), 「제4집단
     사건의 전말: '한국적' 해프닝의 도전과 좌절」, 『미술사학보』 제40집을 참조함.

8   조수진, 위의 논문, 145쪽.

9   『주간여성』(1970. 8. 26).

10   김미경(2000), 「제4집단(1970)」, 『미술사논단』 제11집, 2000년 12월, 260쪽.

11   『경향신문』(1970. 8. 29).

12   『동아일보』(1970. 8. 29).

13   『경향신문』(1976. 2. 5).

14   「봉소아 마담: '쉘 부루'의 정강자 마담」, 『선데이서울』(1973. 7. 29). 이후 김구림은
     일본으로, 정강자는 싱가포르로, 정찬승은 미국으로 흩어졌다.

15   하길종(1982), 『영상, 인간구원의 메시지』, 예조각, 291~292쪽.

16   전우형(2012), 「훼손과 분리의 영화신체에 담긴 실험적 의미」, 『한국현대문학연구』

제37집, 2012년 8월.

17   조수진, 앞의 논문, 165~166쪽.

5부   유신을 뛰어넘어, 꿈틀거리는 대중

23   전태일과 열사 그리고 김진숙의 외침

1   이에 관한 분석은 조진희(2008), 「여공, 스크린 재현의 정치학」, 『영화연구』 제35호.

2   청계피복노동조합의 자세한 역사는 안재성(2007), 『청계, 내 청춘: 청계피복노조의
     빛나는 기억』, 돌베개 참조.

3   함석헌(1971), 「전태일을 살려라」, 『고려대학교 노동문제연구』, 고려대학교 노동문
     제연구소; 김종렬(1972), 「전태일–그 죽음 이후: 역사 속에서의 죽음」, 『기독교사
     상』 제16집 4호.

4   베트남 사례에 관해서는 박금표(2010), 「베트남 근대화에 미친 불교의 영향: 베트
     남 전쟁과 불교도 항쟁을 중심으로」, 『한국선학』 제26권.

5   최장집(1992), 『한국 민주주의의 이론』, 한길사.

6   민족민주열사희생자추모(기념)단체연대회의(2005), 『끝내 살리라: 민족민주열사
     희생자 자료집 증보판』.

7   서명진(1989), 「노동해방 불꽃으로 타오르는 전태일 정신」, 『노동해방문학』 11월호.

8   김재은(2003), 「민주화운동 과정에서 구성된 주체위치의 '성별화'에 관한 연구
     (1985~1991)」, 서울대학교 사회학과 석사학위 논문.

9   김하경(1999), 「풍란의 향기」, 『당대비평』 제9호.

10   김백영(2003), 「가두정치의 공간학: 1980년대 서울 시내 대학생 가두시위에 대한
     공간적 분석」, 『사회이론과 사회변혁』, 한울.

11   최병수·김진송(2006), 『목수 화가에게 말 걸다』, 현문서가.

12   김경희(1992), 「1980년대의 걸개그림과 사회현실의 관계에 관한 연구: 창작실제를 중심으로」, 전남대학교 석사학위 논문.

13   쌍용자동차 해고 노동자들의 기억은 정혜윤(2014), 『그의 슬픔과 기쁨』, 후마니타스 참조.

24   유신 시대 한국의 자살

1   서중석(2011), 『6월 항쟁』, 돌베개.

2   정승화(2012), 「자살과 통치성: 한국 사회 자살 담론의 계보학적 분석」, 연세대학교 사회학과 박사학위 논문.

3   상세한 것은 천정환(2013), 『자살론: 고통과 해석 사이에서』, 문학동네, 「제3장 사랑과 자살, 실연과 정사」를 참조. 이 절의 일부 내용은 이 책에서 가져옴.

25   유신의 교육과 대중지성의 성장

1   「무시험·교육열 높아져 중학 진학률 해마다 는다」, 『경향신문』(1978. 6. 22), 1면.

2   「고교 평준화와 졸업 정원」, 『동아일보』(1981. 6. 30), 2면.

3   자유교양운동에 대한 자세한 논의는 권보드래·천정환, 『1960년을 묻다』(천년의상상, 2012)의 「9장. 박정희 군사독재 시대의 '교양'과 자유교양운동: 교양의 재구성, 대중성의 재구성」을 참조. 이 단락의 내용도 이를 축약한 것이다.

26   '저항의 시혼' 김남주의 '사상의 거처'는 사라졌는가?

1   염무웅(2014), 「역사에 바쳐진 시혼: 김남주를 다시 읽으며」, 『실천문학』 봄호.

2   김병곤 추모사업회 준비위원회 엮음(1992), 『영광입니다: 고 김병곤 회고문집』, 거름.

3   정윤광(2005), 『저항의 삶』, 백산서당.

4   김남주(1994), 「암울한 현실을 비춘 시적 충격」, 『불씨 하나가 광야를 태우리라』, 시
     와사회사.

5   주대환(2001), 「폐허 위에서 다시 싹튼 사회주의운동: 1970년대 학생운동, 부마항
     쟁, 한국노동당과 주대환 위원장」, 『이론과실천』 창간준비4호.

6   김병곤 추모사업회 준비위원회 엮음, 앞의 책.

7   주대환, 앞의 글.

8   강대석(2004), 「함성과 고발」, 『김남주 평전』, 한얼미디어.

9   주미사(1992), 「남민전 사형수 신향식」, 『월간 길을 찾는 사람들』 92권 2호.

10   김남주, 「노동해방과 문학이라는 무기」, 앞의 책.

11   조희연(1993), 『현대한국사회운동과 조직: 통혁당·남민전·사노맹을 중심으로 본
     비합법 전위조직 연구』, 한울.

12   김남주, 앞의 책.

27   자괴감의 이심전심, 유신의 심장을 쏴라!

1   이에 관해서는 차성환(2014), 『부마항쟁과 민중: 항쟁 참여 노동자의 경험을 중심
     으로』, 한국학술정보, 2장을 참조할 것.

2   주대환(1999), 「부마항쟁과 시민정신」, 부마항쟁 20주년 기념 학술 심포지엄.

3   김원(2011), 『박정희 시대의 유령들』, 현실문화, 417쪽.

4   민주화운동기념사업회 연구소 엮음(2009), 『한국민주화운동사 2』. 돌베개, 324쪽.

5   김상봉(2009), 「귀향, 혁명의 시원을 찾아서: 부끄러움에 대하여」, 『부마항쟁의 역
     사적 재조명』, 대성, 106쪽.

6   김상봉, 앞의 글, 109쪽.

7   『한국민주화운동사 2』, 40쪽. 10월 20일 부마항쟁은 종료된 듯 보였지만 대학생 시
     위는 오히려 북상 중이었다. 경북대와 영남대에서는 소요 움직임을 간파하고 10월
     22일과 23일 휴교를 실시하였지만 10월 25일 계명대에서 유신 철폐 시위가 시작되
     었다.

8   차성환(2014), 『부마항쟁과 민중: 항쟁 참여 노동자의 경험으로 중심으로』, 한국학술
     정보, 226쪽.

9   정근식(1999), 「한국 민주화와 부마항쟁」, 부마민주항쟁20주년기념사업회, 『부마
     민중항쟁의 역사적 의의와 과제』, 13쪽.

10   차성환, 앞의 책, 244쪽.

1970, 박정희 모더니즘
유신에서 선데이서울까지

지은이　　권보드래, 김성환, 김원, 천정환, 황병주

2015년 4월 6일 초판 1쇄 발행

책임편집　　남미은
편집자　　선완규 · 안혜련 · 홍보람
디자인　　민진기디자인
용지　　화인페이퍼

펴낸이　　선완규
펴낸곳　　천년의상상
등록　　2012년 2월 14일 제300-2012-27호
주소　　(121-865) 서울시 마포구 동교로 45길 26 101호
전화　　(02) 739-9377
팩스　　(02) 739-9379
이메일　　imagine1000@naver.com
블로그　　blog.naver.com/imagine1000

ⓒ 권보드래, 김성환, 김원, 천정환, 황병주, 2015

ISBN　　979-11-85811-05-5 03900

이 도서의 국립중앙도서관 출판예정도서목록(CIP)은 서지정보유통지원시스템 홈페이지(http://seoji.nl.go.kr)
와 국가자료공동목록시스템(http://www.nl.go.kr/kolisnet)에서 이용하실 수 있습니다.
(CIP제어번호: CIP2015008499)